Susanne Höglinger-Winter
Daniela Jubelius
Sabine Bichler

Sachunterricht im 3. Schuljahr

Oldenbourg

Oldenbourg PRAXIS Bibliothek 243

Das Papier ist aus chlorfrei gebleichtem Zellstoff hergestellt, ist säurefrei und recyclingfähig.

Alle enthaltenen Arbeitsblätter für die Hand der Kinder sind auf dem Stand der Rechtschreibung 2006.

1. Auflage 2003

Druck 15 14 13 12 11
Die letzte Zahl bezeichnet das Jahr des Drucks.

Umschlagkonzept: Mendell & Oberer, München
Umschlaggestaltung und -illustration: Lutz Siebert-Wendt, München
Lektorat: Antje Glimmann, Rheda-Wiedenbrück
Moderation: Silvia Regelein, Nürnberg
Herstellung: Fredi Grosser
Illustrationen: Kristina Klotz, München
Satz: Greipel-Offset, Haag/Obb.
Druck und Bindung: Beltz Bad Langensalza GmbH, Bad Langensalza

ISBN 978-3-637-96063-3

[redacted]

Inhalt

Bildquellen:
(soweit nicht direkt vor Ort vermerkt)
S. 93: Georg Schmitz, Haag/Obb.
S. 96: Christiane Breitfelder (Gebärdenfotos), aus: Birgit Jacobsen, Das Gebärdenbuch
S. 110: Neckermann (Scanner, Drucker), IBM (Rest)
S. 111: Neckermann (Scanner, Drucker), IBM (Lautsprecher), MEV-Verlag, Augsburg (Tastatur, Diskette, CD-Rom, Maus), Fujitsu/Siemens (Rechnereinheit)
S. 112: Fujitsu/Siemens (Rechnereinheit), IBM (Monitor)
S. 114: Neckermann (Drucker)
S. 166: Karin Miethaner-Vent (Waldbild)
S. 257: dpa, Frankfurt a. M.
S. 258/259: Deutsches Museum, München
S. 261: Blos (Foto)

Vorwort

Ein Kind ist kein Gefäß, das gefüllt,
sondern ein Feuer, das entfacht werden will.
Rabeleis

Kinder stehen heute vielfältigen Herausforderungen gegenüber. Unsere Aufgabe als Lehrerinnen und Lehrer besteht darin, den Kindern das Rüstzeug mitzugeben, die mannigfaltigen Herausforderungen unserer komplexen Welt meistern zu können. Am ehesten gelingt uns das, wenn wir den Kindern nicht nur Faktenwissen vermitteln, sondern ihnen die Chance und das Werkzeug geben, sich ihre Umwelt selbst zu erschließen. Eigenverantwortung zu übernehmen, selbst tätig zu werden, das Lernen zu lernen und Schlüsselqualifikationen zu erwerben sind zentrale Forderungen der modernen Didaktik.
Deshalb bietet das vorliegende Buch eine Fülle von Anregungen und Ideen, Kinder an eigenverantwortliche Lernprozesse heranzuführen. Unsere besonderen Anliegen sind dabei:

- Experimentiermöglichkeiten zum Erwerb fachgemäßer Arbeitsweisen in den naturwissenschaftlichen Themenbereichen aufzeigen
- Kompetenz beim Umgang mit verschiedenen Medien durch selbstständige Informationssuche und -auswertung fördern
- einen emotionalen Bezug zu den Themen durch zahlreiche Vorschläge für Spiele und Übungen schaffen

Diese Schwerpunktsetzung erfordert auch von uns Lehrerinnen und Lehrern Offenheit und Eigenverantwortung beim Umsetzen der Themen. Um die Inhalte dem Wissensstand und der Interessenlage Ihrer Kinder anpassen zu können, bietet Ihnen dieses Buch eine Sammlung von Ideen und Materialien, die sich variabel umsetzen lassen.
In diesem Sinne möchten wir das einleitende Zitat auf unser Buch übertragen:

Dieses Buch ist kein Gefäß, das Patentrezepte bereithält,
sondern ein Feuer, das Sie für den Sachunterricht entfachen will.

Auf Grund der Tatsache, dass in der Grundschule überwiegend Frauen unterrichten, und aus Gründen der leichteren Lesbarkeit wird im Buch der Begriff „Lehrerin“ verwendet.

Viel Freude bei der praktischen Umsetzung
wünschen Ihnen

Sabine Bichler
Susanne Höglinger-Winter
Daniela Jubelius

Es empfiehlt sich bei den **Kopiervorlagen** eine **Vergrößerung auf ca. 150 %** – entspricht in etwa DIN A 4.

1. Mein Körper

Weil ich bin

Ich atme ein, ich atme aus,
die Luft geht rein, die Luft geht raus.

Ich gehe vorwärts, Schritt für Schritt,
ein Fuß geht mit dem andern mit.

Ich denke leise, so für mich:
Weil ich ich bin, bin ich ich.

Helmut Glatz

(Aus: Hans-Joachim Gelberg (Hrsg.), Überall und neben dir. Beltz Verlag, Weinheim und Basel 1986. Programm Beltz & Gelberg, Weinheim.

1.1 Rund um die Puste

Jeder, der schon einmal eine längere Strecke unter Wasser zurückgelegt hat, weiß, wie stark nach einiger Zeit der Drang wird, aufzutauchen um die Lungen wieder mit Luft zu füllen. Ohne Luft würden wir bereits nach wenigen Minuten sterben. Denn Luft enthält das für uns lebensnotwendige Element Sauerstoff, das der Körper zusammen mit Zucker benötigt, um Energie freizusetzen.
Bei normalen Atemzügen nutzen wir höchstens ein Zehntel des gesamten Fassungsvermögens unserer Lungen, die sich auf ein Volumen von vier bis sechs Litern dehnen können. Mit zunehmender körperlicher Anstrengung wird die Atmung tiefer, es wird mehr Luft aufgenommen.

Für viele Kinder ist Atmung ein Phänomen, über das sie bisher wenig reflektiert haben. Da Atmung ohne unser eigenes Zutun erfolgt, ist sie wenig auffällig. Deshalb soll in dieser Unterrichtssequenz bewusst ein Augenmerk auf die eigene Atemtätigkeit gelenkt werden.

1.1.1 Versuche zur Atmung

Ich bin immer bei dir.
Du bemerkst mich aber nicht.
Du brauchst mich.
Am Tag und in der Nacht.
Sogar während du schläfst.
Im Wald bin ich anders als in der Stadt.
Ohne mich kann keiner leben.
Ich bin...
...die Atemluft.

Die Lehrerin deckt das Rätsel Zeile für Zeile auf und regt so zum Erfahrungsaustausch über Luft und Atmung an:

- Wie oft atmest du in der Minute?
- Gibt es Augenblicke, in denen du nicht atmest?
- Wie atmest du unter Wasser?
- Wann hast du zum ersten Mal geatmet?
- Wie geht es dir nach 30 Sekunden ohne Atmen?

Danach werden in einer Spielkette verschiedene Atemspiele durchgeführt mit dem Ziel, die Kinder Körper und Atem als Einheit erleben zu lassen.
Dabei sollen die Kinder von Anfang an die sogenannte tiefe Bauchatmung anwenden (Die Bauchdecke hebt und senkt sich, Schultern bleiben in völliger Ruhe; siehe auch Übung „Atemruhe"). Bei der Bauchatmung wird wesentlich mehr Sauerstoff aufgenommen als bei der flachen Brustatmung, was bei ca. 15000 Atemzügen pro Tag eine erhebliche gesundheitsfördernde Wirkung zeigt. Ferner muss weniger oft nachgeatmet werden, sodass sich die Zahl der Atemzüge pro Minute verringert. Innere Ruhe und Gelassenheit breiten sich aus, der ganze Körper kann sich besser entspannen.

- Atemruhe
  Ohne gezielte Vorbesprechung legen sich die Kinder auf Decken oder Matten in Rückenlage auf den Boden, schließen die Augen und versuchen ganz ruhig zu liegen. Im Hintergrund spielt leise Entspannungsmusik. Mit unaufdringlicher Stimme werden die Kinder nun aufgefordert, während des Liegens auf ihren Bauch zu achten. Wie bewegt er sich? Wer möchte, kann zum besseren Spüren die Hände auf die Bauchdecke legen. Die Kinder werden nach mehrmaliger Wiederholung die Bewegung der Bauchdecke als Dreierfolge wahrnehmen: *heben* (einatmen) – *senken* (ausatmen) – *ruhen*.

Konzentrieren sich die Kinder zu sehr auf ihre Atmung, kann das Heben und Senken des Brustkorbes unnatürlich zur Atmung erfolgen, d. h., dass beim Einatmen der Bauch eingezogen, beim Ausatmen die Bauchdecke nach außen gewölbt wird. Deshalb wird den Kindern in einer zweiten Übung ein kleiner Gegenstand (Federmäppchen, kleines Stofftier, Buch) auf den Bauch gelegt und ein zweites Kind kontrolliert das Heben und Senken des Bauches.
In einem letzten Schritt probieren die Kinder diese entspannte Atmung im Stehen. Wichtigste Regel dabei ist, die Schultern in völliger Ruhe zu lassen. Nur die Bauchdecke bewegt sich wieder.

- Gähn´ doch mal
  Gähnen ist die natürliche Inanspruchnahme des gesamten Atem- und Stimmapparates. Deshalb ist es nicht nur angenehm, sondern auch belebend, einmal nach Herzenslust zu gähnen. Wird das Gähnen mit einem den ganzen Körper beanspruchenden Räkeln verbunden, spüren die Kinder bald die befreiende Wirkung dieser Übung.

- Auf der Blumenwiese
  Die Kinder gehen frei im Raum herum und finden verschiedene, besonders gut riechende Blumen. Für eine besonders lieblich duftende bücken sie sich und riechen fest an ihr. Dabei atmen sie tief ein. Mit einem genüsslichen „Hmm“ atmen sie wieder aus und gehen zur nächsten Blume.
  Durch das Niederbücken atmen die Kinder automatisch Restluft aus und können anschließend um so tiefer durch die Nase in den Bauch einatmen.

- Aus der Puste
  Die Kinder kontrollieren mit Hilfe einer Strichliste, wie oft sie in einer Minute atmen müssen; dabei gelten einmal Einatmen und das dazu gehörende Ausatmen als ein Atemzug (siehe Kopiervorlage 1, S. 10).

Bei den folgenden Spielideen sollen die Kinder die Atemluft gezielt und richtig dosiert einsetzen. Sie müssen allerdings wissen, dass zu viel ausgeatmete Luft zu Schwindel führen kann und dann das Spiel zu beenden ist.

Kopiervorlage 1

Name: ______________________ Datum: ____________

So oft atme ich pro Minute

	in Ruhe	nach 25 Hampelmännern
Montag		
Dienstag		
Mittwoch		
Donnerstag		
Freitag		

- Pusteball
  Die Kinder versuchen, einen Wattebausch entlang eines vorgegebenen Weges zu pusten, ohne dass die Watte vom Tisch fällt oder sich zu sehr von der Linie entfernt. Wie lange brauchen die Spieler für den Slalom?

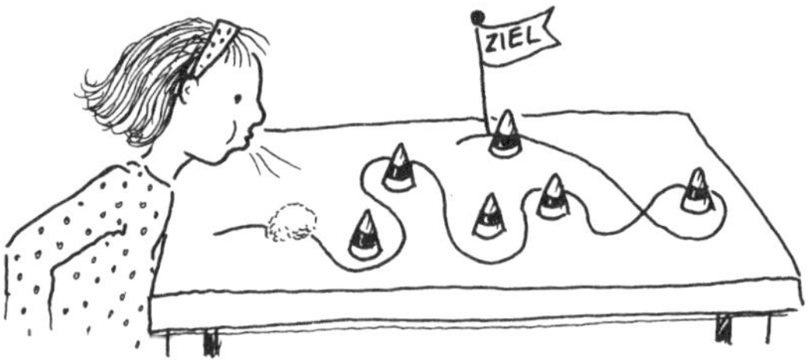

- Schokolinsen-Rennen
  Die Klasse wird in vier Gruppen aufgeteilt, die sich gleichmäßig im Raum verteilen. In der Mitte des Raumes steht eine Schüssel, gefüllt mit Schokolinsen. Jedes Kind bekommt einen Strohhalm. Auf das Startzeichen der Lehrerin gehen die Ersten jeder Gruppe los, saugen eine Schokolinse mit dem Strohhalm an (ohne die Linse mit den Händen zu berühren) und gehen zurück zur Gruppe. Sobald ein Kind dort ankommt, schlägt es das folgende Kind ab und dieses geht los.

- Das Pusteauto
  Benötigt werden ein Papp- oder Plastikbecher, eine Verpackungsschachtel, eine Schere und ein Filzstift. Der Becherboden wird abgeschnitten und auf die Mitte der Schachtel gestellt. Der Umriss des Bechers wird mit dem Filzstift nachgezeichnet. Der gezeichnete Kreis wird ausgeschnitten und der Becher in das entstandene Loch gesteckt. Pustet man nun in den Becher hinein, entsteht unter dem „Auto“ ein Luftkissen, das das Fahrzeug auch ohne Reifen vorwärts fahren lässt. Wird noch schnell ein zweites Pusteauto gebastelt, geht das Wettrennen schon los.

1.1.2 Wie kommt die Luft in meinen Körper?

Das Atmen ist ein automatischer Vorgang. Wir müssen nicht darüber nachdenken und vergessen es auch nicht. Im Laufe unseres Lebens atmen wir genügend Luft aus, um etwa 138 Heißluftballons füllen zu können. Doch wie funktioniert das Ein- und Ausatmen?
Unsere Rippen sind hinten mit der Wirbelsäule und vorne mit dem Brustbein verbunden und bilden so die Brusthöhle, deren unterer Abschluss das Zwerchfell ist. Beim Einatmen ziehen sich die Rippenmuskeln zusammen, die Rippen bewegen sich nach außen und nach oben und das Zwerchfell senkt sich. So erweitern sich Brustkorb und Lunge, sodass Luft in die Lunge gesaugt wird. Entspannen sich Rippenmuskeln und Zwerchfell, wird der Raum in der Brust reduziert und Luft aus der Lunge herausgepresst.

Name: ______________________ | Datum: __________

Über das Atmen

Alle diese Körperteile brauchst du, damit du richtig atmen kannst. Bei jedem Atemzug durch den Mund oder durch die Nase versorgst du deinen Körper mit frischem Sauerstoff. Durch deine Lungen fließt Blut. Es nimmt diesen Sauerstoff auf seinem Weg mit und versorgt dadurch den gesamten Körper. Auf dem Rückweg bringt das Blut die verbrauchte Luft wieder zurück zu den Lungen und du atmest sie aus.

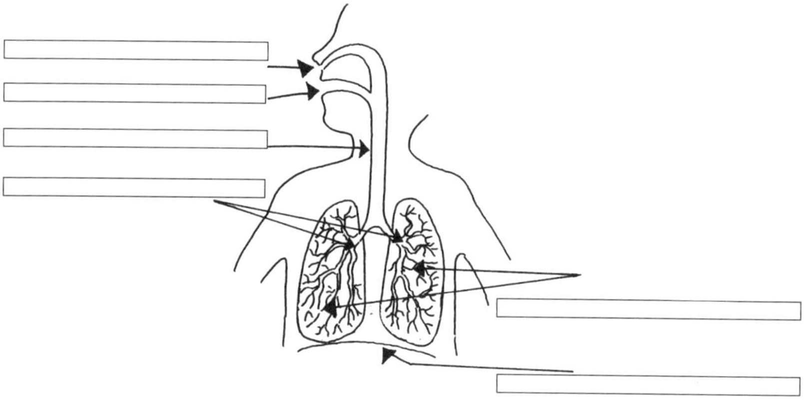

Deine Rippen schützen die beiden Lungenflügel vor Stößen und Quetschungen.

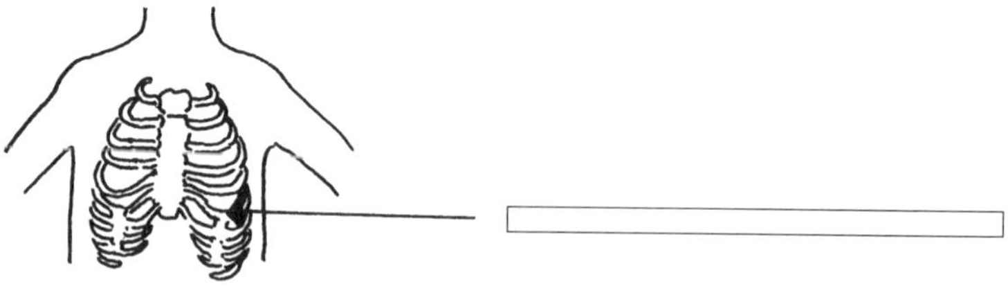

Setze ein:

Nase, Mund, Luftröhre, Bronchien, Lungenflügel, Zwerchfell, Rippen

Versuch zur Atmung:

In eine Glas- oder Plastikhaube (z.B. eine leere Getränkeflasche) wird ein verzweigtes Röhrchen eingefügt, an deren unteren Enden jeweils ein Luftballon angebracht ist. Mit einer Gummimembran (z.B. abgeschnittener Teil eines Luftballons) wird die Haube verschlossen.

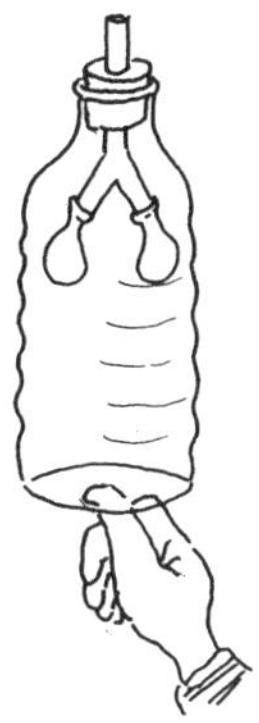

Nun wird durch Ziehen oder Drücken der Membran die Aktivität der Lungenflügel demonstriert.

In einem begleitenden Unterrichtsgespräch wird der Versuch auf den eigenen Körper übertragen: Welchem Teil deines Körpers entspricht die Glashaube? Welchem entsprechen die Luftballons? Was arbeitet so wie die Gummimembran? Welchem Körperteil entspricht das verzweigte Glasröhrchen?

Sicherung: Folie und Wortkarten auf Folie

Wer ist es?	
Sie schützen die Lungenflügel wie in einer Höhle.	Nase
Mit ihren feinen Härchen filtert sie den Staub aus der Luft.	Blut
Sie leitet die eingeatmete Luft weiter in die Lungen.	Zwerchfell
Mit ihm kannst du ebenfalls Luft ein- und ausatmen.	Luftröhre
Es lässt durch Heben und Senken die Luft ein- oder ausströmen.	Rippen/Brustkorb
Den eingeatmeten Sauerstoff transportiert es zu allen Körperteilen.	Mund

Lösung:

Wer ist es?	
Sie schützen die Lungenflügel wie in einer Höhle.	Rippen
Mit ihren feinen Härchen filtert sie den Staub aus der Luft.	Nase
Sie leitet die eingeatmete Luft weiter in die Lungen.	Luftröhre
Mit ihm kannst du ebenfalls Luft ein- und ausatmen.	Mund
Es lässt durch Heben und Senken die Luft ein- oder ausströmen.	Zwerchfell
Den eingeatmeten Sauerstoff transportiert es zu allen Körperteilen.	Blut

Name: ____________________ Datum: __________

Willst du wissen, wie viel Luft Lungen enthalten?

Du brauchst:
eine durchsichtige Plastikflasche, eine Schüssel, ein Stück Schlauch, einen wasserfesten Stift

So geht's:

- Fülle die Plastikflasche randvoll mit Wasser und schraube den Deckel zu.
  Stülpe sie mit dem Deckel voran in eine halb voll gefüllte Schüssel mit Wasser. Schraube unter Wasser den Deckel ab.
- Stecke den Schlauch unter Wasser vorsichtig in die Flaschenöffnung.
- Atme nun zweimal tief ein und aus, anschließend einmal tief ein. Beim Ausatmen hältst du den Schlauch an deinen Mund und pustest deine Atemluft hinein.
  Deine Atemluft verdrängt das Wasser der Flasche in die Schüssel.
- Wenn du keine Puste mehr hast (nicht durch die Nase nachatmen!), zeichnet dein Partner mit einem Stift die Höhe des Wasserstandes in der Flasche an.
- Nun versuchen andere Kinder es ebenfalls. Ihr könnt vergleichen, wer die meiste Luft aus dem Körper pusten kann.

Unterrichtsgespräch: Die Kinder suchen gemeinsam nach Gründen, die die Atmung beim Menschen beeinträchtigen und somit zu einer verminderten Sauerstoffzufuhr im Körper führen können: Luftverschmutzung aus Fabriken und Autoabgasen, Blütenstaub und Staubmilben oder Krankheiten wie Asthma erschweren das lebensnotwendige Atmen.

- Geräuschespaziergang (s. Kap. 3 S. 77)

- Klanggeschichten
  Jede Klanggeschichte lässt sich statt mit Instrumenten auch mit der Stimme vertonen.
  Beispiel: Die Kinder stellen in Gruppen aus diesen Bildern eine Wetterfolge zusammen, die sie anschließend mit ihrer Stimme vertonen. Dabei können sie die Reihenfolge und die Wiederholung einzelner Bilder beliebig variieren.

- Fremde Klänge
  Die Lehrerin unternimmt mit den Kindern eine fiktive Reise nach Blabarien. Da aber niemand aus der Klasse die blabarische Sprache beherrscht, müssen sich die Kinder mit Händen, Füßen und ein paar blabarischen Wortfetzen unterhalten, wie z.B. blaba, blaubau, blöbö, blubu, blibi, bleubeu, ...
  Die Lehrerin beginnt nun mit einem Kind eine stark gestisch und mimisch unterstützte Unterhaltung auf Blabarisch, bei der die Kinder den Inhalt des Gesagten erraten sollen. Im nächsten Durchgang unterhalten sich bereits zwei Kinder miteinander. Mögliche Inhalte: Streit, Versöhnungsversuche, einen Witz erzählen, etwas haben wollen, nach dem Weg fragen.

1.1.3 Wenn die Luft wegbleibt ...

Für viele Kinder gehört der Umgang mit Atemnot bereits zum Alltag, da sie selbst unter Atemwegserkrankungen wie Asthma leiden. Andere Kinder dagegen sehen sich solchen Situationen hilflos gegenüber und wissen nicht, wie einem nach Luft ringenden Kind zu helfen ist. Um Kinder auf solche Notfälle vorzubereiten, werden einige einfache, jedoch wirkungsvolle Handgriffe in Partnerarbeit erprobt.

Kopiervorlage 4

Name: ______________________	Datum: __________

Was ist zu tun bei Atemnot?

Ich selbst bleibe ganz ruhig und spreche beruhigend und ohne Hektik mit dem Kind.

Ich helfe dem Kind, sich ruhig auf den Boden zu setzen. Wenn es nötig ist, suche ich eine passende Unterlage.

Ich öffne dem Kind die Jacke oder andere, die Brust einengende Kleidungsstücke und entferne ein eng anliegendes Halstuch oder Schmuck.

Nun stelle ich mich hinter das Kind und schiebe mein Bein so an den Rücken des Kindes, dass es sich gut anlehnen kann.

Jetzt sind die Atemwege des Kindes nicht beengt und es kann ruhig und entspannt versuchen, weiter zu atmen.

Kopiervorlage 5

Name: ______________________	Datum: __________

Mein Erste-Hilfe-Plan

Ist das Kind bei Bewusstsein, ______________________ ich mit ihm und versuche, es zu ______________________.

Ist das Kind nicht bei Bewusstsein, überprüfe ich sofort:

____

→ Ich schaue genau auf den Brustkorb des Kindes. Kann ich sehen, ob er sich sich hebt oder senkt?

______________________ → Ich halte meinen Handrücken oder meine Wangen dicht vor Mund und Nase des Kindes. Spüre ich einen leichten Atemhauch?

______________________ → Ich halte mein Ohr ganz nahe über Mund und Nase des Kindes. Höre ich Atemgeräusche?

In jedem Fall hole ich sofort ______________________

Setze ein: | beruhigen, fühlen, Hilfe, hören, sehen, sprechen |

Mitunter liegen Kinder nach einem Sturz, einem Stoß oder als Folge von Hitze reglos am Boden. Erste-Hilfe-Maßnahmen werden erforderlich. Auch Kinder sollen wissen, wie sie richtig eingreifen und helfen können (siehe Kopiervorlage 5, S. 16).

Ein bewusstloses Kind, das regelmäßige Eigenatmung zeigt, sollte in die stabile Seitenlage gebracht werden. Denn bei Bewusstlosigkeit erschlafft die Muskulatur, Zunge und Unterkiefer können nach hinten fallen und die Atemwege behindern. In der stabilen Seitenlage dagegen werden die Atemwege offen gehalten und Speichel oder Erbrochenes können ungehindert ablaufen (siehe Kopiervorlage 6, S. 18). In Partnerarbeit wird jeder Schritt mehrmals geübt.

1.2 So geht's mir gut

Die ersten Kontakte, die ein Kind mit seiner Umwelt macht, sind körperlicher Art: Es wird getragen, gestreichelt und kommuniziert über Mimik und Gestik. Später lernt das Kind, seine Wünsche und Bedürfnisse sprachlich zu äußern. Es verlernt dabei viele seiner körperlichen Ausdrucksfähigkeiten. Die Wahrnehmung und das Bewusstwerden des eigenen Körpers verliert an Bedeutung für das Kind. Diese jedoch wieder wachzurufen und spielerisch zu fördern, ist eine wichtige Voraussetzung dafür, bei ihm eine bejahende Einstellung zum eigenen Körper und damit zu sich selbst zu gewinnen.

1.2.1 Ich und mein Körper

- Reise durch das Ich
  Die Kinder suchen sich einen Platz im Raum und legen sich auf eine weiche Unterlage; die Augen dürfen geschlossen werden. Leise Hintergrundmusik bringt die Kinder zur Ruhe. Nun führt die Lehrerin die Kinder auf eine Reise durch ihren Körper: „Wandere mit deiner Aufmerksamkeit zu deinen Füßen. Was spürst du? Sind sie schwer? Sind sie warm? Berühren sich beide Füße? Lasse deine Aufmerksamkeit höher wandern. Du bist nun bei den Beinen. Spürst du die Hose, die deine Beine berührt?“ Langsam werden alle Teile des Körpers (von unten nach oben) gemeinsam durchwandert. In ruhiger, konzentrierter Atmosphäre lernen die Kinder, ihren Körper bewusst zu erspüren und sich dabei zu entspannen.
- Tiere auf meinem Körper
  Paarweise suchen sich die Kinder einen Platz im Raum. Ein Kind legt sich auf den Bauch, das andere lässt vorsichtig mit den Händen verschiedene Tiere über dessen Rücken laufen, hoppeln, kriechen, trippeln. Das liegende Kind errät an den unterschiedlichen Laufarten das entsprechende Tier.

Name: ____________________ Datum: ____________

Die stabile Seitenlage

① Lege das Kind vorsichtig auf den Rücken und knie dich seitlich dicht daneben.

② Hebe die Hüfte des Kindes an und schiebe den gestreckten Arm so weit es geht unter dessen Po. Sei vorsichtig.

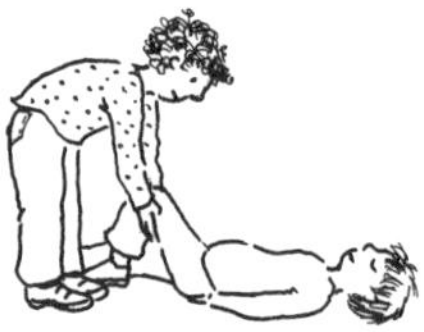

③ Nimm nun das Bein der gleichen Körperseite, winkle es an und stelle es ganz nahe zum Po des Kindes.

④ Fass das Kind an Hüfte und Schulter der anderen Körperseite und drehe es vorsichtig in deine Richtung zur Seite.

⑤ Ziehe den Arm, den du bei ② unter den Po geschoben hast, am Ellbogen hervor und lasse ihn angewinkelt liegen.

⑥ Strecke den Kopf nach hinten und lege dem Kind die freie Hand als Stütze unter das Kinn.

- Körperkünstler
  Zwei Kinder bilden ein Paar, eines ist Künstler, das andere seine Modelliermasse. Die Lehrerin nennt eine gut darstellbare Eigenschaft, z.B. wütend, traurig, müde, hochnäsig. Alle Künstler im Raum beginnen nun ihr Partnerkind so zu modellieren, bis es die angesagte Eigenschaft treffend darstellt. Anschließend sehen die Künstler sich die anderen Kunstwerke an. In der nächsten Runde tauschen die Kinder die Rollen.
  Variante: Ein Paar stellt eine bestimmte Eigenschaft dar, die übrigen erraten diese. Wer die gesuchte Eigenschaft errät, wird neues Künstlerpaar.

- Körper zeichnen
  Paarweise erhalten die Kinder ein großes Stück Tapete (Rückseite). Ein Kind legt sich ruhig auf dieses Papier. Das Partnerkind zeichnet mit einem Malstift (am besten Wachsmalkreide) die Umrisse des liegenden Kindes nach. Danach werden die Rollen getauscht.
  Nun malt jedes Kind sein Selbstbild an. Ein großer Spiegel hilft den Kindern, sich an Einzelheiten ihres Körpers (z. B. Augenfarbe, Sommersprossen, Muttermale) zu erinnern.

  Anschließend kleben die Kinder farbige lachende Papiergesichter auf die Teile ihres aufgemalten Körpers, die sie besonders gern mögen. Nun begründen die Kinder, warum sie bestimmte Stellen gekennzeichnet haben.
  Bringen die Kinder die Geschlechtsteile mit ins Spiel, gibt die Lehrerin mit viel Taktgefühl und in unverkrampfter, selbstverständlicher Sprache hilfreiche, aufklärende Informationen. So schafft sie ein Klima, in denen Kinder ihr fehlendes Wissen und die dadurch hervorgerufene Unsicherheit abbauen, gleichzeitig ihren eigenen Körper begreifen und eine natürliche Geschlechtsidentität entwickeln können.

1.2.2 Mein Körper spricht mit mir

Viele Reize und Signale stürmen im Laufe eines Tages auf ein Kind ein. Es fällt ihm zunehmend schwerer, eigene Körpersignale wahrzunehmen und zu beachten. Unser Körper verfügt über eine große Anzahl an „Warnsystemen“, die uns unsere Grundbedürfnisse erkennen lassen. Die folgende Unterrichtseinheit will den Kindern diese Warnsignale wieder ins Bewusstsein rufen und sie für die Signale ihres Körpers sensibilisieren.

Mein Körper gehört mir

Sonja Blattmann

2. Eines sag' ich dir:
   Mein Körper gehört mir!
   Von dem linken Nasenflügel
   bis hinab zum Po.
   Der gehört mir, der gehört mir
   soooowieso!

3. Eines sag' ich dir:
   Mein Körper gehört mir!
   Von dem kleinen Zehennagel
   bis zum Loch im Ohr.
   Immer wieder, immer wieder,
   sing' ich dir das vor!

5. La la la la la.
   la la la la la.
   Von der einen Hand zur anderen
   mittendrin mein Bauch.
   Der gehört mir, der gehört mir,
   der gehört mir auch!

Aus: Sonja Blattmann/Gesine Hansen: Ich bin doch keine Zuckermaus. Neinsagegeschichten und Lieder mit Paula, Max, Samira und der kunterbunten Träumefrau, Mebes & Noack, Bonn 2002. DONNA VITA Marion Mebes oth

Mitunter sprechen Kinder nicht gerne über persönliche Empfindungen vor der ganzen Klasse oder es fehlt ihnen dazu der Wortschatz. Die Umrisszeichnungen sind deshalb eine Hilfe, Körperwahrnehmungen zu verbalisieren.
(Kopiervorlage 7, siehe S. 22)
Einleitend stellt die Lehrerin pantomimisch eine Gefühlssituation dar. Die Kinder geben an, an welchen Körpersignalen sie ein ganz bestimmtes Gefühl erkannt haben (z. B. Fäuste ballen, Zähne zusammenbeißen, funkelnde Augen). Dann erproben sie selbst unterschiedliche körpersprachliche Zeichen. Nicht nur äußerlich kann der Körper Empfindungen ausdrücken, sondern auch innerlich, für einen Betrachter nahezu unsichtbar. So zittern z. B. bei einem gehörigen Schrecken Arme und Beine, das Herz rast, der Schweiß bricht auf der Stirn aus, die Augen weiten sich, der Mund öffnet sich und die Magengegend zieht sich zusammen. Gemeinsam oder in Gruppenarbeit markieren die Kinder deshalb diese Stellen farbig, die bei entsprechenden Gefühlssituationen bestimmte Reaktionen zeigen.
So erfahren sie das Zusammenspiel von seelischen Befindlichkeiten und körperlichen Reaktionen und die Notwendigkeit, diese zu beachten. Gleichzeitig lernen sie die Reaktionen ihres Körpers verstehen und gezielt auf Signale zu reagieren.

Sabine

Wenn Sabine Hunger hat, dann sagt sie: Ich habe Hunger.
Wenn Sabine Durst hat, dann sagt sie: Ich habe Durst.
Wenn Sabine Bauchweh hat, dann sagt sie: Ich habe Bauchweh.
Dann bekommt sie zu essen, zu trinken
und auch eine Wärmflasche auf den Bauch.
Und wenn Sabine Angst hat, dann sagt sie nichts.
Und wenn Sabine traurig ist, dann sagt sie nichts.
Und wenn Sabine böse ist, dann sagt sie nichts.
Niemand weiß, warum Sabine Angst hat.
Niemand weiß, warum Sabine böse ist.
Niemand kann Sabine verstehen und niemand kann Sabine helfen,
weil Sabine
nicht über Sabine spricht.

Marianne Kreft

(Aus: Hans-Joachim Gelberg (Hrsg.), Überall und neben dir. Gedichte für Kinder. 1986 Beltz Verlag, Weinheim und Basel. Programm Beltz & Gelberg, Weinheim).

Dieser Text regt Kinder zum Nachdenken über Ereignisse und Situationen an, in denen sie sich selbst gut oder schlecht fühlten. Gab es jemanden, dem sie diese Gefühle mitgeteilt haben?

Name: ______________________ Datum: __________

Mein Körper spricht mit mir

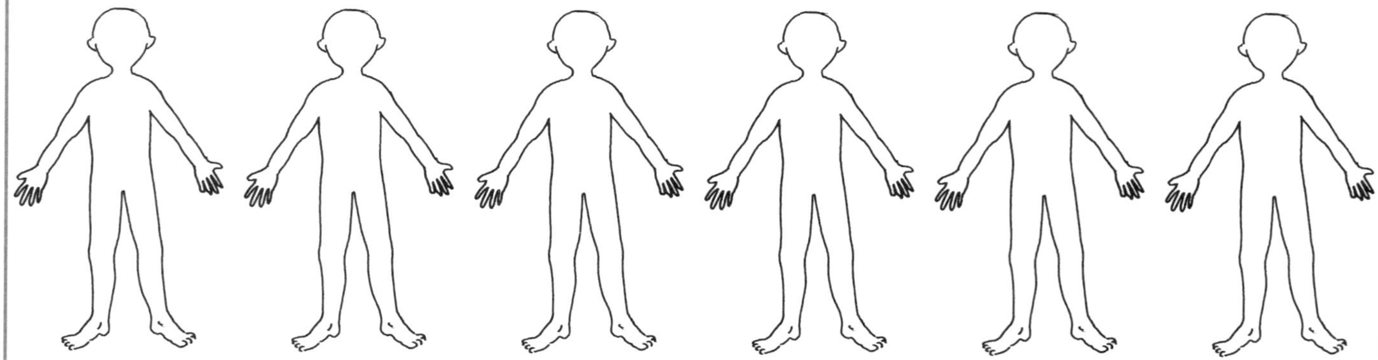

Trauer   Hunger/Durst   Wut   Müdigkeit   Schreck   Freude

- Meine Woche der Gefühle
  Damit sich die Kinder über Ereignisse und damit verbundene Gefühle bewusst werden und darüber sprechen, tragen sie auf Kopiervorlage 8 (siehe unten) wie in einem Tagebuch Situationen ein, die in ihnen gute und schlechte Gefühle auslösten. Nach jedem Tag suchen sich die Kinder eine Person ihres Vertrauens (Kind aus der Klasse, Lehrerin, Eltern, Geschwister) und sprechen über die beiden aufgeschriebenen Ereignisse. Nach einer Woche sprechen sie im Kreisgespräch über ihre Gefühle. Dabei ist es den Kindern frei zu stellen, ob sie sich äußern wollen und die eine oder andere Situation der Klasse erzählen. Es wird auf keinen Fall Druck oder Erzählzwang auf einzelne Kinder ausgeübt.
- Gefühle malen
  Musik kann uns in unterschiedliche Stimmungen versetzen. So hören und spüren die Kinder schnell die unterschiedlichen Wirkungen, von z. B. Marschmusik und klassischer Musik.
  Nach dem Bereitlegen der Zeichenutensilien spielt die Lehrerin Musik vor. Die Kinder hören zu und beginnen frei zu malen, je nach Wahl abstrakt oder konkret, einfarbig oder bunt, mit Pinsel oder Bleistift. Die fertigen Bilder können als Gesprächsanlass über unterschiedliche Gefühlswelten dienen oder einfach nur bestaunt werden.

Kopiervorlage 8

Name: ____________________ Datum: ____________

Meine Woche der Gefühle

			Gesprochen mit …
Montag, ________			
Dienstag, ________			
Mittwoch, ________			
Donnerstag, ________			
Freitag, ________			
Samstag, ________			
Sonntag, ________			

1.2.3 Manchmal wünsche ich mir...

Und so weiter

Wer fort ist,
beginnt die Heimat zu schätzen.
Wer schweigen muss,
möchte so gern schwätzen.

Wer schlafen muss,
wünscht sich, er dürfe wachen.
Wer weinen muss,
würde viel lieber lachen.

Wer klein ist,
träumt vom Erwachsensein.
In der Masse denkt jeder:
Ach, wär ich allein!

Wer kein Geld hat,
möchte so gern geben.
Wer sterben muss,
klammert sich gierig ans Leben.

Wer dumm ist,
wäre gern gescheiter.
Wer dick ist,
wäre gern schlank
und so weiter.

Alfons Schweiggert

(Aus: Hans-Joachim Gelberg (Hrsg.), Überall und neben dir. 1986 Beltz Verlag, Weinheim und Basel. Programm Beltz & Gelberg, Weinheim)

Fragt man ein Kind nach seinen Wünschen, so erhält man eine lange Liste erfüllbarer und unerfüllbarer Dinge. Wünsche gehören zum täglichen Leben und erfüllen den Alltag mit Spannung und Vorfreude. Doch nicht immer ist Wünschen mit positiven Emotionen besetzt. Manchmal sind Kinder unglücklich und wünschen sich anders zu sein oder irgendwo dazuzugehören. Hier gilt es, das Selbstvertrauen der Kinder zu stärken und sie zu ermutigen, ihr Leben selbstverantwortlich zu gestalten und bewusste Entscheidungen zu treffen.

Mein Wunschblatt

Die Kinder sollen zunächst zwischen elementaren Bedürfnissen und Wünschen unterscheiden. Dazu malen (oder schreiben) sie mit grüner Farbe Dinge auf kleine Zettel, *die sie zum Leben brauchen*, wie z.B. Kleidung, Nahrung, Wasser, Freunde. Mit schwarzer Farbe schreiben oder malen sie Dinge auf weitere Zettel, die sie zwar *gerne haben möchten, die aber nicht lebensnotwendig* sind, wie etwa ein neues Computerspiel, Inline-Skates oder ein eigenes Handy. In die Mitte eines größeren Blatt Papiers schreiben sie ihren Namen oder zeichnen sich selbst. Jetzt arrangiert jedes Kind die Zettel um sei-

nen eigenen Namen herum. Je kürzer der Abstand des Zettels zur Bildmitte ist, desto stärker ist der Wunsch oder die Notwendigkeit.
Hat das Kind alle seine Zettel gruppiert, spricht es mit einem Partner über sein Blatt und vergleicht es mit dessen Blatt. Ggf. können beide ihre Zettel anders anordnen: Erst wenn sich jedes Kind sicher ist, nun die richtigen Positionen gefunden zu haben, klebt es die Zettel auf.
- Hinweise für ein anschließendes Gespräch:
- Hast du viele Zettel nochmals verschoben?
- Warum hast du manche Zettel wieder verändert?
- Hat dich jemand davon überzeugt, einen bestimmten Zettel zu verschieben?
- Sind Zettel einer Farbe überwiegend weit entfernt oder nahe in der Bildmitte?
- Was hast du heute über Wünsche gelernt?
- Wie geht es dir, wenn du die weit entfernten Zettel nicht bekommst?

Der Zauberstein (Kopiervorlage 9, siehe S. 26)
Die Geschichte regt zu Diskussionen über Wünsche an, die sich nicht kaufen lassen, wie z. B. Freundschaft oder Mut.
Nach Zeile 31 wird die Geschichte unterbrochen und die Kinder sprechen in der Gruppe über den Zauberstein: Wie wirkt der Zauberstein? Was macht er mit Maria? Wann wünschst du dir so einen Zauberstein? Könntest du dir auch eines dieser „Zaubermittel“ vorstellen?

Folie

Die Lehrerin präsentiert wortlos die Bilder. Nach den Äußerungen der Kinder erklärt sie, dass manche Kinder und Jugendliche sich erst durch Mittel wie diese stark fühlen.

Der Zauberstein

Maria wohnt mit ihren Eltern in der Schulgasse. Sie lebt gern dort. Dass alle ihre Freundinnen so weit weg wohnen, macht sie manchmal allerdings ein bisschen traurig. „Spiel doch mit Jochen oder Leo oder Stefan!“, sagt ihre Mutter dann immer. Jochen, Leo und Stefan sind die Jungen aus der Nachbarschaft. Sie spielen jeden Tag zusammen: Sie klettern auf Bäume, sausen mit ihren Skateboards die Straße entlang oder fahren mit ihren Fahrrädern um die Wette. Zu gerne würde Maria dabei sein, doch sie traut sich nicht. Einmal hat sie nämlich gefragt, ob sie mitmachen darf. „Schau an, unsere Kleine! Hast du auch deinen Schnuller dabei?“ „Na, du Hosenmatz, willst du nicht lieber bei deiner Mama am Rockzipfel bleiben?“ „...oder mit deinen Puppen spielen?“, musste sie sich anhören. Und das macht Maria traurig und wütend zugleich. „Und das alles nur, weil ich ein bisschen kleiner bin...!“

Eines Tages kommt Tante Eva zu Besuch. Als sie sieht, wie Maria alleine am Fenster sitzt und den Jungen draußen zusieht, will sie wissen, warum Maria nicht einfach mitspielt. „Ach, Tante Eva ...“, seufzt Maria und erzählt ihr die Geschichte. „Ich glaube, da kann ich dir helfen!“, meint Tante Eva und holt aus ihrer Tasche einen kleinen Stein hervor. „Das ist ein Zauberstein. Er verleiht jedem, der ihn besitzt Bärenkräfte. Du musst ihn aber immer bei dir tragen.“ „Ehrlich?“, fragt Maria mit großen Augen. „Ganz ehrlich!“, antwortet Tante Eva.

Gleich am nächsten Tag probiert Maria den Zauberstein aus. Sie nimmt ihn in die Hand und denkt fest an ihren Wunsch: „Mitspielen, mitspielen“, murmelt sie leise vor sich hin. Dann macht sie sich fertig, um hinauszugehen. Ein bisschen zögert Maria noch, doch sie denkt fest an den Zauberstein und vertraut auf seine Kräfte.

Schon von weitem hört Maria die Jungen. Sie entdeckt Jochen und Leo unter einem hohen Baum. Stefan sitzt im Geäst des Baumes und ruft den anderen zu: „Ich komm da nicht hin...ich bin einfach zu groß!“ Maria blickt den Baum hinauf und sieht den Fußball, der sich in einer Astgabel verhakt hat. Jetzt nimmt sie allen Mut zusammen, tritt den Buben entgegen und klettert vor ihren Augen – flink wie ein Wiesel – in die Baumkrone. Schon hat sie Stefan erreicht und geschickt steigt sie um die engen Äste, bis sie den Fußball erreicht hat. Stolz wirft sie ihn zu Boden.

Wieder unten angekommen, warten Jochen und Leo schon auf sie. „Gar nicht schlecht!“, meint Leo...

?

Was aber passiert wirklich bei der Einnahme dieser „falschen“ Zaubermittel? Die Lehrerin spricht mit den Kindern über die Gefahren von Suchtmitteln, wie Abhängigkeit, körperliche Schädigungen und finanzielle Belastungen.
Doch wie geht die Geschichte weiter? Die Kinder kleben den Schluss der Geschichte auf ihr Textblatt.

„Kannst ja morgen mal dein Fahrrad mitbringen“, schlägt Stefan vor.
Maria ist glücklich, nickt und läuft nach Hause. Tante Eva erwartet sie bereits. „Geschafft, Tante Eva, geschafft! Der Zauberstein hat wirklich geholfen!“ Freudig erzählt Maria, was geschehen ist.
Als sie gemeinsam Marias Zimmer betreten, bleibt Maria plötzlich stehen und blickt wie versteinert auf ihr Nachtkästchen. Dort liegt – der Zauberstein. „Aber...“, stockt Maria. Tante Eva lacht. „Wie ist das nur möglich? Ich dachte, es war der Zauberstein, der mir gerade da draußen geholfen hat!“
„Siehst du“, erklärt Tante Eva. „Vieles ist möglich, wenn man nur an sich glaubt und den Mut findet, es zu tun. Du hast heute geschafft, was du dir schon lange wünschst. Sogar ohne Zauberstein.“
So gut wie in dieser Nacht hat Maria schon lange nicht mehr geschlafen.

Im Anschluss sucht sich jedes Kind einen kleinen Stein im Schulhof, der es immer an seine eigenen Stärken erinnern und ihm Selbstvertrauen schenken soll.

Bilderwand „Mir geht es gut, wenn ...“
Im Gespräch sammeln die Kinder Vorschläge, wann sie sich wohl fühlen, und gliedern sie:
- *Familie und Freunde*,
- *Mein Körper* (z.B. Gesundheit, ausgewogene Ernährung, genügend Schlaf)
- *Rund um den* Tag (z.B. Spielen an der frischen Luft, zum Kinderturnen gehen, Fischen am Fluss)
- *Viel Gefühl* (z.B. Vorfreude auf ein Ereignis, Fahrt in einer Achterbahn, Gutenachtgeschichte am Abend)

Kopiervorlage 10 (siehe S. 28): Wohlfühl-Sonne
Die Kinder setzen den Satz in der Sonne fort. Die bereits gesammelten Vorschläge dienen dabei als Anregung.

Name: ______________________	Datum: ____________

Meine Wohlfühlsonne

Es geht mir gut

Text: Lore Kleikamp
Musik: Detlev Jöcker

2. Ist es Abend, wird es dämmrig,
nehme ich mir ein tolles Buch.
Kuschel mich in meine Ecke,
bin zufrieden, hab genug.
Refrain:
Dann merke ich: Es geht mir gut!...

3. Hab ich wieder mal Geburtstag,
lad ich ganz viele Gäste ein.
Freu mich über die Geschenke,
kann mit allen fröhlich sein.
Refrain:
Dann merke ich: Es geht mir gut!...

4. Macht die Schularbeit mich müde,
tanke ich frische Energie.
Oder brauche ich Entspannung?
Kein Problem! Ich übe sie.

Dann merke ich: Es geht mir gut!...

1.3 Typisch Mädchen – typisch Jungen?

Bereits im frühen Kindesalter beginnen Mädchen und Jungen eine differenzierte Vorstellung davon zu entwickeln, was als „typisch männlich“ oder „typisch weiblich“ gilt. Maßgeblich beeinflusst werden sie dabei von ihrer unmittelbaren Umwelt, der Familie. Hier erleben Kinder die Mutter in ihrer Rolle als Frau und den Vater in seiner Rolle als Mann und übernehmen diese Rollenmuster. Die alltäglichen kleinen Dinge zeigen den Kindern, wie sie als Mädchen oder als Junge zu sein haben. Im Unterricht wird nun versucht, diese Rollenzuweisungen aufzuweichen und einen gleichwertigen Umgang der Geschlechter miteinander zu erproben.
Zum Einstieg füllen die Kinder – je nach Geschlecht – Kopiervorlage 11 aus.

Alle ausgefüllten Zettel liegen umgedreht in der Kreismitte. Ein Kind nimmt sich einen Zettel und liest einen oder mehrere Sätze davon vor, ohne zu erwähnen, ob er von einem Mädchen oder einem Jungen geschrieben wurde. Die Zuhörer sprechen über die Sätze und versuchen zu entscheiden, welchem Geschlecht diese Antworten zuzuordnen sind.
Die Kinder erfahren, dass es nicht immer sofort zu erkennen ist, ob es sich bei den Antworten um einen Jungen oder ein Mädchen handelt.

Kopiervorlage 11

Ich freue mich
ein Mädchen zu sein,
weil ...

Ich freue mich
ein Junge zu sein,
weil ...

Bist du ein richtiger Junge?

Kannst du lachen und singen
und mit den anderen im Kreis herumspringen?
Kannst du das Baby wiegen?
Und manchmal das Heulen kriegen?
Dann bist du okay.

Oder tust du kalt und stolz,
als wärst du aus Holz?
Bist ein Angeber und Gernegroß?
Dann ist mit dir nichts los.
O jeh!

Bist du ein richtiges Mädchen?

Kannst du klettern auf 'nen Baum
und die schönsten Kirschen klaun?
Und durch eiskaltes Wasser waten?
Und, wenn's drauf ankommt, keinen verraten?
Dann bist du okay.

Oder bist du feige und zimperlich?
Eingebildet und pingelig?
Und rennst vor jeder Maus zur Tür?
Dann wird nie 'ne richtige Frau aus dir.
O weh!

Ilse van Heyst

(Aus: J. Fuhrmann (Hrsg.), Gedichte für Anfänger, rororo Rotfuchs, Rowohlt Verlag, Reinbeck 1980)

Ausgehend von dem Text über „richtige Jungen" und „richtige Mädchen" ordnen die Kinder den beiden Geschlechtern verschiedene Adjektive zu. Dazu erhält jedes Kind mehrere kleine Zettel in zwei verschiedenen Farben (z.B. gelb für Jungen und grün für Mädchen). Die Lehrerin legt je ein Plakat für die Mädchen-Eigenschaften und Jungen-Eigenschaften auf den Boden. Die Kinder schreiben nun Eigenschaften für Jungen und Mädchen auf je einen entsprechend farbigen Zettel. Anschließend legen sie diese auf das passende Plakat (Mädchen sind ... / Jungen sind ...).

Die Kinder betrachten die beiden Plakate und klären folgende Fragen:
- Gibt es Adjektive, die allgemein in der Klasse auf Widerstand stoßen?
- Gibt es Eigenschaften, die bei Mädchen und Jungen gleichzeitig anzutreffen sind?
- Treffen die Eigenschaften immer auf *alle* Mädchen/Jungen zu oder lassen sie sich ordnen nach einige/viele/wenige?
- Gibt es Eigenschaften, die ein „richtiger" Junge oder ein „richtiges" Mädchen haben *muss*?
- Welche dieser Eigenschaften (gute und schlechte) kannst du an dir selber entdecken?
- Ließen sich die beiden Überschriften „Mädchen sind..." und „Jungen sind..." nicht einfach austauschen?

Dieses Gespräch soll die Kinder dafür sensibilisieren, dass unsere sozial geprägten Erwartungen an die unterschiedlichen Geschlechter nicht eindeutig festzulegen sind und wir uns von manchen Stereotypen lösen müssen. Wichtige Aufgabe der Lehrerin ist es, mit den Kindern Situationen zu finden, in denen auch Jungen „ängstlich" oder „schüchtern" sind, obwohl dies als „unmännlich" gilt. Im umgekehrten Fall können und dürfen Mädchen durchaus „wild" oder „laut" sein, wofür sich sicherlich Beispiele finden lassen.

Mädchenkoffer – Jungenkoffer

In einem nächsten Schritt werden Dinge des alltäglichen Lebens miteinander verglichen. Gibt es typische Mädchen- und typische Jungenspielsachen? Brauchen Jungen wirklich immer Werkzeug und Auto, Mädchen immer nur Puppen und Frisierkoffer? In Gruppenarbeit (Mädchengruppe – Jungengruppe) fertigen die Kinder ein Gemeinschaftsbild an (Kopiervorlage 12 vergrößern), auf das sie alle Dinge und Gegenstände kleben, malen oder zeichnen, die sie auf eine einsame Insel mitnehmen würden. Dabei sollen die Kinder ehrliche Antworten geben und sich auch trauen, Dinge in den Koffer hineinzulegen, die in ihren Augen vielleicht untypisch erscheinen mögen, wie etwa das Kuscheltier oder den Trösteteddy.

Danach tauschen die Mädchen- und Jungengruppe die beiden Koffer aus und betrachten den Koffer der anderen Gruppe. Entdecken die Gruppen Dinge, die sie selber im Koffer haben? Anschließend sprechen die beiden Gruppen darüber, warum eine Gruppe einen bestimmten Gegenstand eingepackt hat. Wo liegen die Unterschiede, wo die Gemeinsamkeiten? Sicherlich entdecken die Gruppen im jeweils anderen Koffer Dinge, die eigentlich von großem Nutzen sind, die sie selbst aber übersehen haben. Abschließend markieren die Kinder

Name: ______________________	Datum: ____________

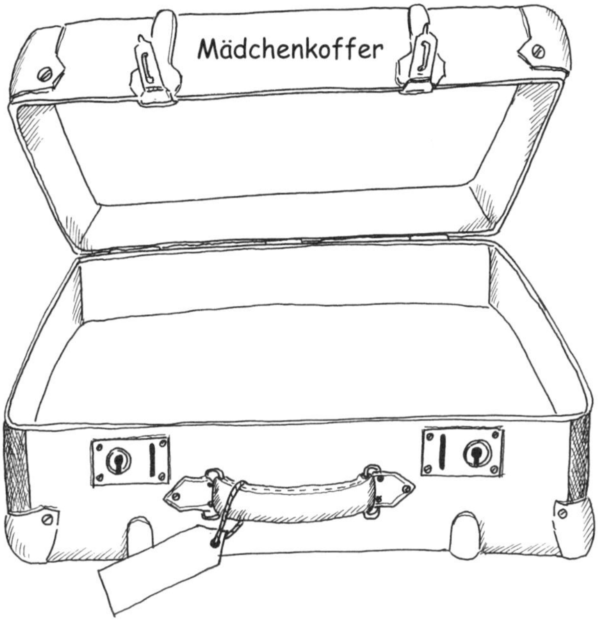

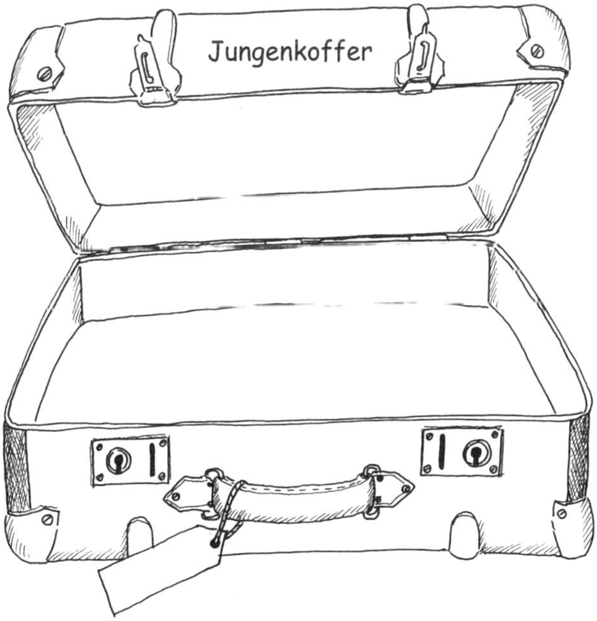

diejenigen Gegenstände farbig, die sich sowohl bei den Mädchen, als auch bei den Jungen im Koffer befinden oder sie geben sie in einen dritten, gemeinsamen Koffer (siehe unten).

Kopiervorlage 13

Name: ______________________	Datum: __________

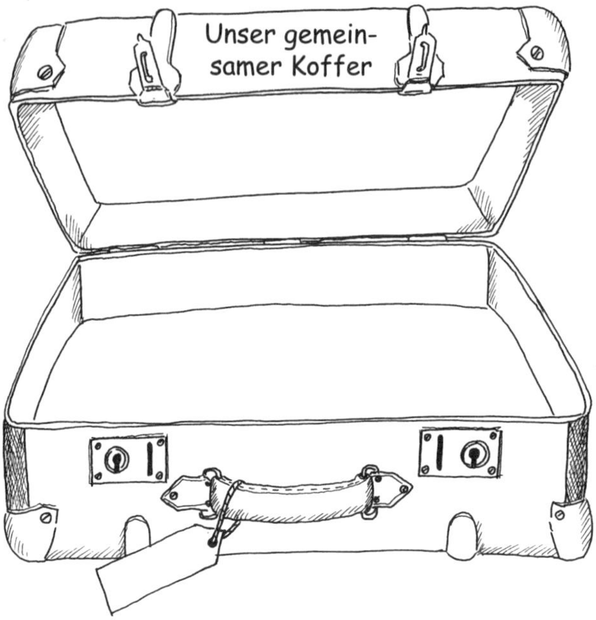

Der folgende Text sowie das Lied vertiefen bei den Kindern die Einsicht, dass sie selbst in keiner Weise auf eine „typisch männliche" oder „typisch weibliche" Rolle festgelegt sind und sich in ihrem Verhalten nicht einer bestimmten Vorstellungswelt anpassen müssen. Vielmehr werden bei den Kindern die nötigen Freiräume geschaffen, die sie für ihre eigene Identitätsentwicklung benötigen.

Mädchen können das auch

Ich heiße Ute und finde Autos toll. Bei uns in der Straße ist eine Werkstatt. Dort gehe ich nachmittags oft hin und schaue zu, wie die Mechaniker kaputte Wagen reparieren.

Zuerst haben die Mechaniker über mich gelacht.

„Na, kleines Mädchen“, haben sie gesagt, „willst du nicht lieber mit Puppen spielen?“

Aber jetzt kennen sie mich und lachen nicht mehr. Im Gegenteil, sie erklären mir alles: wie der Motor arbeitet und was Kolbenfraß ist und warum die Bremse bremst.

Ich weiß schon ziemlich genau, wie ein Auto funktioniert. Ich weiß auch, wie man einen Reifen wechselt und den Ölstand prüft. In der Werkstatt helfen, das macht mir Spaß. Am liebsten möchte ich später Automechanikerin werden. Meine Mutter schüttelt den Kopf, wenn sie das hört.

„Ein Mädchen und Automechaniker! So eine Schnapsidee!“

Dabei weiß sie ganz genau, dass ich etwas von Autos verstehe. Einmal hatten wir nämlich unterwegs einen Platten. Wir waren beide allein, meine Mutter und ich, und sie war ganz verzweifelt.

„Was sollen wir bloß tun?“, hat sie gejammert. „Hoffentlich kommt ein Mann vorbei und hilft uns!”

Da bin ich ausgestiegen und habe das Warndreieck aufgestellt. Und dann habe ich ihr gezeigt, wie das Rad gewechselt wird. Allein konnte ich es nicht, weil ich noch nicht stark genug bin. Aber zu zweit haben wir es geschafft. Wir mussten nur noch bei der nächsten Tankstelle die Schrauben nachziehen lassen.

„Ist ja toll, was du kannst!“, hat meine Mutter gestaunt. Sie hat mir ein großes Eis gekauft und ich musste ihr gleich noch den Motor erklären. Aber Automechanikerin soll ich trotzdem nicht werden.

„Das ist nichts für Frauen“, behauptet sie, und mein Vater und meine Oma sagen das auch.

Komisch: So viele Männer arbeiten als Koch.

Darüber wundert sich niemand. Aber wenn ein Mädchen Motoren reparieren will, dann sagen alle: Die spinnt.

Ehrlich, das verstehe ich nicht. Ich mag Autos. Und ich werde Automechanikerin. Ganz bestimmt!

Irina Korschunow

(Text aus: Irina Korschunow, Leselöwen, Autogeschichten, Loewe-Verlag, Bindlach 1982)

Damit spielt ein Mädchen nicht

Text und Musik: Klaus W. Hoffmann

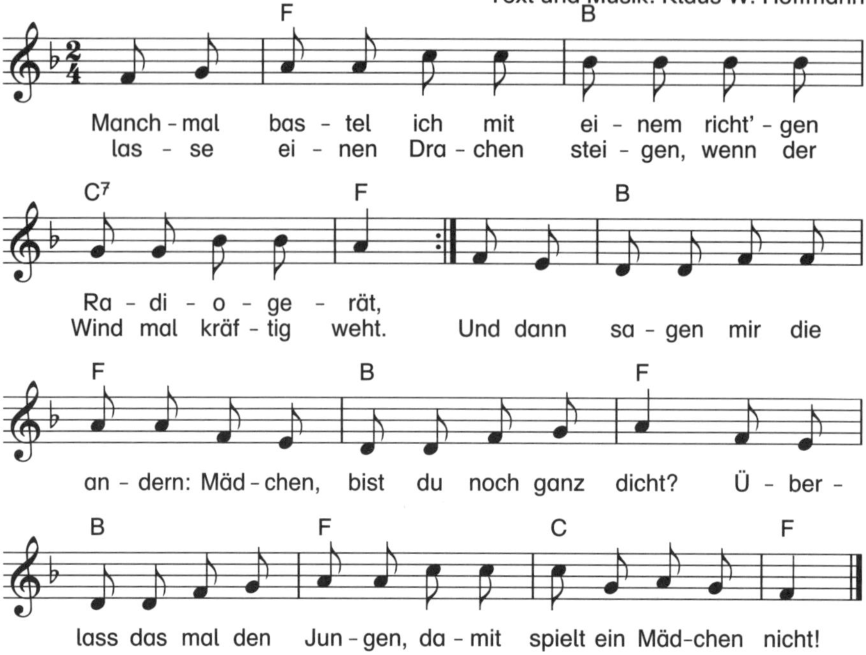

1. Manchmal bastel ich mit einem richt'gen Radiogerät,
   lasse einen Drachen steigen, wenn der Wind mal kräftig weht.
   Und dann sagen mir die andern: Mädchen, bist du noch ganz dicht?
   Überlass das mal den Jungen, damit spielt ein Mädchen nicht!

2. Manchmal spiel ich mit den Teilen unsrer alten Küchenuhr,
   repariere einen Kurzen an der Bügeleisenschnur.
   Und dann sagen mir die andern: Mädchen, bist du noch ganz dicht?
   Überlass das mal den Jungen, damit spielt ein Mädchen nicht!

3. Wenn ich groß bin, möcht ich Schiffe, Häuser oder Brücken baun,
   den Himalaja besteigen, mir die ganze Welt anschaun.
   Und dann zeig ich allen Leuten, was ein Mädchen alles kann,
   was mir Spaß macht, will ich lernen, denn nur darauf kommt es an.

(Quelle: Text und Musik: Klaus W. Hoffmann, © Aktive Musik Verlagsgesellschaft mbH. Postfach 100 102, 44001 Dortmund)

Womit spielt ein Junge nicht? Erfindet gemeinsam neue Strophen zu dem Lied. Dann aber soll der Refrain heißen:
„Und dann sagen mir die andern: Junge bist du noch ganz dicht?
Überlass das mal den Mädchen, damit spielt ein Junge nicht!"

Auch unser Erwachsenen-Alltag ist von Stereotypen geprägt. Bereits Kinder klassifizieren unterschiedliche Handlungen und Eigenschaften meist automatisch nach den Kategorien „männlich“ oder „weiblich“. Erst im Gespräch darüber lässt sich ein Bewusstsein schaffen, dass die Umkehrung traditioneller Rollenverteilungen möglich und sinnvoll sein kann.

Folie

Wer denkt was?

Lies die Gedanken der verschiedenen Personen und überlege: Wer denkt was? Begründe deine Meinung.

Wie ist es bei dir zu Hause?

- Wer hat welche Arbeiten zu erledigen?
- Gibt es Aufgaben, die immer nur ein Familienmitglied erledigt?
- Könnte das geändert werden?
- Wie sehen deine Pflichten in deiner Familie aus? Was hast du zu tun?

Die Kinder sprechen über Möglichkeiten der Zuordnung und stellen sie szenisch dar. Es gibt keine falsche oder richtige Meinung. Die Kinder sollen jedoch erkennen, dass verschiedene Handlungen, Gefühle oder Eigenschaften in unserer Gesellschaft einem bestimmten Geschlecht zugeordnet werden, Abweichungen uns sofort ins Auge stechen und sogar „fremd" oder „unnormal" erscheinen.

Folie

Was sagst du zu folgenden Berufen? Typisch Frau? Typisch Mann?

Überlegt gemeinsam, ob euch noch weitere „untypische" Berufe für Männer und Frauen einfallen.

Die Bilder zeigen den Kindern, dass sie die ursprünglichen Grundtätigkeiten dieser Berufe (kochen, nähen, ...) eigentlich dem jeweils anderen Geschlecht zuordnen würden. Während jedoch eine geschlechtsuntypische Berufswahl sich mehr und mehr durchsetzt, erscheint allen Kindern ein nähender Vater sicherlich ungewöhnlich.
Dabei kommt das Gespräch auch auf Berufswünsche der Kinder. Sind diese Vorstellungen noch wenig ausgeprägt, kann der „Berufswunsch-Erfüllungs-Computer" den Einfallsreichtum der Kinder anregen.

Folie

Meine Zukunft

Stell dir vor, es gäbe einen Berufswunsch-Erfüllungs-Computer, der dir deine Zukunftswünsche erfüllt. Du musst nur mit der Maus das entsprechende Bild anklicken.

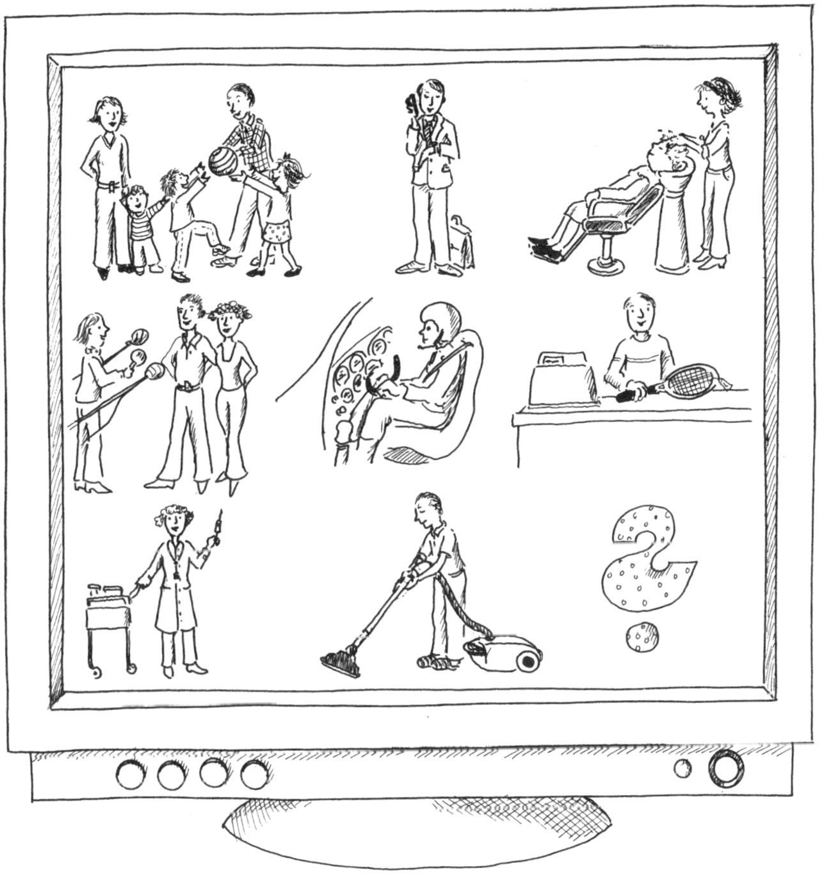

Arbeitsblatt Kopiervorlage 14:
Die Kinder füllen ihre "Zukunftswolke" mit Bildern, Zeichnungen oder Photos. Im Klassenraum werden die Wunschträume der Kinder (und auch der Lehrerin) an einer gemeinsamen Traumwolke aufgehängt.

zum Ausschneiden und „Anklicken"

Kopiervorlage 14

Name: ____________________	Datum: __________

Klebe hier ein Bild von dir ein oder zeichne dich.

Wenn ich groß bin...

Vielleicht bin ich dann Ingenieur,
bau einen Tunnel unterm Meer,
in dem man nach Sardinien fährt,
vom Fährverkehr ganz unbeschwert.

Vielleicht bin ich dann Astronaut,
hab mich im Weltraum umgeschaut
und transportiere dann zum Mond
das Team, das künftig auf ihm wohnt.

Vielleicht bin ich dann auch Erfinder
von Schnellsprungstiefeln nur für Kinder,
mit denen sie in ein paar Sätzen
von einem Ort zum andern wetzen.

Und ich? Ich bin dann Präsidentin
von ganz Europa, die Regentin,
die eure Arbeit klug bewacht,
damit ihr keine Dummheit macht.

Irmela Brender

(Aus: Irmela Brender, War mal ein Lama in Alabama, Verlag Friedrich Oetinger, Hamburg 2001)

2. Unsere Augen

Im folgenden Kapitel werden die beiden Themenbereiche **Optische Phänomene** und **Bedeutung des Auges** miteinander verknüpft, da Sehen und Licht eigentlich nicht voneinander zu trennen sind. So ist es zudem möglich, diesen Bereich aus biologischer, physikalischer und erzieherischer Sicht „auszuleuchten", also mehrperspektivisch zu arbeiten und Zusammenhänge zu erkennen.
Dabei sind in kindgemäßer Weise und dem Lern- und Leistungsstand der Kinder angemessen insbesondere folgende Wissenszusammenhänge anzubahnen:

- Licht breitet sich immer geradlinig aus.
- Alle Gegenstände reflektieren Licht, nicht nur Spiegel.
- Nur Lichtstrahlen, die direkt oder aufgrund von Reflexion ins Auge gelangen, werden gesehen, d.h. das Auge selbst ist passiv und daher auf den Einfall von Licht angewiesen.
- Die einfallenden Lichtstrahlen bilden auf der Netzhaut ein auf dem Kopf stehendes Bild, das vom Sehnerv an das Gehirn weitergeleitet und dort verarbeitet wird; das eigentliche Sehen vollzieht sich also nicht im von außen sichtbaren Teil des Auges, sondern im Kopf.
- Augen sind unsere „Fenster zur Welt". Wegen ihrer Bedeutung liegen sie gut geschützt in der Augenhöhle. Doch auch wir müssen auf unsere Augen achten.

Zum biologischen und physikalischen Hintergrund:
Aus Sicht der Physik ist Licht eines der schwierigsten Phänomene, das man bis heute nicht vollständig erklären kann. Für den Unterricht genügt es, sich auf die anschauliche Vorstellung von Licht als Bündel von Lichtstrahlen zu beschränken. Lichtstrahlen breiten sich stets entlang gedachter Linien von der Lichtquelle weg im Raum aus, man spricht von einer "geradlinigen" Ausbreitung des Lichts.
Im Alltag wird Licht als "weißes" Licht wahrgenommen, das sich jedoch aus Licht unterschiedlicher Wellenlänge zusammensetzt. Dieses Spektrum an Farben des weißen Lichts kann beim Brechen durch ein Prisma oder auch an einfachen Versuchen (siehe Versuche "Regenbogenfarben zaubern", "Blick durch die Feder") sichtbar gemacht werden. Ebenso können Spektralfarben zu weißem Licht zusammengesetzt werden (siehe Versuch "Farbkreisel").
Spiegel reflektieren den gesamten Spektralbereich des Lichts, man spricht deshalb von Totalreflexion. Alle anderen Gegenstände absorbieren einen Teil des Spektralbereichs und reflektieren nur Licht bestimmter Wellenlänge. Da nur

noch ein Teil des Lichts - und nicht der gesamte Spektralbereich - ins menschliche Auge gelangt, erkennen wir die Gegenstände je nach Absorptionsbereich in unterschiedlichen Farben; eine Tomate, die wir als rot erkennen, absorbiert die Komplementärfarben, also die grünen Anteile des farbigen Spektrums.
Hiermit sind wir beim Zusammenhang Licht - Sehen angelangt. Gesehen werden nur Lichtstrahlen, die direkt von einer Lichtquelle aus oder durch Reflexion von Gegenständen ins Auge gelangen, d. h. das Auge ist zunächst passiv als Lichtempfänger zu verstehen. Dies widerspricht in zweierlei Hinsicht dem gängigen Alltagsverständnis. Einerseits wird Licht eher statisch interpretiert und nicht als etwas Dynamisches angesehen, das von einer Lichtquelle aus durch den Raum strömt. Zum anderen wird dem Auge eine aktive Rolle beim Sehen zugedacht, wie auch in vielen Redewendungen zum Ausdruck kommt, z. B. „einen Blick auf etwas werfen", „stechender Blick", „etwas ansehen",...
Da Alltagsverständnis und physikalische Fakten nicht übereinstimmen, ist im Unterricht behutsam auf eine richtige Vorstellung hinzuarbeiten, die sich im Physikunterricht der Sekundarstufe ausbauen lässt.
Mit diesem Hintergrundwissen wird der Weg des Lichts vom Gegenstand in unser Auge erklärbar. Die vom betrachteten Gegenstand reflektierten Lichtstrahlen gelangen durch die Pupille, die wie eine Sammellinse die Lichtstrahlen bündelt, ins Augeninnere und erzeugen auf der Netzhaut ein verkleinertes, auf dem Kopf stehendes Bild des Gegenstands. Auf der Netzhaut befinden sich lichtempfindliche Zellen, die sogenannten Stäbchen und Zäpfchen, die die eintreffenden Lichtreize in Nervenimpulse umwandeln. Die Stäbchen sind lichtempfindlicher, weshalb sie uns auch bei geringer Lichtintensität noch das Schwarz-Weiß-Sehen ermöglichen, während die Zäpfchen bei ausreichender Helligkeit für die Farbwahrnehmung zuständig sind.
An einer Stelle, dem sog. "Blinden Fleck" befinden sich keine Stäbchen und Zäpfchen. Denn an dieser Stelle verlässt der Sehnerv das Auge, der die eingegangenen Informationen ans Gehirn weiterleitet. Erst im Gehirn werden diese Nervenimpulse zu einem Bild zusammensetzt. Der weitaus größte Teil des "Sehens" ereignet sich also nicht im von außen erkennbaren Teil des Auges, sondern im Augeninneren bzw. im Gehirn.
Bei der Interpretation der eintreffenden Informationen kann es auch zu Fehlern kommen, man bezeichnet dies als optische Täuschungen.

2.1 Erfahrungen rund ums Sehen

2.1.1 „Da wirst du Augen machen"

Seherlebnisse sowie das Benutzen der Augen zum Erkunden der Umwelt sind für unsere Kinder etwas Alltägliches. Um ihnen die Bedeutsamkeit und den Wert der Augen als Sinnesorgan nahezubringen, wird der Sehsinn zunächst teilweise oder völlig ausgeschaltet. So erfahren die Kinder die Bedeutung des Auges für die Informationsaufnahme: WER spricht mich an? WAS berühre ich gerade? WO befindet sich die Geräuschquelle?

Übungen zum teilweisen Ausschalten des Sehsinnes

- das Klassenzimmer und die Umwelt durch eine dunkle Sonnenbrille betrachten
- Dinge durch ein Milchglas, ein angerußtes Glas oder ein beschmiertes Glas betrachten
- durch eine starke Brille oder eine Lupe blicken
- das Zimmer durch ein Tuch oder einen Stoff hindurch betrachten
- Schwarzweiß- und Farbbilder miteinander vergleichen
- kurze Ausschnitte zweier Filme (Farbfilm, Schwarzweißfilm) vergleichen

Dabei werden durch die kurzzeitige Beeinträchtigung des Sehsinnes Umrisse und Farben von den Kindern anders wahrgenommen: Die Dinge erscheinen undeutlich, trist oder verzerrt.

Übungen zum völligen Ausschalten des Sehsinnes

Mit verbundenen Augen

- sich im Raum zurechtfinden
- ein anderes Kind nur an der Stimme erkennen
- einen Gegenstand am Geräusch erkennen
- erraten, aus welcher Richtung ein Geräusch kommt
- einem Geräusch (z.B. Klopfen mit Klangstäben) durch den Raum folgen
- ein anderes Kind durch Ertasten erkennen
- einen Gegenstand durch Ertasten erkennen (Fühlsäckchen/Fühlbox)
- Nahrungsmittel an ihrem Geruch erkennen
- Nahrungsmittel und Säfte an ihrem Geschmack erkennen

Schnell stellen die Kinder fest, dass es nicht einfach ist, sich nur mit Hilfe anderer Sinne zurechtzufinden. Vor allem beim Einschätzen von Nahrungsmitteln reichen Geschmacks- und Geruchssinn allein nur selten aus.

2.1.2 Haben unsere Augen immer Recht?

- *Mehrdeutige Darstellungen/Wechselwirkungen*

Schwarze oder weiße Pfeile?

Ente oder Eichhörnchen?

Indianer oder Eskimo von hinten?

(Bilder aus: J. Richard Block/Harold E. Yuker: Ich sehe was, was du nicht siehst. Goldmann Verlag München 1993)

- *Größenverzerrungen und Formverzerrungen*

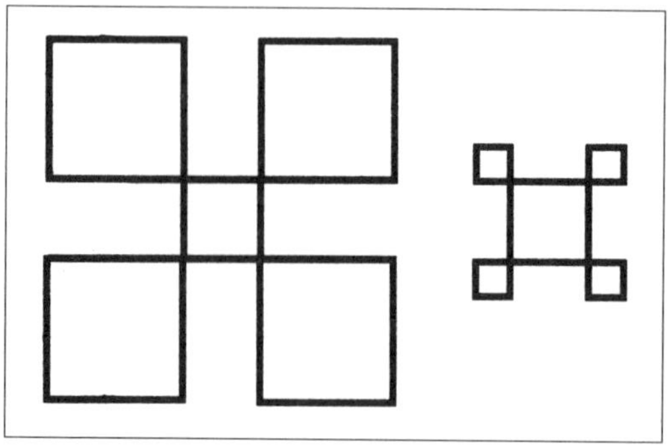

Welches innere Quadrat ist größer?

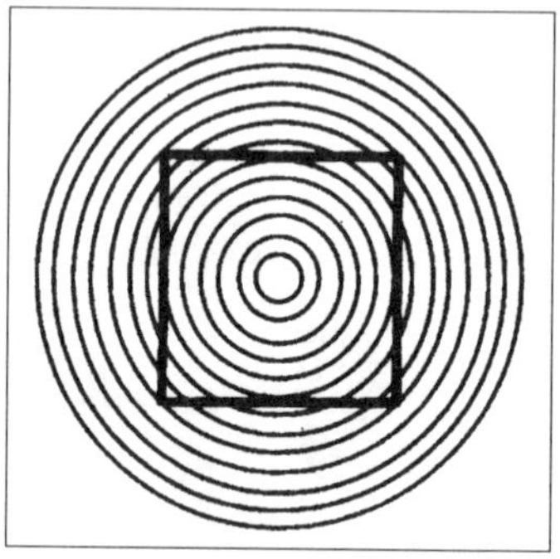

Ist das ein Quadrat?

(Bilder aus: J. Richard Block/Harold E. Yuker: Ich sehe was, was du nicht siehst. Goldmann Verlag München 1993)

- *Bewusstes Erfassen*

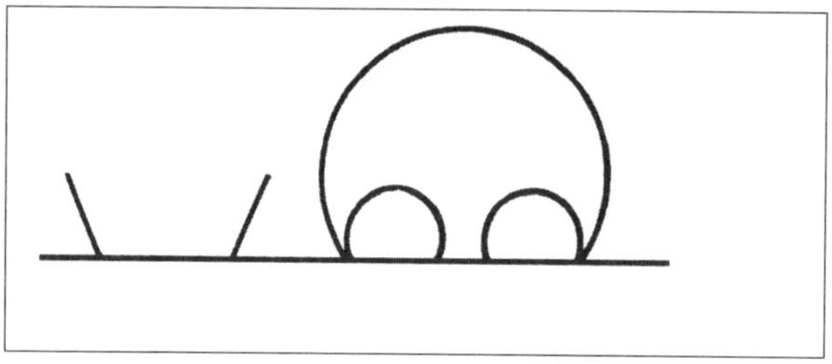

Eine Putzfrau schrubbt den Boden.

Sind alle fröhlich?

(Aus: Method and Theory in Experimental Psychology von Charles E. Osgood. Copyright 1953 Oxford University Press, Inc: Neu herausgegeben 1981 von Charles E. Osgood)

Bild rechts: (Aus: J. Richard Block/ Harold E. Yuker: Ich sehe was, was du nicht siehst. Goldmann Verlag München 1993. Dort vermerkt: Mit freundlicher Genehmigung von Paul Agule)

- *Unmögliches wird möglich*

Treppauf oder treppab?

Woher kommt die dritte Säule?

(Bild rechts aus: Roger Hayward, in Mathematical Games von Martin Gardner, S. 124. Copyright 1970 Scientific American)

- *Verblüffende Experimente zur Täuschung der Augen*

Betrachte das Bild eine Weile
(ohne dabei zu blinzeln)
und schaue anschließend an
eine helle Wand.
Siehst du die Katze immer noch?

Das Loch in der Hand
Halte eine Papprolle vor dein
rechtes Auge, die andere Hand vor
dein linkes Auge und lass beide
Augen geöffnet. Was passiert?

Kannst du die Brücke reparieren?
Halte die Lücke zwischen den Brückenteilen mit offenen Augen direkt vor deine Nase und warte einige Sekunden. Ist die Lücke immer noch da?

(Aus: Das Große Buch der Experimente. Weltbild Verlag, Augsburg 2000)

Halte das Ende eines Bleistiftes locker zwischen Daumen und Zeigefinger. Bewege nun die Hand schnell auf und ab. Ist dein Bleistift plötzlich aus Gummi?

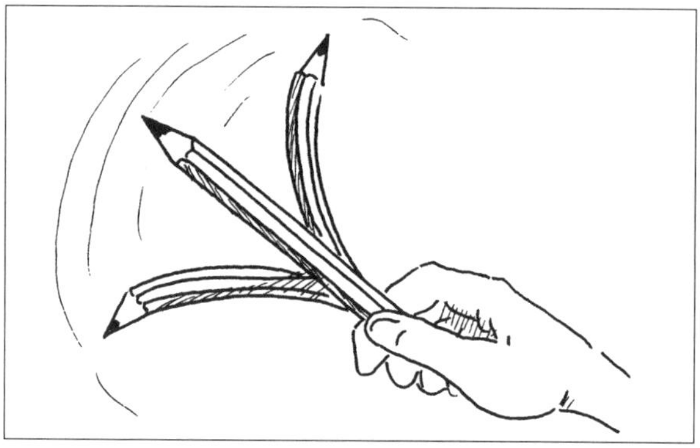

Schneide die beiden Streifen aus und lege sie aufeinander.
Rolle nun das obere Bild von rechts nach links eng auf (wie um einen Zahnstocher).
Bewege nun einen Bleistift schnell über dem Blatt hin und her.
Was siehst du?

2.1.3 Zwei Augen sehen besser als eines

Da jedes unserer Augen die Umwelt aus einem anderen Winkel betrachtet, werden zwei leicht verschiedene Bilder an unser Gehirn weitergeleitet. Dort werden die Bilder zu einem Gesamtbild mit räumlicher Tiefe verarbeitet.
Bei den folgenden Experimenten erfahren die Kinder, dass nur durch das Zusammenspiel beider Augen Entfernungen bemessen und Bewegungen koordiniert werden können.

Welches Auge ist stärker (dominant)? Zeige mit geöffneten Augen auf einen Punkt. Bewege die Hand nicht und schließe das linke Auge. Zeigt dein Finger immer noch auf die gleiche Stelle, ist das rechte dein Führungsauge. Was passiert, wenn du das linke Auge schließt?

Nimm ein Blatt Papier und male in die Mitte einen Punkt.
Versuche nun, diesen Punkt mit deinem Stift wieder zu treffen.
Schaffst du es auch, wenn du ein Auge zuhältst?

Versuche, möglichst lange mit geöffneten Augen auf einem Bein zu stehen.
Wiederhole nun den Versuch und schließe dabei ein Auge.
Was passiert?

Halte einen Stift und seine Kappe weit vor deinen Körper und schließe ein Auge.
Versuche nun, die Kappe über den Stift zu stülpen.
Gelingt es dir?

2.2 Das Wunderwerk Auge

Wie Augen aussehen, weiß doch jedes Kind, oder? Die folgenden Stationen zeigen den Kindern die einzelnen Teile des Auges und die Schutzmechanismen unseres Auges. Sie zwingen die Kinder zum genauen Hinsehen auf die Augen des Partners und machen auf selbstverständliche Erscheinungen wie z. B. das Blinzeln aufmerksam.

Stationenkarten

Wunderwerk Auge: Die Pupille

Du brauchst:
- einen Partner

So geht's:
- Setzt euch gegenüber und schaut euch genau in die Augen.
- Dein Partner hält sich eine Minute lang die Augen mit den Händen zu. Dann nimmt er ganz schnell die Hände vom Gesicht weg.
- Nun schaust du ganz genau in seine Pupille.
  Was kannst du beobachten?
- Tauscht die Rollen.

Erkenntnis:

Durch die *Pupille* dringt viel Licht ins Auge.
Im Dunkeln versucht dein Auge viel Licht aufzunehmen.
Die Pupille ist deshalb weit geöffnet.
Im hellen Licht verkleinert sich die Pupille und die Regenbogenhaut zieht sich zusammen, sodass nur wenig Licht ins Auge kommt.

Wunderwerk Auge: Das Augenlid

Du brauchst:
- einen Partner

So geht's:
- Setzt euch gegenüber und schaut euch genau in die Augen.
- Irgendwann *klatschst* du neben dem Kopf deines Partners in die Hände.
- Beobachte genau seine Augenlider. Was kannst du beobachten?
- Tauscht die Rollen.
- Versucht das auch mit einem *leichten Blasen* in die Augen des anderen.

Erkenntnis:

Unser *Augenlid* ist für unser Auge wie ein Schutzvorhang. Sobald „Gefahr" für das Auge droht (Wind, Schmutz, Lärm), schließt es sich.
So können Fremdkörper nicht in das Auge gelangen.

Wunderwerk Auge: Die Augenbraue

Du brauchst:
- einen Partner
- ein Glas Wasser

So geht's:
- Setzt euch gegenüber.
- Tauche deinen Finger in das Glas Wasser und gib einen Tropfen davon auf die Stirn deines Partners (über der Augenbraue).
- Nun beobachte den Tropfen.
- Tauscht die Rollen.

Erkenntnis:

Der Wassertropfen auf deiner Stirn rinnt entlang der *Augenbraue* am Auge vorbei und gelangt nicht in das Auge.
Manchmal wirkt die Augenbraue auch wie eine „Sprungschanze" und das Wasser tropft vor dem geöffneten Auge einfach hinunter auf deine Wangen. Das Auge schützt sich so selbst vor Schweißtropfen.

Wunderwerk Auge: Die Wimpern

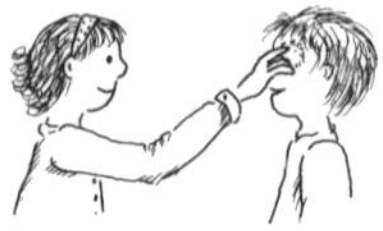

Du brauchst:
- einen Partner
- Watte

So geht's:
- Setzt euch gegenüber und schaut euch in die Augen.
- Streiche nun mit etwas Watte von oben über die halb geöffneten oder geschlossenen Augen deines Partners.
- Beobachte, was mit der Watte an den Wimpern passiert.
- Tauscht nun die Rollen.

Erkenntnis:

Unsere *Wimpern* sind wie ein Fußabstreifer für unser Auge. Durch rechtzeitiges Schließen halten sie Staub und andere Fremdkörper ab.

Wunderwerk Auge: Der Augapfel

Du brauchst:
- einen Partner
- Bilder

So geht's:
- Taste mit deinen Fingern vorsichtig um dein Auge.
- Sprich mit deinem Partner, warum rund um dein Auge dieser harte Rand aus Knochen ist.
- Betrachte nun die beiden Bilder und vergleiche das Auge des Menschen mit dem Auge eines Frosches.

Erkenntnis:

Der Hauptteil unseres Auges ist der *Augapfel.* Der Augapfel liegt geschützt in der *Augenhöhle,* sodass ihm Schläge und Stöße wenig anhaben können.
Ein zusätzliches Fettpolster im Inneren der Augenhöhle schützt ihn vor Erschütterungen.

2.3 Wie ist das eigentlich, wenn man blind ist?

Etwa 150.000 blinde und etwa eine halbe Million sehbehinderte Menschen leben in der Bundesrepublik Deutschland. Davon sind circa 1.500 Kinder und Jugendliche zwischen 0 und 18 Jahren. Kontakte zwischen blinden und nicht blinden Menschen sind oft schwierig.

Blindheit hat viele Erscheinungsformen. Besucher, die zum ersten Mal eine Blindenschule besuchen, sind oft überrascht, denn nicht allen Kindern sieht man auf den ersten Blick an, warum sie diese Schule besuchen müssen. Als blind gelten nur Menschen, die überhaupt nichts sehen oder nur einen Lichtschein erkennen. Hochgradig sehbehindert ist, wer zwar Hell und Dunkel unterscheiden und leuchtende Farben oder grobe Umrisse erkennen kann, aber wegen seiner Sehbehinderung auf fremde Hilfe angewiesen ist. Eine Sehbehinderung besteht dann, wenn die zentrale Sehschärfe auf dem besseren Auge 30 – 5% beträgt.
Da Sehstörungen oft erst auffallen, wenn Kinder zur Schule gehen, sind wir als Lehrerinnen aufgefordert, Auffälligkeiten oder Veränderungen im Sehverhalten eines Kindes zu erkennen. „Mit der Nase lesen", schiefe Kopfhaltung, häufiges Augenreiben, Kopfschmerzen, auffällige Veränderungen der Rechtschreibleistung und häufige Lesefehler können erste Anzeichen für ein verändertes Sehvermögen sein.
Bei einfachen Übungen sollen Kinder erfahren, wie blinde Menschen versuchen, ihre mangelnde Sehfähigkeit auszugleichen.

2.3.1 Sehen ohne Augen

Ein blinder Mensch kann nicht von Natur aus besser hören oder riechen als andere Menschen. Vielmehr lernt er durch blindengemäße Förderung, sein Gehör optimal auszunutzen und seine verbliebenen Sinne zu trainieren.

Kannst du mit der Nase sehen?

Riech-Quiz (Partnerübung)
Verschiedene Gefäße werden mit „riechenden Materialien" gefüllt (Kaffee, Essig, Schuhcreme, Käse, Zitronensaft,...). Ein Kind mit verbundenen Augen errät die Gerüche.

Geruchsmemory (Einzelübung)
Je zwei gleiche Duftproben werden in leere Filmdöschen gegeben. Die Kinder suchen die Paare heraus.

Gerüche beschreiben (Gruppenübung)
Es werden unterschiedliche Parfumfläschchen oder Gewürzproben gesammelt (fast leere Fläschchen von den Eltern mitbringen lassen, nach Probedüften in Kaufhäusern fragen). Aus vorbereiteten Wortkarten suchen die Kinder die Begriffe, die diesen Duft am besten charakterisieren:

Kopiervorlage 15

belebend	flüchtig	zart
intensiv	aufdringlich	scharf
duftig	modrig	bitter
herb	lieblich	blumig
schwer	streng	kräftig
frisch	süß	bezaubernd

Spürnase (Gruppenspiel)
Ein Kind wird mit einem intensiven Parfumduft besprüht und hält sich irgendwo im Klassenzimmer oder in der Turnhalle auf. Die anderen Kinder verbinden sich die Augen. Wer kann zuerst das gesuchte Kind „erschnüffeln"?
Hausaufgabe: Die Kinder suchen auf ihrem Heimweg eine Stelle, die sie auch mit geschlossenen Augen am Geruch erkennen würden.

Kannst du mit den Ohren sehen? (vgl. dazu Kap. 3.3, s. S. 88 f.)

Zimmergeräusche
Alle Kinder sitzen ruhig und mit geschlossenen Augen im Klassenzimmer. Welche Geräusche sind im Zimmer und von draußen zu hören? Welche Geräusche kann man im Klassenzimmer erzeugen?

Ja, so ein Zimmer

Text und Melodie: Gerda Bächli

„Hänschen piep einmal“
Wie bei dem alten Kinderspiel lassen sich Spiele erfinden, bei dem die Stimmen der anderen Kinder erkannt werden müssen.

Führen und Folgen (Partnerübung)
Zwei Kinder suchen sich ein Musikinstrument aus, dessen Klang sie sich gut einprägen. Einem Kind werden die Augen verbunden. Das andere Kind wandert langsam durch den Raum (Hindernisse unbedingt aus dem Weg räumen!) und lässt dabei ständig das Instrument erklingen. Das „blinde“ Kind muss dem Geräusch folgen.
Das Spiel wird schwieriger, je mehr Paare sich gleichzeitig im Raum bewegen.

Im Zauberwald
Alle Kinder stehen als „Zauberbäume“ im Raum verteilt. Jedes Kind hat ein Instrument in der Hand, bis auf eines, dem die Augen verbunden werden. Dieses Kind geht nun im Zauberwald spazieren. Sobald es aber Gefahr läuft, an einem Zauberbaum anzustoßen, gibt dieser einen Klang oder ein Geräusch von sich. Entfernt sich das wandernde Kind wieder, verstummt das Instrument.
Variante: Schwieriger wird das Spiel, wenn mehrere Wanderer gleichzeitig im Wald spazieren.

Störenfried
Eine Hindernisstrecke wird aufgebaut. Ein Kind versucht, diese mit verbundenen Augen zu überwinden. Dabei helfen ihm vier Kinder mit verbalen Anweisungen, während die anderen durch laute Geräusche und falsche Zurufe stören, jedoch doch nicht durch Berührungen. Welches Kind schafft es den Hindernisparcours zu überwinden?

Hörtelefon
Zwei Stofftaschen werden in gleicher Weise mit verschiedenen Materialien gefüllt, mit denen man Geräusche erzeugen kann. Ein Kind macht in der einen Tasche ein Geräusch, ein anderes Kind versucht in der zweiten Tasche dieses Geräusch mit dem identischen Material nachzumachen.

Kannst du mit den Händen sehen?

Unsere Hände

Was haben wir am Ende
doch für geschickte Hände.
Sie können viele Sachen,
bald links, bald rechts
schnell machen.
Sie rühren eine Suppe,
sie füttern unsere Puppe,
sie lenken unseren Wagen,
und können Koffer tragen.
Der Kreisel muss sich drehen,
der Turm muss grade stehen.
Die Hände können malen.
Die Hände schreiben Zahlen.
Was haben wir am Ende
doch für geschickte Hände.
Sie können viele Sachen
ganz zuverlässig machen.

(Verfasser unbekannt)

Kim-Spiele
In einem Stoffsäckchen befinden sich mehrere kleine, gut greifbare Gegenstände. Ein zweites wird mit den gleichen Dingen gefüllt. Während die rechte Hand des Kindes in dem einen Beutel einen Gegenstand festhält, sucht die linke Hand im anderen Beutel den gleichen.

Mein Stein
Alle sitzen im Kreis. Jedes Kind erhält einen Kieselstein, be-greift ihn mit verschlossenen Augen und versucht alle Merkmale des Steins zu ertasten. Zu ruhiger Musik werden nun die Steine langsam und im Gleichtakt jeweils an den linken Nachbarn weitergegeben. Wann kommt der eigene Stein wieder beim ursprünglichen Besitzer an?
Variante: Nach intensivem Befühlen des eigenen Steines werden alle Steine gleichzeitig in die Mitte gelegt. Wer kann seinen Stein später wieder erkennen?

Goldesel
Die Kinder sortieren mit verbundenen Augen verschiedene Münzen nach bestimmten Kriterien, z.B. nach der Größe, nach dem Wert (z. B. alle 50-Cent-Stücke aufeinander) ...

Essen mit der Uhr
Wenn blinde Menschen essen, stellen sie sich den Teller wie eine Uhr vor und lassen sich von sehenden Begleitern erklären, auf welchem Teil des Tellers welche Speise liegt, z.B.: Das Fleisch findest du bei 12 Uhr, die Kartoffeln zwischen 8 und 11 Uhr und das Gemüse liegt zwischen 2 und 5 Uhr.
Mit mitgebrachten oder bildlich dargestellten Speisen spielen die Kinder solche Szenen nach.

2.3.2 So lesen Blinde

Einstieg: Kopiervorlage 16 Lesetext zu Louis Braille, dem Erfinder der Punktschrift)
Am besten be-greifen die Kinder die Punktschrift (siehe Kopiervorlage 17, S. 60) auf einer vergrößerten Darstellung der Buchstaben, da eine Blindenschrift-Tabelle mit Buchstaben in Originalgröße sich von ungeschulten Händen kaum differenziert wahrnehmen lässt.
Bastelanleitung für ein Blindenalphabet: Auf kleine Holzklötze werden für die Punkte der Buchstaben Reißnägel gesteckt. Damit die Klötze später beim Erfühlen richtig gehalten werden, wird ein weiterer Reißnagel auf der oberen Schmalseite befestigt.

Louis Braille (sprich „Braije") 1809 – 1852

Vor fast 200 Jahren wurde in der Nähe von Paris ein kleiner Junge mit dem Namen Louis geboren. Seine Eltern waren sehr stolz und Louis' Vater freute sich auf einen tüchtigen Jungen, der ihm später in seiner Sattlerwerkstatt helfen sollte. Das tat Louis auch sehr früh. Schon mit drei Jahren liebte er es, bei seinem Vater in der Werkstatt zu sein und den Geruch von Leder in der Nase zu spüren.

Einen kurzen Augenblick jedoch hatte Louis' Vater damals nicht aufgepasst. Der Dreijährige schnappte sich ein scharfes Messer, um ebenfalls Leder zu schneiden. Da rutschte ihm das Werkzeug aus der Hand und verletzte ihn im Gesicht. Der Unfall hatte schlimme Folgen: Louis verlor sein Augenlicht.

Für die ganze Familie war dies ein schwerer Schicksalsschlag. Blinde Menschen konnten damals keine Schule besuchen oder einen Beruf erlernen. Sie wurden meistens in Heime gesteckt, wo sie mit einfachen Handarbeiten oder mit Betteln ihr Brot verdienen mussten. Doch Louis' Eltern und Geschwister sorgten dafür, dass der kleine blinde Junge so viel wie möglich lernte. Bald schon knüpfte er für seinen Vater Fransen an Pferdedecken und lernte das Cello- und Orgelspiel. Sein Vater brachte ihm sogar das Alphabet bei, das mit Polsternägeln in ein Brett gehämmert war.

Mit zwölf Jahren hörte Louis Braille von einem Mann, der eine „Nachtschrift" für Soldaten erfunden hatte. Diese Schrift bestand aus zwölf erhabenen Punkten, die die Soldaten erfühlen konnten. So konnten sie wichtige Botschaften auch in der Nacht entziffern. Louis war von dieser Schrift begeistert, merkte jedoch bald, dass das Ertasten dieser vielen Punkte mühevoll und umständlich war. Deshalb machte er sich an die Arbeit, diese neue Schrift zu vereinfachen. 1825 war es dann so weit. Louis Braille hatte eine Punktschrift aus sechs Reliefpunkten erfunden, die heute noch von blinden Menschen überall gelesen und geschrieben wird. Mit ihr können alle Buchstaben, Satzzeichen, Musiknoten und mathematischen Zeichen für Blinde „sichtbar" werden.

Name:	Datum:

Eine Schrift aus Punkten – Die Blindenschrift

Aus diesen sechs Punkten werden die Buchstaben der Blindenschrift gebildet. Sie heißt deshalb auch Punktschrift. Wenn du einen Buchstaben schreiben willst, darfst du nur die schwarzen Punkte sichtbar oder fühlbar machen.

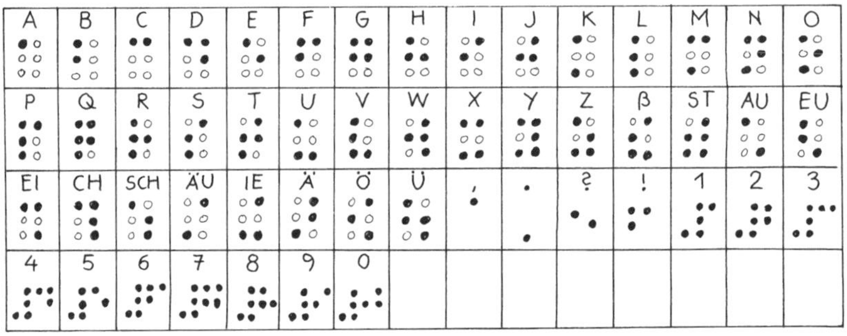

Kannst du deinen Namen schon in Blindenschrift schreiben?
Hier kannst du es ausprobieren.

2.3.3 Helfen – aber richtig!

Viele Sehende haben Hemmungen mit Blinden Kontakt aufzunehmen, da sie nicht wissen, wie sie sich ihnen gegenüber verhalten sollen. Sie möchten gerne helfen, wissen aber nicht wie. Deshalb weisen die folgenden Bilder die Kinder auf nützliche und menschliche Hilfen hin.
Gerne kommen blinde Mitbürger – vermittelt durch regionale Blindenverbände – auch in Ihre Klasse (vorher Interviewfragen sammeln), stellen sich vor, erzählen und zeigen Hilfsmittel für das tägliche Leben.
Kopiervorlage 18, Memory:

Helfen, aber richtig!

Es ist unhöflich, in Gegenwart blinder Menschen zu flüstern.		Führe Blinde – wenn sie es wollen – am Arm durch den Raum. Achte dabei auf Hindernisse.	
Achte beim Sprechen mit Blinden auf genaue Beschreibungen. „Da“ und „dort“ ist für Nicht-Sehende sehr undeutlich.		Frage einen blinden Menschen immer erst, ob du ihm helfen kannst.	
Lass blinde Menschen – wenn möglich – alles anfassen, worüber ihr gerade sprecht oder was du ihnen zeigen möchtest.		Keine Rätselspiele! Sage immer, wer du bist, wenn du mit blinden Menschen sprichst.	
Verwende im Gespräch mit Blinden ruhig Sätze wie „Schau mal.“ Oder: „Willst du dir das ansehen?“		Blinde Menschen sind dankbar für Hilfe – nicht nur beim Einkaufen!	

2.4 Optische Phänomene

Die Experimente der folgenden beiden Kapitel zeigen Möglichkeiten zur ersten Annäherung an die Vorstellung von Licht als Lichtstrahl, die Zusammensetzung von “weißem” Licht aus Spektralfarben sowie Brechung und Reflexion von Licht.

2.4.1 Forscherwerkstatt: Dem Licht auf der Spur

Die Kinder lernen Eigenschaften des Lichtes in spielerischer Weise kennen. Es wird empfohlen, den Erkenntnissatz jeweils auf der Rückseite der Stationenkarten zu notieren.

Vorzubereitendes Material (kann zum Teil von den Kindern mitgebracht werden): Taschenlampen, Plastikschläuche (Ø 5 cm), Kämme, Schalen mit Wasser, Spiegel, weißes Papier DIN A4, Federn, Wassergläser, Bleistifte, Folienlupe (siehe S. 66), Kopiervorlage 19 (siehe S. 67), Zahnstocher, Schere, Farbstifte

Zu den Experimenten

- Eine Strecke ohne Kurven
  Im Experiment mit dem Plastikschlauch erfahren die Kinder, dass ein Lichtstrahl sich nur geradlinig ausbreiten kann. Halten sie den Schlauch beim Hineinleuchten gerade, sehen sie den austretenden Lichtstrahl am anderen Ende auf dem Papier. Wird dieser jedoch gekrümmt, tritt kein Licht aus, da die Linearität des Lichts bestehen bleibt.

- Der Lichtkamm
  Auch hier wird wieder die Linearität des Lichts verdeutlicht. Durch die Zinken des Kammes werden die Lichtstrahlen zwar schräg, jedoch trotzdem geradlinig geworfen.

- Regenbogenfarben zaubern
  Bei diesem Versuch zerlegen die Kinder weißes Licht in seine Spektralfarben. Besonders intensiv zeigen sich die Regenbogenfarben beim Brechen des Sonnenlichts. Um den Versuch unabhängig vom Wetter durchführen zu können, haben wir auf der Stationenkarte die Taschenlampe als Lichtquelle gewählt.
  Die Brechung des Lichts lässt sich der ganzen Klasse wirkungsvoll zeigen, indem ein Glas Wasser auf die Platte eines angeschalteten Tageslichtprojektors gestellt wird. Im verdunkelten Raum werden die Regenbogenfarben an die Wand geworfen.

- Blick durch die Feder
  In eindrucksvoller Weise zeigt der Blick durch eine Feder, dass jedes weiße Licht in seine Spektralfarben zerlegbar ist. Die Kinder erkennen, dass die Regenbogenfarben nur beim Blick durch den oberen, nicht flaumigen Teil der Feder sichtbar sind.

- Knicke und Blicke
  Die Brechung des Lichts durch Wasser ist eine alltägliche, jedoch selten bewusst wahrgenommene Erscheinung. Um den „Knick im Bleistift“ deutlich sichtbar zu machen, vergleichen die Kinder den Stift im Wasser mit einem parallel gehaltenen Stift außerhalb des Glases.
  Auch die zweite Aufgabe dieser Station zeigt, dass durch die Brechung des Lichts Bilder entstehen, die von der Realität abweichen. Mit Eifer machen sich die Kinder auf die Suche nach den unterschiedlichen Dingen, um sie hinter dem Glas vorbeiwandern zu lassen.

- Tropfenlupe
  Durch seine konvex gekrümmte Oberfläche wirkt der Wassertropfen wie ein winziges Vergrößerungsglas. Dabei spielt es keine Rolle, ob sich der Tropfen auf einem Glas, einer Folie oder einem anderen durchsichtigen Material befindet.

- Farbkreisel
  Die Kreiselvorlage wird in den Spektralfarben (reine Farben!) bemalt und sorgfältig ausgeschnitten. Wird der Kreisel nun gedreht, setzen sich die Spektralfarben wieder zu Weiß zusammen.

Dem Licht auf der Spur: Eine Strecke ohne Kurven

Du brauchst:
- ein Stück Schlauch
- eine Taschenlampe
- ein weißes Blatt Papier

So geht's:
- Halte den Schlauch gerade und leuchte mit der Taschenlampe am oberen Ende hinein. Was siehst du auf dem Papier?
- Forme nun aus dem Schlauch eine Schlange. Was siehst du, wenn du mit der Taschenlampe hineinleuchtest?

Erkenntnis:

Licht bewegt sich immer in *geraden Linien* fort.

Dem Licht auf der Spur: Der Lichtkamm

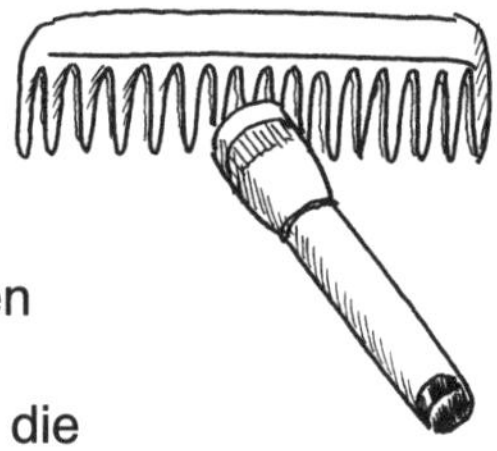

Du brauchst:
- einen Kamm
- eine Taschenlampe

So geht's:
- Stell den Kamm mit den Zinken nach unten auf den Tisch. Leuchte nun mit der Taschenlampe durch die Zinken hindurch. Wie sieht der Lichtstrahl aus?

Erkenntnis:

Licht bewegt sich immer in *geraden Linien* fort.

Dem Licht auf der Spur: **Regenbogenfarben zaubern**

Du brauchst:
- eine flache Schale mit Wasser
- einen Spiegel
- eine Taschenlampe
- ein weißes Blatt Papier

So geht's:
- Lehne den Spiegel leicht schräg ins Wasser. Leuchte mit der Taschenlampe auf die Wasserkante im Spiegel.
- Halte das Papier neben die Taschenlampe und betrachte den zurückgeworfenen Lichtstrahl.

Erkenntnis:

Licht sieht weiß aus, besteht aber aus den sieben Farben des Regenbogens. Diese sieben Farben nennt man Spektrum.

Dem Licht auf der Spur: **Blick durch die Feder**

Du brauchst:
- eine Feder
- eine Lichtquelle

So geht's:
- Halte den oberen Teil der Feder vor dein Auge und blicke ins Licht. Was siehst du um die Lichtquelle?

© Oldenbourg Schulbuchverlag GmbH, PRAXIS Bibliothek 243, Sachunterricht im 3. Schuljahr

Erkenntnis:

Licht sieht weiß aus, besteht aber aus den sieben Farben des Regenbogens. Diese sieben Farben nennt man Spektrum.

Dem Licht auf der Spur: Knicke und Blicke

Du brauchst:

- ein Glas Wasser
- zwei Bleistifte

So geht's:

- Lehne einen Bleistift ins Wasserglas und betrachte ihn genau von vorne.
- Halte einen zweiten Bleistift neben das Glas. Was fällt dir auf?

Für Schnelle:

- Lass den Stift langsam hinter dem Glas von rechts nach links wandern und schau dabei von vorne auf das Glas. Was siehst du?

Erkenntnis:

Das Licht, das aus dem Wasser kommt, wird „gebrochen“.
So entsteht ein Bild, das anders als die Wirklichkeit ist.

Dem Licht auf der Spur: Tropfenlupe

Du brauchst:

- einen Tropfen Wasser
- eine Folienlupe

So geht's:

- Gib einen Tropfen Wasser in die Mitte der Folienlupe und lies durch den Tropfen folgenden Text:

Wenn du diese Zeilen gut lesen kannst, bis du ein echter Tropfenlupen-Detektiv!

Erkenntnis:

Da die Oberfläche des Tropfens gekrümmt ist,
wirkt er wie ein Vergrößerungsglas.

Dem Licht auf der Spur: Farbkreisel

Du brauchst:
- einen Kreisel aus Papier
- Farbstifte (rot, orange, gelb, grün, dunkelblau, violett)
- einen Zahnstocher
- eine Schere

So geht's:
- Male die Teile des Kreisels in den sechs Farben sauber aus (also keine weißen Flecken lassen und nicht über die Linien malen).
- Schneide den fertigen Kreis genau an der Linie aus und stecke den Zahnstocher durch die Mitte des Kreisels.
- Drehe nun den Kreisel schnell. Was kannst du beobachten?

Erkenntnis:

Die Farben mischen sich und der Kreisel erscheint weiß.

Kopiervorlage 19

Farbkreisel

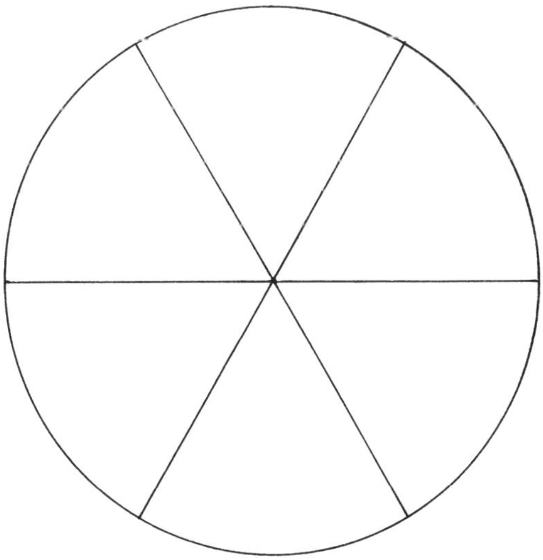

2.4.2 Spiegelspiele in Stationen

Die folgenden einfachen Experimente führen die Kinder spielerisch an Spiegelphänomene heran und schaffen zugleich auch Grundlagen für den Geometrieunterricht (Achsenspiegelung).

Vorzubereitendes Material
Spiegelkarton (Spiegelfliesen, Spiegelfolie o. Ä., im Baumarkt oder im Lehrmittelversand erhältlich) im Klassensatz, Papier und Stifte, kleine Gegenstände (Setzkastenfiguren, Radiergummi, Anspitzer etc.), Knetmasse, Lineale, Taschenlampen

Zu den Experimenten

- Verkehrte Welt
  Dieses Experiment ist nicht so einfach, wie es zuerst scheint. Durch die Spiegelung werden Raum-Lage-Beziehungen umgekehrt, sodass ein Nachzeichnen großes Umdenken erfordert.
- Spieglein, Spieglein
  Diese Station bietet Übungen zur Achsensymmetrie.
- Blick in die Unendlichkeit
  Um eine möglichst lange Reihe von gleichen Spiegelbildern zu sehen, sind die Spiegel nur in geringem Abstand voneinander aufzustellen.
- Aus eins mach viele
  Zuvor werden zwei Spiegel mit einem Klebeband zu einem Klappspiegel verbunden. Wird nun ein kleiner Gegenstand zwischen die Spiegelhälften gestellt, sieht man diesen mehrfach. Die gespiegelte Bildzahl hängt vom Winkel der beiden Spiegel ab.
- Geheime Botschaften
  Die Umleitung des Lichts mit Hilfe eines Spiegels wird hier in Partnerarbeit erprobt.
- Um die Ecke geschaut
  Die Kinder erforschen die Funktionsweise eines Periskops. Dazu sind die richtigen Winkel der Spiegel zueinander auszujustieren.

Spiegelspiele: Verkehrte Welt

Du brauchst:
- einen Spiegel
- ein Blatt Papier
- ein Buch

So geht's:
- Zeichne auf ein Blatt Papier ein einfaches Muster. Bitte deinen Partner den Spiegel so vor dein Blatt zu stellen, dass du das Muster im Spiegel sehen kannst.
- Stelle nun ein Buch zwischen dich und das Papier, sodass du das Muster nur noch im Spiegel siehst.
- Schaue nun in den Spiegel und male dein Muster noch einmal auf ein anderes Papier.

Spiegelspiele: Spieglein, Spieglein...

Du brauchst:
- einen Spiegel
- ein Vorlagenblatt

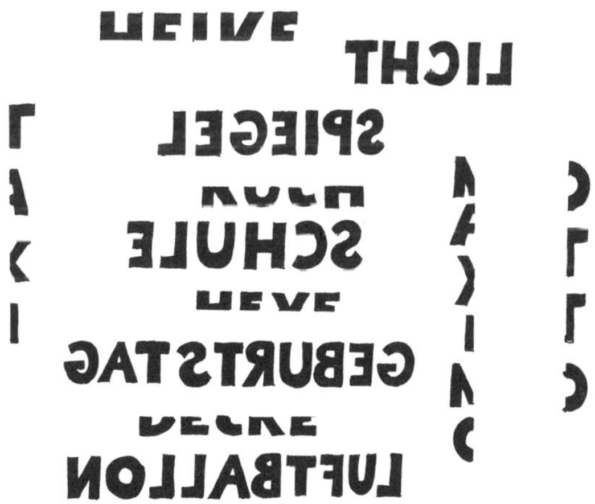

So geht's:
- Auf dem Blatt sind merkwürdige Wörter. Suche sie mit einem Spiegel und schreibe sie auf.

Spiegelspiele: **Blick in die Unendlichkeit**

Du brauchst:
- zwei Spiegel
- kleine Gegenstände aus dem Federmäppchen, andere Gegenstände oder Gummibärchen

So geht's:
- Setz dich deinem Partner gegenüber.
- Jeder stellt seinen Spiegel so auf den Tisch, dass die glänzende Seite zum Partner zeigt. Der Abstand darf dabei nicht zu groß sein.
- Lege nun einen Gegenstand zwischen die beiden Spiegel.
- Was siehst du? Schreibe es auf.

Spiegelspiele: **Aus eins mach viele**

Du brauchst:
- zwei Spiegel, die mit Klebeband zu einem Klappspiegel zusammen geklebt werden
- einen kleinen Gegenstand

So geht's:
- Stelle den Klappspiegel auf und lege den Gegenstand zwischen die beiden Spiegelhälften. Was siehst du?
- Was verändert sich, wenn du den Spiegel weiter öffnest oder schließt? Schreibe auf.

Spiegelspiele: **Um die Ecke geschaut**

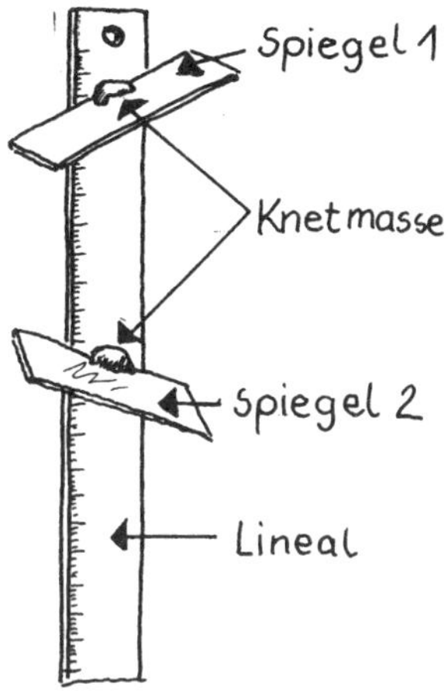

Du brauchst:
- ein langes Lineal
- zwei Kugeln Knetmasse
- zwei Spiegelfolien

So geht's:
- Baue nach dieser Vorlage ein Periskop.
- Stelle die Spiegel so ein, dass du damit gut um die Ecke schauen kannst.

Spiegelspiele: **Geheime Botschaften**

Du brauchst:
- einen Spiegel
- eine Taschenlampe

So geht's:
- Wenn du mit der Taschenlampe in den Spiegel leuchtest, wirft dieser den Lichtstrahl an die Wand. Mit diesem Lichtpunkt an der Wand kannst du durch leichte Bewegungen des Spiegels Buchstaben „schreiben".
- Lass deinen Partner deine geheime Botschaft erraten.

2.5 Vorschläge für fächerübergreifendes Arbeiten

Zusammenarbeit mit Optikern und Augenärzten
Oft sind diese gerne bereit, in der Klasse als Experten den Kindern Rede und Antwort zu stehen und evtl. einen Sehtest durchzuführen.

Vorstellen von Unterrichtsergebnissen in der Öffentlichkeit
Von den Kindern gestaltete Plakate und Collagen rund ums Thema Auge werden gerne in Wartezimmern von Augenärzten oder Schaufenstern von Optikern ausgestellt. Fragen Sie nach.

Mathematik
- Bei den Spiegelversuchen entdecken die Kinder Eigenschaften symmetrischer Figuren (Achsensymmetrie) und vertiefen ihre Erkenntnisse beim Schneiden, Reißen und Falten von Papier.
- Anlegen eines Symmetriebuches: Die Kinder erproben verschiedene Wege, um symmetrische Figuren zu erhalten, und gestalten ein eigenes Büchlein.

Deutsch
- Lesen des Kinderbuches „Franzi Fuchs braucht ein Nasenfahrrad“ von Erhard Dietl
- Arbeit am Wortfeld „sehen“ (s. Kopiervorlage 20, S. 75)
- Sammeln von Sprichwörtern rund ums Auge und zum Sehen

> Das kann ins Auge gehen – Augen zu und durch – Da will ich mal ein Auge zudrücken – Er hat ganz große Augen gemacht – Es fällt mir wie Schuppen von den Augen – Ich sehe das mit einem weinenden und einem lachenden Auge – Du wirst Augen machen – Da waren deine Augen größer als dein Magen – Aus den Augen, aus dem Sinn – Mit einem blauen Auge davon kommen – Ich werde dich nicht aus den Augen lassen – Mir gehen die Augen über – Da bleibt kein Auge trocken – Er sieht durch eine rosarote Brille – Du siehst Gespenster – Da sehe ich schwarz – Den Wald vor lauter Bäumen nicht sehen – Wir kennen uns vom Sehen – Nach dem Rechten sehen – Du wirst schon sehen, wohin das führt – ...

- Spiel „Sprichwort-Paare finden“ erstellen

Sprichwort	passende Situation
„Ich muss dich unter vier Augen sprechen“,	... flüstert Lisa ihrer Freundin zu.

Kunst
- Betrachten von Bauwerken in der Umgebung und Aufsuchen symmetrischer Elemente
- Kunstbetrachtung: z. B. Bilder von M.C. Escher (www.mcescher.com)
- Klappdruck (Klecksbilder): Gestalten von Heftumschlägen, Grußkarten und Gemeinschaftswerken („Schmetterlingswiese“)
- Tiefenwirkung durch Schattieren erzeugen

Musik
- Lied „Die fünf Sinne“ (siehe S. 74)

Die fünf Sinne

Text u. Musik: Elke Dürhager

2. Seid ihr mal ganz leise, ☆☆ (Finger auf den Mund)
hört ihr auch den Wind. ☆☆ (Hand zum Ohr)
Lauscht mal auf die Grillen auch,
die im Grase sind. La, la, la.

3. Riechen ist was Schönes, ☆☆ (Schnüffeln)
wenn es Kuchen gibt. ☆☆ (hmm, Zunge leckt die Lippen)
Feuer riecht zum Fürchten – ja,
Blumen wunderbar. La, la, la. (strahlen)

4. Beißt in die Zitrone, ☆☆ (Grimasse schneiden)
und ihr schmeckt genau: ☆☆ (Zeigefinger hoch)
Sie schmeckt wirklich anders als
die Tasse Kakao. La, la, la. (nicken)

Spiel-Tipp zum Refrain:
deine – auf das Gegenüber zeigen
meine – auf sich zeigen
uns're – langsame große Armbewegung
fühlen –Hände zeigen und bewegen
riechen – auf die Nase zeigen
schmecken – auf den Mund zeigen
und die Welt entdecken – große Armbewegung, welche die runde Weltkugel anzeigt
sehen – auf die Augen zeigen
hören – auf die Ohren zeigen

Zu den Strophen 2 – 4:
Zu 1. bei ☆☆ führen die Kinder das zuvor im Text Beschriebene aus. (E. D.)

(Aus: Das Grundschul-Liederbuch Band 1, LEU-Verlag, Bergisch Gladbach 1995)

Name: ____________________ Datum: __________

Sehen ist nicht gleich sehen

sehen

besonders sehen

genau sehen

wahrnehmen – beobachten – mustern – zuschauen – begutachten – gaffen – starren – erblicken – unter die Lupe nehmen – im Auge behalten – schielen – bestaunen – entdecken – erkennen – betrachten – blicken – hinschauen – äugen – besichtigen – schauen – sichten – um die Ecke spitzen – blinzeln

Schreibe die Zeitwörter (Verben) in die richtigen Spalten.

3. Unsere Ohren

> *„Das Auge bringt den Menschen in die Welt,*
> *das Ohr die Welt in den Menschen."*
> *(altes Sprichwort)*

Im Vergleich zur Bedeutung der Augen wird die Wichtigkeit des Gehörsinns von den meisten Menschen unterschätzt. Erst ein Bewusstmachen dessen, was unsere Ohren pausenlos aufnehmen (müssen), führt den Kindern die Vielfalt der Wahrnehmungen deutlich vor Augen und zeigt ihnen, dass Ohren ständig in Funktion sind: Sie beeinflussen unser Wohlbefinden und unser Verhalten, lassen uns in Kontakt mit unseren Mitmenschen treten und uns in unserer Umwelt zurecht finden.

3.1 Sei ganz Ohr!

In einer ersten Sensibilisierungsphase werden die Kinder spielerisch an bewusstes Hören herangeführt und sie erkennen die Bedeutung der akustischen Wahrnehmung. Immer wieder lassen sich die folgenden Übungen und Spiele in die Unterrichtssequenz einbauen, um den Kindern jedes Mal neu einen Anlass zum Staunen über das Phänomen „Hören" zu geben.

Wie gut hörst du?
Ein Kind lässt einen kleinen Gegenstand (Nadel, kleiner Bleistift) aus einer Höhe von etwa 10 cm auf den Tisch fallen. Ein zweites Kind dreht ihm den Rücken zu und hebt die Hand, wenn es den fallenden Gegenstand hört. Schrittweise vergrößert das zuhörende Kind den Abstand zum herabfallenden Gegenstand. Das Experiment wird so lange wiederholt, bis die Nadel nicht mehr gehört wird.

Spiel mit zwei gleich gefüllten Stofftaschen
Die Lehrerin füllt zwei Stofftaschen mit jeweils gleichen Materialien, die Geräusche erzeugen (Zeitungspapier, raschelnde Folie, gefüllte Filmdose, knackendes Plastik etc.). Die Kinder bilden zwei Gruppen. Jede Gruppe hat eine Tasche. Ein Kind der einen Gruppe fasst – ohne zu schauen – in die Tasche und erzeugt ein Geräusch. Ein Kind der anderen Gruppe sucht das entsprechende Material in der eigenen Tasche und macht es nach. Nach jedem Geräusch wird die Tasche weitergegeben.

Geräuschespaziergang

Ein Kind sucht sich einen beliebigen Startpunkt auf dem Plakat aus und macht die Geräusche entlang seines Weges vor. Die anderen Kinder versuchen zu erhören, wo sich das Kind gerade befindet.

Die Variabilität dieses Spiels ist nahezu unerschöpflich, sei es in der Abänderung der Handlungsanweisungen (z. B. Körpergeräusche wie klatschen, patschen, stampfen, schnippen,...; Vokale und Konsonanten wie ssss-uuuuu-fffff-rrrrrr-...) oder in der Art des Spielverlaufs (ein Kind dirigiert die anderen, auf ein bestimmtes Signal hin wird die Richtung geändert, zwei Gruppen beginnen gleichzeitig an unterschiedlichen Stellen).

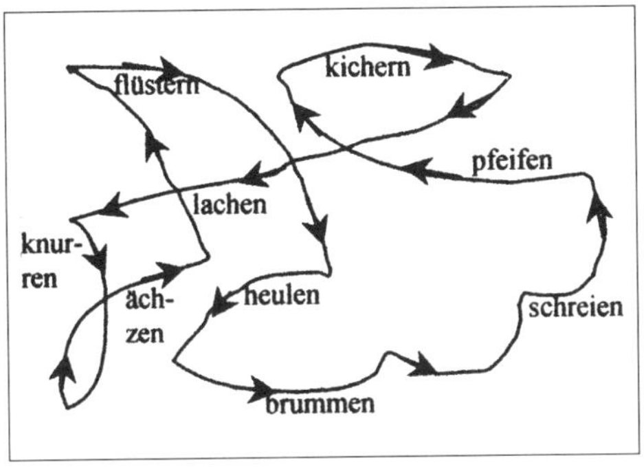

Der Ton macht die Musik

Diese Versuchsreihe verdeutlicht den Kindern, dass Ohren über das Gesagte hinaus Gefühle erkennen können. Die Lehrerin oder ein Kind spricht den Satz *„Du bist ein toller Freund!“* so, dass der entsprechende emotionale Ausdruck von den Zuhörern erkannt wird. Wer die Klangfärbung in der Stimme erkennt, nimmt sich die entsprechende Wortkarte. (Kopiervorlage 21, s. S. 78)

Geräusche-Paare finden

Je zwei leere Filmdöschen werden mit dem gleichen Material gefüllt (Erbsen, Cent-Stück, Haselnuss, Büroklammer, Reis ...) und auf der Bodenfläche als zusammengehörend markiert (etwa mit farbigen Klebepunkten). So entstehen mehrere gleichklingende Dosenpaare. Die Kinder suchen sich nun wahllos zwei Döschen und erhören durch Schütteln, ob es sich um ein zusammengehörendes Paar handelt. Wer richtig gehört hat, behält das Paar.

Höre deinen Tag!

In die leere Geräusche-Uhr (Kopiervorlage 22, s. S. 79) tragen die Kinder alle Laute, Töne und Geräusche eines Tages ein (Einzeichnen, Einkleben von Bildern, Hineinschreiben...). Angenehme und unangenehme Geräusche werden mit zwei verschiedenen Farben unterschieden.

Wie klingt deine Stimme?

ängstlich	wütend
tröstend	japsend
traurig	müde
liebevoll	fragend
freudig	drohend
streng	quietschvergnügt
aufgeregt	meckernd
geheimnisvoll	herrisch

Name: ______________________ Datum: __________

MEINE GERÄUSCHE-UHR

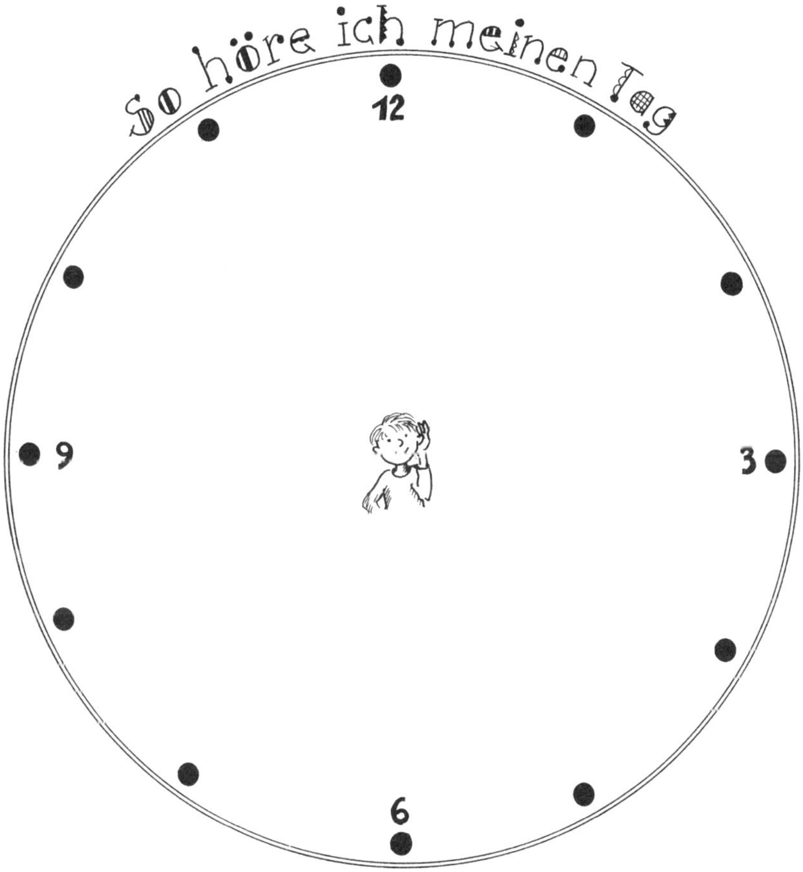

What can you hear?

Text und Melodie: Franz Moser

2. Is it a pig or is it a dog?
3. Is it a duck or is it a hen?
4. Is ist a lamb or is it a horse?
5. Ist it a trumpet oder is it a drum?

(Franz Moser, aus: Saitenweise Kinderhits, Veritas, Linz. 4. Aufl. 2002)

Bin ganz Ohr

Text und Melodie: Dorothée Kreusch-Jacob

Bin ganz Ohr und bin ganz still …

2. Hör das Flüstern in den Zweigen,
Mücken tanzen ihren Reigen.

Bin ganz Ohr und bin ganz still …

3. Hör den Wind durch Gräser wehn,
kann die Wolken ziehen sehn.

Bin ganz Ohr und bin ganz still …

Bin ganz Ohr und bin ganz still …

4. Trauerweide wäscht ihr Haar,
erzählt dem See, wie's damals war.

Bin ganz Ohr und bin ganz still …

5. Ins stille Wasser fällt ein Stein
und zaubert Ring für Ring hinein

Bin ganz Ohr und bin ganz still …

3.2 Wie funktioniert mein Ohr?

3.2.1 Das alles können unsere Ohren

Ein Gegenstand, der angestoßen wird, fängt an, sich zu bewegen. Auch wenn wir das mit bloßem Auge oft nicht sehen können, schwingt oder „vibriert“ er. Dieser schwingende Gegenstand, man sagt auch „Schallquelle“, erzeugt Schall, indem er die Luft um ihn herum ebenfalls in Schwingung versetzt. Diese Schwingungen in der Luft nennt man „Schallwellen“. Vergleichbar damit sind die Wellen im Wasser, wenn ein Stein hineingeworfen wird. So wie die Wasserwellen breiten sich auch die Schallwellen nach allen Richtungen aus. Schall kann sich in Flüssigkeiten, Festkörpern oder Gasen mit unterschiedlichen Geschwindigkeiten fortpflanzen. Viele dieser Schallwellen können wir hören.

Wie können wir die Schwingungen einer Geräuschquelle sichtbar machen?

Zu Kopiervorlage 23: Ein leeres Gefäß wird mit einem aufgeschnittenen Luftballon bespannt und mit Reiskörnern bestreut. Mit einem Holzlöffel schlägt man auf ein Backblech, das nicht zu weit vom Gefäß entfernt gehalten wird. Bei jedem Schlag „hüpfen“ die Reiskörner auf der Gummihaut.
Mit jedem Schlag sendet die Schallquelle „Backblech“ Schallwellen aus und bringt die umliegende Luft zum Schwingen. Diese Schwingungen übertragen sich auf die Gummihaut, diese beginnt zu vibrieren und lässt die Reiskörner „tanzen“.

Versuch 3
Schwingt eine Schallquelle beim Anschlagen regelmäßig, so entsteht ein Ton (erstes Bild), schwingt sie unregelmäßig, entsteht ein Geräusch (zweites Bild). Ein Oszilloskop bzw. Oszillograph macht diese unterschiedlichen Schwingungen sichtbar.

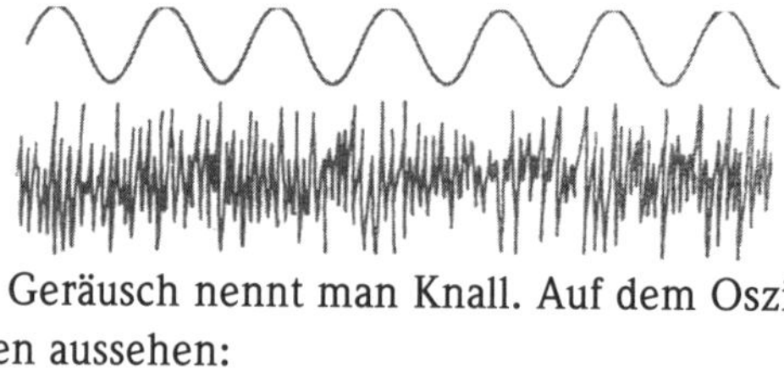

Ein kurzes, lautes Geräusch nennt man Knall. Auf dem Oszilloskopen könnte das folgendermaßen aussehen:

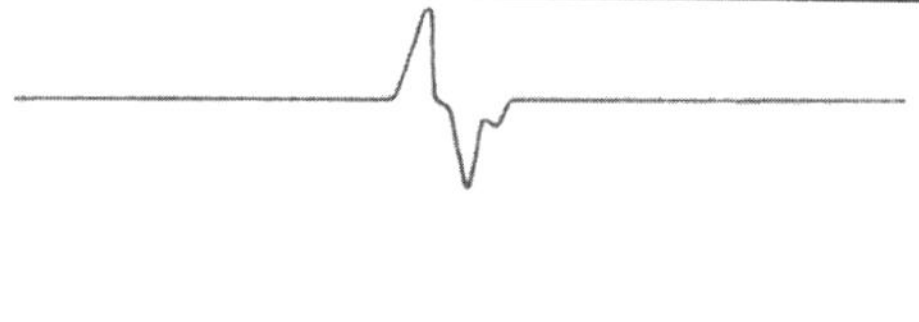

Name: ______________________ Datum: ____________

Wie können wir die Schwingungen einer Geräuschquelle sichtbar machen?

Versuch 1

Schlage eine Stimmgabel an und halte sie sofort in ein Glas mit Wasser. Du kannst sehen, wie die Schallwellen das Wasser spritzen lassen und sich runde Wasserwellen um die Stimmgabel bilden.

Versuch 2

____

____

____

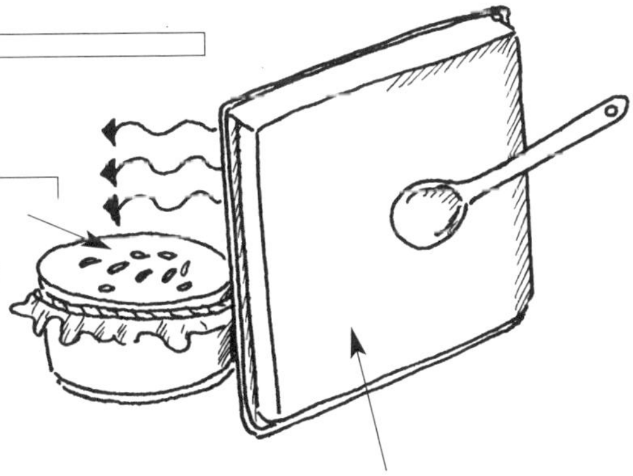

____

Setze ein: Schallquelle Schallwellen Schwingungen

Was hört unser Ohr?

Je nachdem, welche Schallwellen auf unser Ohr treffen, lassen sich folgende Merkmale unterscheiden: hoch-tief, laut-leise, nah-fern, kurz-lang, sowie die Richtung, aus der das Geräusch kommt.
In einer Art Klangmeditation werden den Kindern unterschiedliche Geräusche und Töne vorgespielt (mit Instrumenten, Körperklängen, mit einer Geräusche-CD). Sind alle Töne verklungen, beschreiben die Kinder das Gehörte mit treffenden Worten.
Beim zweiten Anhören versuchen sie, das Gehörte grafisch darzustellen, z. B. einen Knall als großen Punkt. Dies erfordert von den Kindern genaues Hinhören und schult ihre Wahrnehmungs- und Ausdrucksfähigkeit.
Sie ordnen die grafischen Darstellungen in verschiedene Gruppen ein, suchen weitere passende Geräusche, verbalisieren die Klangeigenschaften und bilden Gegensatzpaare (Kopiervorlage 24).

Schallwellen kann man bündeln

Normalerweise breiten sich Schallwellen in alle Richtungen aus. Schall lässt sich aber auch bündeln bzw. in eine bestimmte Richtung lenken.

- Mit einem Trichter lassen sich die Schallwellen leiser Geräusche (z. B. einer tickenden Uhr) in eine Richtung bündeln und sind so besser zu hören. Selbst durch einen Schlauch ist das leise Ticken der Uhr gut wahrnehmbar.

- Die Kinder verstehen nun eher die Beobachtung, warum wir uns die Hand ans Ohr halten, wenn wir etwas nur schlecht verstehen. Unbewusst vergrößern wir damit die „Auffangfläche“ unserer Ohren und können so mehr Schallwellen zu unserem Ohr leiten. Wir hören lauter. Sehr deutlich wird dies mit einem selbst gebastelten Hörrohr aus einem Bogen Papier.

- Umgekehrt lassen sich Schallwellen durch gebündeltes und in eine Richtung gelenktes Austreten aus einer Schallquelle verstärken, wie etwa bei einem Megaphon. Der Schall breitet sich hierbei nicht kreisförmig in alle Richtungen aus, sondern verstärkt in die vorgegebene Bahn.

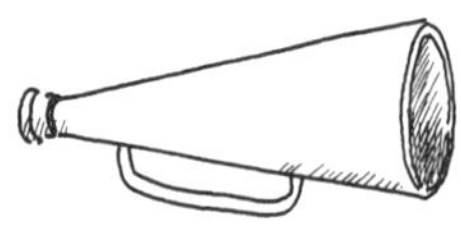

Name: ______________________ Datum: ____________

Was hört unser Ohr?

hoch – tief

laut – leise

nah – fern

kurz – lang

Richtung

Schneide die Bilder aus und klebe sie zum passenden Wort.

3.2.2 Ein Blick ins Ohr

Unser Ohr ist ein kompliziert gebautes, sensibles Organ, der Hörvorgang ein komplexer Vorgang. Für Grundschulkinder ist deshalb eine starke Vereinfachung des Gesamtablaufes notwendig. Wichtige Voraussetzung für das Verstehen des „Hörens“ ist die zuvor gewonnene Erkenntnis, dass ein Gegenstand, der in Schwingung versetzt wird, Schallwellen weiterleitet und dass diese Schallwellen andere Gegenstände (wie etwa die Gummihaut, auf der die Reiskörner liegen) in Schwingung versetzen können. Nichts anderes geschieht im Ohr, wenn Schallwellen auf das Trommelfell stoßen, es zum Schwingen bringen und die Schwingungen über die Gehörknöchelchen in die Schnecke übertragen werden. Die Bewegungsenergie der Schwingungen wird hier durch die Hörsinneszellen in elektrische Signale umgewandelt und diese werden ins Gehirn weitergeleitet. Es ist den Kindern unbedingt zu vermitteln, dass nicht die Schallwellen, sondern Nervenimpulse über die Schnecke ins Gehirn gelangen.

Die drei Bogengänge im Innenohr haben mit dem Hören nichts zu tun. Sie dienen der Wahrnehmung von Bewegungen und werden als „Gleichgewichtsorgan“ bezeichnet.

Arbeitsblatt Kopiervorlage 25

Lösung:

1 = Ohrmuschel 2 = Gehörgang 3 = Trommelfell	8 = Außenohr
4 = Gehörknöchelchen (Hammer, Amboss, Steigbügel)	9 = Mittelohr
5 = Schnecke 6 = Hörnerv 7 = Bogengänge	10 = Innenohr

Name: ______________________ Datum: __________

Mein Ohr

Lies den Text genau und schreibe zu jeder Nummer das richtige Wort.

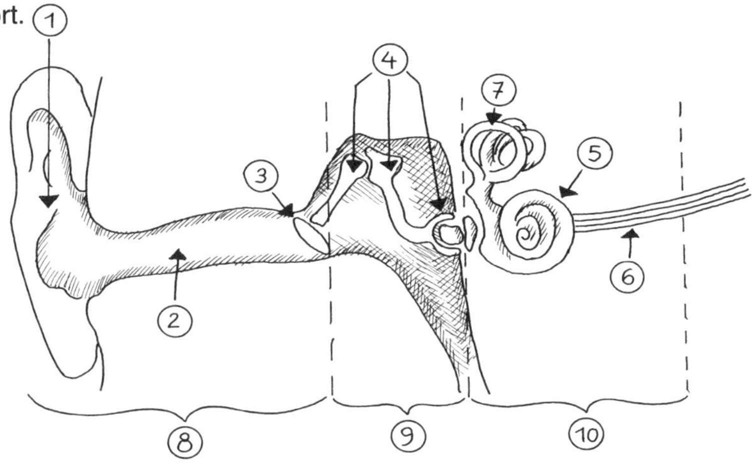

Unser Ohr ist größer, als du denkst! Zu sehen ist nämlich nur ein Teil des **Außenohres,** die Ohrmuschel.

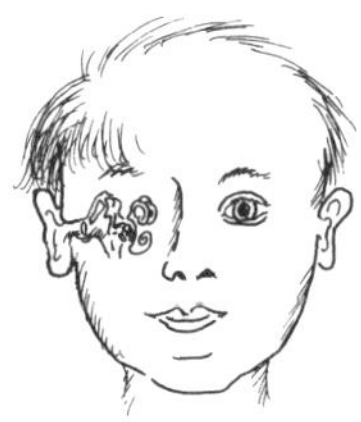

Sie fängt die Schallwellen in der Luft wie ein Trichter auf und leitet diese in den Gehörgang, der in das Innere deines Kopfes führt. Am Ende des Gehörgangs trifft der Schall auf ein dünnes, straffes Häutchen, das Trommelfell. Hier beginnt das **Mittelohr.** Sobald die Schallwellen auf das Trommelfell stoßen, schwingt es wie eine Trommel.

Die drei Gehörknöchelchen (Hammer, Amboss, Steigbügel) leiten die Schwingungen in das **Innenohr** weiter und verstärken sie. In den Windungen der Schnecke werden die Schallwellen in Signale umgewandelt, die der Hörnerv an das Gehirn weiterleitet. Erst jetzt können wir verstehen, was unsere Ohrmuschel aufgenommen hat.

Die drei Bogengänge im Innenohr brauchst du nicht zum Hören, sondern um deine Bewegungen wahrzunehmen und das Gleichgewicht zu halten.

① ______________________ ⑤ ______________________

② ______________________ ⑥ ______________________

③ ______________________ ⑦ ______________________

④ ______________________

3.3 Take care of your ears! - Pass auf deine Ohren auf!

„Eines Tages wird der Mensch den Lärm ebenso bekämpfen müssen wie die Cholera und die Pest." (Robert Koch 1843 – 1919)

Als Lärm werden alle Geräusche bezeichnet, die störend auf uns wirken. Dabei spielt die subjektive Wahrnehmung eine entscheidende Rolle, denn jedes Geräusch wirkt auf jeden Menschen in unterschiedlicher Weise. Viele Kinder können z. B. nur bei laufendem Radio ihre Hausaufgaben erledigen, je lauter, umso besser. Dagegen kann uns das leise Tropfen eines Wasserhahns in einer schlaflosen Nacht den letzten Nerv rauben.
Wir leben heute in der lautesten Welt, die es je gab: Permanente Musikberieselung, allgegenwärtig tönende Lautsprecher, überall und zu jeder Zeit klingelnde Mobiltelefone, starker Verkehrslärm... Da man dem kaum ausweichen kann, empfinden Kinder diesen ständigen „Klangteppich" bereits als normal. Die Gefährlichkeit der Umweltbelastung durch Lärm wirkt sich dabei weniger auf das Gehörorgan selbst aus, umso mehr aber auf die Gesundheit des Gesamtorganismus: Ärger, Unzufriedenheit, Unwohlsein, Nervosität, Kopfschmerzen, Kreislaufstörungen können die Folgen sein.
Dass Lautsein natürlich auch Spaß machen kann und diese spontane Lebensäußerung gerade bei Kindern ein bedeutender Teil des kindlichen Spiels ist, darf dabei nicht übersehen werden.
In den Kindern ist aber das Bewusstsein anzubahnen, dass lebensfrohes Lautsein und entspannende Ruhe keine Gegensätze, sondern wichtige und einander abwechselnde Phasen sein sollen. Denn nur wer gelernt hat, leise Töne zu schätzen und Stille zu genießen, wird den Stress der lauten Welt abbauen können.

- Mit Kerzenlicht den Tag beginnen, gedämpftes Licht erzeugt eine ruhige, leise Atmosphäre. Vor allem in der Winter- und Weihnachtszeit ist dieser Morgeneinstieg bei Kindern sehr beliebt.
- Dieb in der Nacht
  Ein Kind sitzt mit verbundenen Augen auf dem Boden, die Mitschüler im Kreis um es herum. Auf den Kopf des Kindes in der Mitte wird ein Wattebausch gelegt. Auf das Zeichen der Lehrerin versucht ein Kind heimlich den Wattebausch vom Kopf des Kindes zu nehmen. Merkt oder hört das „Opfer" etwas, zeigt es schnell in die Richtung, in der es den „Dieb" vermutet. Wenn die Richtung stimmt, wird der Dieb zum Opfer.
- Ticktack
  Die Lehrerin versteckt einen laut tickenden Wecker im Klassenzimmer, der nach einer bestimmten Zeit zu klingeln beginnt. Wer findet ihn noch vor dem Klingeln?

- Ich höre was, was du nicht siehst
  Die Kinder hören, beschreiben die Geräusche, die sie wahrnehmen und bestimmen die Richtung, aus der die Geräusche kommen. Sie werden erstaunt sein, wie viel unseren Augen entgeht!
- Hörspaziergänge
  finden mit absolutem Redeverbot statt. Während des Spaziergangs erledigen die Kinder eine konkrete Aufgabe (z. B. sich ein schönes Geräusch merken, sich an einen Baum erinnern, von dem sie Vogelgesang gehört haben, sich eine Stelle während des Ganges merken, an der es sehr laut oder besonders leise war). Danach tauschen sie die Erfahrungen aus.

Weitere Anregungen zu Stilleübungen vgl. Kap. 2.3, S. 56.

3.3.1 So laut ist unsere Umwelt

„Wie bitte?“

Manche Kinder muss man ständig anschreien. Nicht, weil sie frech sind, sondern weil sie sonst nichts hören. Aber Kinder sind doch keine Omas und Opas! Die Hörfähigkeit eines Menschen nimmt doch erst mit zunehmendem Alter ab.

Richtig: Omas und Opas hören vor allem hohe Töne nicht mehr. Wenn sie über eine Sommerwiese spazieren, fehlt ihnen das Zirpen der Grillen und Heuschrecken. Aber viele Kinder können diese Wiesenmusik leider auch nicht mehr hören.

Doch das schlechte Hören kann noch schlimmer werden. Dann hat man das Gefühl, als habe man Watte in den Ohren. Lebensgefährlich wird es, wenn man das Heranfahren eines Autos nicht mehr hören kann.

Wer schlecht hört, schämt sich oft. Immer muss er nachfragen. „Wie? Sag das bitte noch einmal. Ich kann dich nicht verstehen.“ Er nimmt wahr, dass man etwas zu ihm gesagt hat, aber er versteht die Worte nur unklar. Wörter wie „Meer“, „leer“, „sehr“, „Teer“ kann er nicht unterscheiden. Er muss sie aus dem Zusammenhang heraus erraten. Da hilft dann nur noch ein Hörgerät.

Schuld daran, dass so viele Kinderohren kaputt sind, ist meistens das „Reindröhnen“. Viele Kinder und Jugendliche hören gern laute Musik. Einmal „volle Pulle“ ist nicht schlimm, davon wird das Gehör nicht gleich krank. Wird aber immer wieder ein bisschen lauter aufgedreht, als es für die Ohren gut ist, lässt die Hörfähigkeit langsam, aber sicher nach. Und bis man merkt, dass man nicht mehr so gut hört, ist es auch schon zu spät! Ein laut aufgedrehter Walkman – das ist so laut wie ein Presslufthammer in Betrieb!

Hier kannst du selbst ein Schild für Lärmschutz entwerfen.

(Aus: Floh 3/4, Heft Nr. 5/1999, Domino-Verlag, München)

Die Maßeinheit für Lautstärke heißt Dezibel (dB). Die folgende Übersicht vermittelt den Kindern eine ungefähre Vorstellung über Lautstärken und ihre Einheit. Die gehörschädigende Wirkung des Lärms ist abhängig von der Lautstärke und der Dauer des Hörens. Bei etwa 120 dB liegt die Schmerzgrenze. Geräusche von mehr als 120 dB können das Gehör bereits bei einmaligem Hören nicht heilbar schädigen.
14 Millionen Menschen in Deutschland haben bereits heute einen Hörschaden. Ursache ist oft Freizeitlärm. In Diskotheken wurden bis zu 120dB gemessen. Ärzte fordern deshalb eine Begrenzung des Lautstärkepegels von Walkman, Disco usw. auf maximal 95 dB. Wir ruinieren also unser Gehör selbst. Bei Untersuchungen fanden Wissenschaftler heraus, dass Naturvölker mit 70 Jahren noch so gut hören wie mitteleuropäische Städter mit 30 Jahren (Folie, siehe S. 91).
Wie Lärm auf uns Menschen wirkt, können die Kinder bei einfachen Experimenten am eigenen Körper erfahren:
Die Klasse wird in zwei Gruppen eingeteilt, eine Lärm- und eine Arbeitsgruppe. Während die Lärmgruppe über einen vorher vereinbarten Zeitraum nach Herzenslust Krach macht (bitte in den benachbarten Klassenzimmern vorher Bescheid sagen), löst die Arbeitsgruppe folgende Aufgabe.
Einige Minuten später wird der Test in völliger Ruhe wiederholt.

Wie viele „q"s findest du? Zähle leise mit.

dpqdbpdpbbdpdqddbpqdbpdpbdbpdbqbqb
pdpdpdbdbddbqbpdbbpdpdpbpbpbddqpdp
bpbpdpddpbqppqddbbdppddqqbbdpdbdpd
ppqpbdpqbdbppbdpddpqpppddbbddpdbdp
bpqqbdqqpbdppdbdqqpqbpqbqpdbpqdbpq
bqpdqpdqbpdqbpdqppppbdqpdqbpdqdbqp
bqpdbqpdbqpdqdqdbpqddbpbpqqbpbdpqp
bpdqbpqpdbqpdbpqdbpqdbqpdqbpdqbpdq

3.3.2 Wir schützen unsere Ohren

Lärm ist eine große Gefahr für unsere Ohren. Vielen Geräuschquellen kann man sich nicht entziehen, sie sind Teil unseres Alltags. Kindern ist diese Tatsache oft nicht bewusst. Sie wissen gar nicht, wie viel Lärm sie täglich selbst machen und ertragen müssen. Sensibilisieren wir die Kinder für die unterschiedlichen Arten von Lärmquellen – also selbst erzeugten und fremden Lärm –, so können wir danach gemeinsam nach Möglichkeiten des Lärmschutzes suchen (siehe Folie und Kopiervorlage 26, S. 92).

Folie

10 dB	20 dB	30 dB	40 dB	50 dB	60 dB	70 dB	80 dB	90 dB	100 dB	120 dB
Blätter-rauschen	Flüstern	leichter Wind	Vogel-gezwitscher	normales Gespräch	Auto	Gebirgs-fluss	Bundes-straße	vorbeifah-render ICE	Pressluft-hammer	Düsen-flugzeug

Folie

Lautstärke des Fernsehers

Straßenlärm

Kopfhörer

Lärm am Arbeitsplatz

Baulärm

laute Musik

Glockenläuten

laute Knallgeräusche

Sprecht über diese Situationen.
Ordnet die Bilder den zwei Arten von Lärm zu:

selbst erzeugter Lärm	fremd erzeugter Lärm

Kopiervorlage 26

Name: ______________________ Datum: ____________

Lärm macht krank

① Wie können wir uns vor fremd erzeugtem Lärm schützen?

Ohrenschützer

Lärmschutzwand

Geschwindigkeits-
begrenzung

Schallschutz-
fenster

② Wie können wir Lärm vermeiden?
Sprecht in der Gruppe darüber und malt dazu.

Lärmschutz

START		Lärmschutz-wände vermindern den Autolärm.	
Motorräder dürfen nicht lauter als erlaubt sein.		 Weniger Tempo, weniger Lärm!	
Nachts dürfen Flugzeuge nicht fliegen.		Einwurf von Flaschen nur werktags von 7 bis 19 Uhr.	
Beachte beim Spielen die Ruhezeiten.		In der Mittags-zeit und am Sonntag darf der Rasen nicht gemäht werden.	
Höre Musik dort, wo es niemanden stört.		Beachte die Zimmer-lautstärke.	
Es gibt lärmarme Staubsauger mit Umweltzeichen.		Den Walkman so leise stellen, dass der Nachbar nicht gestört wird.	ENDE

Hals-Nasen-Ohren-Ärzte oder Hörgeräte-Akustiker kommen gerne in die Schule und prüfen mit Testgeräten das Gehör der Kinder. Mit einem einfachen Fragebogen können die Kinder schon einmal vorweg ihre Hörfähigkeit überprüfen.

Folie

Teste deine Ohren.

1. Fällt es dir schwer, den Text eines (deutschsprachigen) Liedes im Radio zu verstehen?
2. Hast du Probleme, ein Gespräch zu verstehen, wenn mehrere Leute im gleichen Raum sprechen?
3. Hast du jemals das Gefühl gehabt (z.B. in der Schule), dass dein Gehör schlecht ist?
4. Hörst du das Telefon klingeln, wenn es im gleichen Raum steht?
5. Hörst du das Telefon klingeln, auch wenn es im Nebenraum steht?
6. Wirst du beim Lesen manchmal durch Geräusche aus dem Nebenraum gestört?
7. Hörst du das Wasser im Topf kochen, wenn du in der Küche bist?
8. Kannst du ein Tischgespräch beim Abendessen verstehen, auch wenn viele Leute sich am Tisch unterhalten?

Wenn du von den Fragen 1 bis 3 einige mit "ja" oder "ja, manchmal" beantwortet hast oder von den Fragen 4 bis 8 einige mit "nein" oder "selten", solltest du dein Gehör testen lassen.

3.3.3 Ein Leben ohne Hören

„Dein – Name – was?“ zeigt man mit den Händen in der Gebärdensprache, um nach dem Namen eines anderen Menschen zu fragen. Wie viel einfacher ist es doch, die drei kleinen Worte „Wie heißt du?“ über die Lippen zu bringen. Doch Krankheit, Unfall oder Vererbung sind mögliche Ursachen für Taubheit.

Jeder von uns bedient sich beim Sprechen – bewusst oder unbewusst - gestisch-mimischer Unterstützung. Seien es die hochgezogenen Augenbrauen, der drohende Zeigefinger oder das entschiedene Kopfschütteln. Gesicht und Hände unterstreichen die Aussagekraft nahezu jedes gesprochenen Wortes. Dies nutzt die Gebärdensprache in hochdifferenzierter Art und Weise. Augen, Mund und Hände spielen hier in perfekter Harmonie zusammen und ermöglichen eine Unterhaltung ohne Worte (siehe Kopiervorlage 28, S. 96).

Manchmal reichen die Gebärden nicht aus, um Wörter – wie zum Beispiel Namen – darzustellen. In solchen Fällen hilft das Fingeralphabet (siehe Kopiervorlage 29, S. 97)weiter.

Ein Domino (siehe S. 98) gibt wertvolle Tipps zum Verhalten im Gespräch mit Schwerhörigen.
Hand in Hand mit dem Nachdenken über das Nicht-hören-können geht die Auseinandersetzung mit dem nur zu gut bekannten Nicht-hören-wollen. Zwei Textbeispiele können die Kinder zu Gesprächen über gegenseitiges Zuhören anregen (siehe unten und auf S. 99).

Ich bin ich
und
du bist du.
Wenn ich rede,
hörst du zu.
Wenn du sprichst,
dann bin ich still,
weil ich dich
verstehen will.

Irmela Brender

(Aus: J. Fuhrmann (Hrsg.), Gedichte für Anfänger, rororo Rotfuchs, Rowohlt Verlag, Reinbek 1980)

So kannst du mit den Händen sprechen (Gebärdensprache)

danke

wie viel?

wann?

wo?

ich/mein

Name

Buch

lesen

ja

wie/was?

du

besuchen

Fahrrad

tschüss

spielen

was?

hallo

schlafen

wer?

wie?

Versuche mit diesen Gebärden einem anderen Kind etwas zu erzählen. Welche einfachen Sätze kannst du bilden?

(Aus: Das Gebärdenbuch, Birgit Jacobsen. Foto: Christiane Breitfelder)

Name: ______________________ Datum: ____________

Fingeralphabet

Hier siehst du das internationale Fingeralphabet.
Gehörlose Kinder lernen es in der Schule, um sich zu verständigen.
Für jeden Buchstaben gibt es im Fingeralphabet ein bestimmtes Handzeichen.

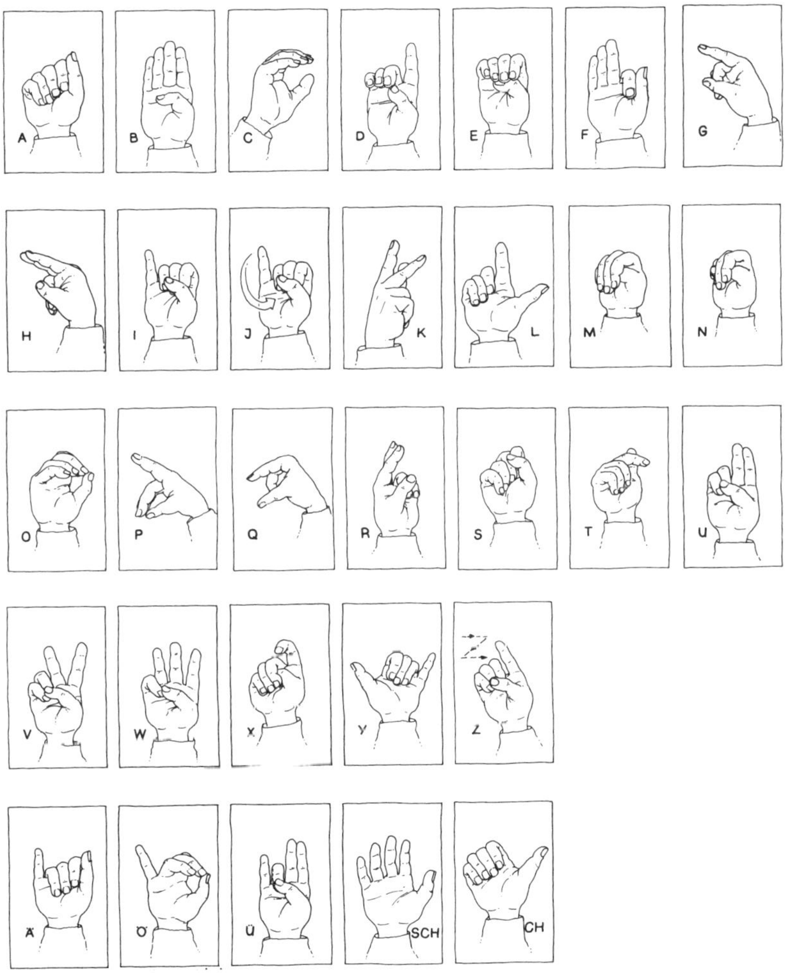

Welche Handzeichen brauchst du für deinen Namen? Markiere sie.
Probiere aus.

Abbildungen Fingeralphabet: © Labbé Verlag

Wie verhalte ich mich beim Gespräch mit Schwerhörigen?

START	Sprich deutlich und langsam… 	 …weil der Schwerhörige vom Mund des Sprechenden viel ablesen kann.	Nicht schreien, 
 …weil beim Schreien das Gesagte viel schwerer zu verstehen ist.	Schwerhörige immer anschauen, 	 … weil sie sonst deine Lippen nicht sehen können.	Sprich in kurzen und klaren Sätzen, 
 …weil Schwerhörige das, was sie nicht verstanden haben, so leichter erraten können.	Sei geduldig und wiederhole deine Sätze so oft es nötig ist, 	 …weil du deinen Gesprächspartner sonst entmutigst und enttäuschst.	Frage höflich nach, wenn du etwas nicht verstanden hast, 
 …weil schwerhörige oder taube Menschen oft nur sehr undeutlich sprechen können.	Schreibe besonders wichtige Mitteilungen auf, 	 …so kannst du sicher sein, dass dein Gesprächspartner es auch verstanden hat.	ENDE

Michael kann nicht hören

Am Nachmittag hatte sich Michael mit seinen Freunden Thomas, Daniel und Nico verabredet. Seine Mutter sagte ihm: „Spielt im Garten und nicht auf der Straße! Dort ist es zu gefährlich!“

Michael ging mit den anderen Jungen in den Garten. Sie spielten Verstecken. Nach einer Weile sagte Nico: „Das ist ja langweilig. Kommt, wir spielen mit dem Ball auf der Straße! Wenn wir hier die Blumen treffen, kriegen wir Ärger!“ – „Nein, auf der Straße darf ich nicht“, antwortete Michael. „Meine Mutter hat es verboten, weil es zu gefährlich ist.“

„Du bist dumm“, lachte Thomas, „wir spielen da, wo deine Mutter uns nicht sehen kann.“ Michael ließ sich überreden und ging mit. Auf der Straße machte es mit dem Ball richtig Spaß. Aber dann geschah es. Michael lief gerade hinter dem Ball her. Da kam ein Auto um die Ecke. Bremsen quietschten. Michael machte die Augen zu. Der Fahrer konnte das Steuer noch herumreißen. Mit lautem Krach knallte das Auto gegen eine Mauer. Leute kamen herbeigelaufen. Einige beherzte Männer zogen den Fahrer aus dem Auto. Er blutete im Gesicht. Jemand rief den Krankenwagen und die Polizei. Wenig später waren sie da. Die Sanitäter legten den Mann auf eine Trage und brachten ihn ins Krankenhaus. Die Polizei wollte wissen, wie der Unfall passiert sei. Sie fragten alle Leute und natürlich auch die Jungen. Ein Polizist fragte nach ihren Namen und wo sie wohnten. Er schrieb alles auf. „Da habt ihr ja was Schlimmes angerichtet“, sagte er. „Ihr wisst doch genau, dass ihr auf der Straße nicht spielen dürft.“

Als Michael nach Hause kam, wussten seine Eltern schon alles. Sie waren sehr ernst. Michael ging gleich ins Bett. Er hatte Angst und die Tränen standen ihm in den Augen. „Hoffentlich stirbt der Mann nicht. Ich bin schuld an diesem Unfall. Ich hätte auf Mutter hören sollen.“

Es dauerte einige Tage. Das war eine schwere Zeit für Michael. Aber dann sagte sein Vater ihm: „ Dem Mann geht es besser. Er wird wieder gesund.“

(Aus: Bausteine Grundschule Ausgabe 1/97, „Hören, verstehen, sich verstehen“, © Bergmoser + Höller Verlag AG, Aachen)

3. 4. Akustische Phänomene

Beim Basteln eines Klassen-Orchesters werden die Kinder kreativ und können ihrer musikalischen Fantasie freien Lauf lassen. Mit einfachen Materialien werden Töne, Laute und Geräusche erzeugt und ihre Veränderbarkeit erprobt. Schnell werden dabei physikalische Gesetzmäßigkeiten erkannt und angewendet.

Wasserflöte
Ein ca. 20 cm langes Kunststoff- oder Metallröhrchen wird in ein Glas Wasser eingetaucht und das Kind bläst über die obere Kante.
Je tiefer das Röhrchen während des Blasens in das Wasser eingetaucht wird, umso höher erklingt der Ton. Die Tonhöhe hängt von der Luftsäule im Innern der Flöte ab. Durch Blasen in das Röhrchen, beginnt die Luft im Innern zu schwingen und erzeugt einen Ton. Je tiefer die Flöte ins Wasser eintaucht, umso kürzer wird die Luftsäule und damit der Ton höher.
Lustig hört es sich an, wenn zwei Wasserflöten ein Zwiegespräch führen.

Glasharfe
Weingläser werden unterschiedlich hoch mit Wasser gefüllt. Die Kinder fahren mit dem befeuchteten Zeigefinger am Rand eines Glases entlang, mit der anderen Hand halten sie den Fuß des Glases fest. Mit etwas Übung erklingt ein klarer Ton. Je mehr Wasser sich im Glas befindet, desto tiefer wird der Ton.

Mini-Gitarre
Mit einem Gummiring erforschen die Kinder das Prinzip eines Saiteninstruments. Sie suchen sich dazu einen Platz im Raum, an den sie ihren Gummiring einhängen können (Kleiderhaken, Türklinke, Fenstergriff, etc.) , spannen ihn und zupfen daran. Durch Straffen des Gummiringes lässt sich die Tonhöhe verändern. Geschickte Kinder können sogar zweistimmig zupfen (obere und untere Gummiringhälfte unterschiedlich spannen).
Die Kinder vorher auf die Gefahr des Reißens aufmerksam machen.

Lineal-Schnarre
Ein Lineal wird so auf den Tisch gelegt, dass mindestens die Hälfte über die Tischkante hinausreicht. Mit der einen Hand wird es fest auf den Tisch gedrückt, mit der anderen an seinem Ende angezupft. Ein anderes Kind legt während des Vibrierens den Kopf auf die Tischplatte und horcht. Durch Verkürzen oder Verlängern des frei schwingenden Linealteils können die Kinder die Tonhöhe des Schnarrgeräusches verändern.

Weiterarbeit im Musikunterricht: Eigene Schnarr-Rhythmen erfinden und Zusammensetzen zu kleinen Kompositionen.

Lineal-Klapper
Ein flacher Radiergummi wird an das untere Ende zwischen zwei Holzlineale gelegt und mit einem Klebeband festgeklebt. Wenn die Kinder das Instrument am geklebten Ende festhalten und das andere Ende leicht gegen die Hand schlagen, entsteht ein lautes, knallendes Geräusch.

Ballon-Posaune
Jedes Kind kennt das schöne Spiel mit einem aufgeblasenen Luftballon, der beim langsamen Entweichen der Luft quietschende und jaulende Geräusche von sich gibt.

Gras-Flöte
Ein etwas breiterer Grashalm wird zwischen den Daumenballen und Daumen eingespannt. Wenn man scharf über den eingespannten Halm bläst, beginnt dieser zu schwingen und mit etwas Übung erklingt ein laut quietschender Ton.

3.5. Vorschläge für fächerübergreifendes Arbeiten

Deutsch – Sprache untersuchen

- Vorsilben verändern die Bedeutung eines Zeitwortes/Verbs

Folie

Hört, hört!

mit- über-

auf- zu-

an- hin-

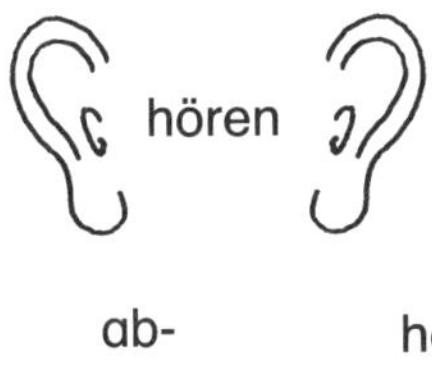

ge- weg-

ab- her-

Suche zu jedem Wort einen sinnvollen Satz und schreibe ihn auf.

- Wortfamilie „hören“

Hörer – Zuhörer – Hörfehler – hörbar – Hörfunk – Hörhilfe – zugehörig – Angehöriger – hörgeschädigt – Hörapparat – Hörgerät – vom Hörensagen – Anhörung – Hörtest – gehörlos – gehörig – Hörrohr

Mögliche Arbeitsaufträge:

→ Erfinde eine Geschichte mit möglichst vielen Wörtern aus der Wortfamilie „hören“.
→ Schreibe einen Zungenbrecher mit Wörtern aus der Wortfamilie „hören“.
→ Suche fünf Wörter aus und bilde Sätze.
→ Ordne alle gefundenen Wörter nach Wortarten.
→ Wie viele neue Wörter kannst du in einer Minute mit den Buchstaben des Wortes „hörgeschädigt“ bilden (ä = a, ö = o)?

- Sammeln von Sprichwörtern rund um das „Ohr“

Halt die Ohren steif – auf's Ohr legen – Das kann sich hören lassen – in den Ohren liegen – der Mann im Ohr – Wer nicht hören will, muss fühlen – die Ohren aufsperren – viel um die Ohren haben – die Ohren volljammern – ein offenes Ohr finden – einen Floh ins Ohr setzen – Da vergeht mir Hören und Sehen – das Fell über die Ohren ziehen – das Gras wachsen hören – hinter die Ohren schreiben – ganz Ohr sein – über's Ohr hauen – ein Schlitzohr sein – die Ohren langziehen – lange Ohren machen – ...

Sprichwort-Memory: Jedes Kind erhält zwei leere Karten und erstellt ein Memory-Paar mit einer selbst erdachten Situation, z. B.

„Ich lege mich eine Stunde auf's Ohr“,

... gähnt Papa und schleppt sich müde ins Schlafzimmer.

Sprichwort — passende Situation

Das Geräusch der Grille

Eines Tages verließ ein Indianer das Reservat und besuchte einen weißen Mann, mit dem er befreundet war.

In einer großen Stadt zu sein – mit all dem Lärm, den Autos und den vielen Menschen, die es alle so sehr eilig haben, war neuartig und recht verwirrend für den Indianer.

Der rote und der weiße Mann gingen die Straße entlang, als plötzlich der Indianer seinem Freund auf die Schulter tippte und sagte: „Bleib doch einmal stehen. Hörst du auch, was ich höre?“

Der weiße Mann antwortete: „Alles, was ich höre, ist das Hupen der Autos und das Rattern der Omnibusse. Und dann freilich auch die Stimmen und das Geräusch der Schritte vieler Menschen. Was ist es denn, was dir besonders aufgefallen ist?“

„Nichts von alledem, aber ganz in der Nähe höre ich eine Grille zirpen.“

Der weiße Mann horchte. Dann schüttelte er den Kopf. „Du musst dich täuschen, Freund“, sagte er, „hier gibt es keine Grillen. Und selbst, wenn es hier irgendwo eine Grille gäbe, würde man doch ihr Zirpen bei dem Lärm nicht hören können.“

Der Indianer ging ein paar Schritte. Vor einer Hauswand blieb er stehen. Wilder Wein rankte an der Mauer. Er schob die Blätter auseinander und da – sehr zum Erstaunen des weißen Mannes – saß tatsächlich eine Grille, die laut zirpte. Nun, da der weiße Mann die Grille sehen konnte, nahm er auch das Geräusch wahr, das sie von sich gab.

Als die beiden Männer weitergegangen waren, sagte der Weiße nach einer Weile: „Freilich hast du die Grille hören können. Dein Gehör ist besser geschult als meines. Indianer hören eben einfach besser als Weiße.“

Der Indianer lächelte, schüttelte den Kopf und erwiderte: „Du täuscht dich, mein Freund. Das Gehör eines Indianers ist nicht besser und nicht schlechter als das eines weißen Mannes. Pass auf, ich werde es dir beweisen.“ Er griff in die Tasche, holte ein 50-Cent-Stück heraus und warf es auf das Pflaster.

Es klimperte auf dem Asphalt und die Leute, die mehrere Meter von dem weißen und dem roten Mann entfernt gingen, wurden auf das Geräusch aufmerksam und sahen sich um. Endlich hob einer von ihnen das Geldstück auf, steckte es ein und ging weiter.

„Siehst du“, sagte der Indianer, „das Geräusch, das das 50-Cent-Stück gemacht hat, war nicht lauter als das der Grille, und doch hörten es viele der weißen Frauen und Männer und drehten sich um, während das Geräusch der Grille niemand hörte außer mir. Es stimmt nicht, dass das Gehör eines Indianers besser ist als das der weißen Männer. Der Grund liegt darin, … dass wir alle stets das gut hören können, worauf wir zu achten gewohnt sind.“

Frederik Hetmann

Aus: Hans-Joachim Gelberg (Hrsg.), Geh und Spiel mit dem Riesen. 1971/1990
Beltz Verlag, Weinheim und Basel, Programm Beltz & Gelberg, Weinheim.

Musik

- Lied „Die fünf Sinne“ (siehe Kap. 2.5, S. 74)
- Erstellen einer Klanggeschichte, z. B.:

Das Gespensterfest

In einem alten, verfallenen Schloss lebte hoch oben im Turm eine Eule. Sie schlief am Tage, aber nachts verließ sie den Turm, um Nahrung zu suchen.
Es war Mitternacht. Die alte Turmuhr schlug zwölf.
Die Eule war wieder zum Turm zurückgekehrt.
Plötzlich hörte sie ein Schleichen und Schlurfen,
ein Kichern und Lachen,
ein Scharren und Kratzen,
ein Flüstern und Poltern,
ein Pfeifen und Klopfen.
Der Wind blies um das alte Gemäuer.
Die Gespenster Wladimir Kicherich, Kunigunde von Kratzefuß und Dietbert Polterzorn tanzten, bis die Uhr eins schlug.
Da verschwanden die Gespenster.
Es wurde wieder still, nur die Eule rief vom Turm uhu, uhu ...

(Aus: Elisabeth Wagner, Quacki, der kleine freche Frosch, Illustrationen von Felix Weinhold. 13. Aufl. 2003, © by Don Bosco Verlag, München)

- Vertonen von Bilderbüchern, zum Beispiel
  „Wo die wilden Kerle wohnen“ von Maurice Sendak
  „Tranquilla Trampeltreu“ von Michael Ende
  „Frederick“ von Leo Lionni
  „The very hungry caterpillar“ von Eric Carle (Verbindung zum Englisch-Unterricht)
  „Peace at last“ von Jill Murphy

Kunst

- Erstellen einer Bildcollage „Laut-und-leise“; dazu passt folgendes Buch, in dem Farben hörbar gemacht und zum Klingen gebracht werden: Eva Heller, Die wahre Geschichte von allen Farben, LappanVerlag
- Bildwerbung unter den Gesichtspunkten „Ruhe / Stille – Lärm / Hektik“ betrachten; für eine „Insel der Ruhe“ werben
- Bildbetrachtung „Der Schrei“ von Edvard Munch

4. Medien und ihre Wirkung

Medien als Fenster zur Welt

Hatte man früher nur eine begrenzte Auswahl an Medien zur Informationsgewinnung zur Verfügung, herrscht heute eine regelrechte Medienflut. Multimedia und Internet bahnen sich zielstrebig den Weg in unsere Gesellschaft und deren kompetentes Nutzen ist entscheidend für das künftige Leben der Kinder. Bereits in der Grundschule sollen deshalb Kinder erfahren, wo sie einen Computer sinnvoll einsetzen können und wann eher Zeitungen und Bücher von Nutzen sind. Sie entscheiden selbst, welche Medien für sie wichtig und sinnvoll sind. Sie lernen, diese gezielt und verantwortlich einzusetzen. Die folgende Unterrichtssequenz kann diese Ziele nur anbahnen. Darüber hinaus sind Medienerziehung und Medieneinsatz fächerübergreifende Unterrichtsprinzipien.

Werbung

Beim Nutzen unterschiedlicher Medien kommen wir zwangsläufig mit einer häufigen Form der Manipulation in Berührung – der Werbung. Doch was ist Werbung? Manche bezeichnen sie als Verführung, andere als Information. Der eine ärgert sich über sie, der andere freut sich über witzige TV- Spots und Jingles, die ins Ohr gehen. Wir werden jedenfalls in unserem täglichen Leben unentwegt mit Werbung konfrontiert. Wenn wir beim Frühstück das Radio einschalten, hören wir Werbung. Schlagen wir eine Zeitung oder Zeitschrift auf, sehen wir sie. Auf dem Schulweg begegnet sie uns auf Plakaten, in Schaufenstern oder sogar als Werbeaufschrift auf einem Auto. Auch im Fernseher lässt ein Werbespot nicht lange auf sich warten. Werbung ist für die Wirtschaft unabdingbar. Sie macht uns neue Produkte „schmackhaft" und will uns vom Kauf überzeugen. Dabei sind Kinder und Jugendliche für die Wirtschaft ein wichtiger Marktfaktor und damit bewusst zur Zielgruppe geworden. Sie kommen bereits frühzeitig mit Einkaufen, Geld und Werbung in Berührung und verfügen oft schon im Vorschulalter über eigenes Geld. Darüber hinaus haben Kinder einen nicht zu unterschätzenden Einfluss auf die Kaufentscheidungen ihrer Eltern. Tagtäglich werden sie mit den vielfältigen Erscheinungsformen von Werbung konfrontiert, nehmen deren Qualitäts- und Wertvorstellungen unreflektiert auf und entwickeln daraus eigene Wünsche. Dabei entstehen Konflikte zwischen dem Kaufwunsch und der Möglichkeit, diese Wünsche zu erfüllen.

Im Unterricht können die Kinder sich bewusst mit Werbung auseinandersetzen, die Werbewirklichkeit mit der Realität vergleichen, diese kritisch hinterfragen und die manipulativen „Werbetricks" erkennen.

4.1 Der Computer als neues Medium im Unterricht

Vorbemerkungen und Organisationshilfen

Ideale Voraussetzung für die Einführung in den Umgang mit dem Computer sind

- ein Computerraum mit einer ausreichenden Anzahl an vernetzten Rechnern (ein PC für max. drei Kinder) und
- ein Beamer zum Veranschaulichen der einzelnen Handlungsschritte für die Kinder.

Doch auch ein einzelner Rechner oder eine „Computerinsel" von zwei bis drei Rechnern im Klassenzimmer lassen sich effektiv einsetzen:

- als Station bei einem Stationenlauf
- bei der Freiarbeit
- im Förderunterricht
- zur Differenzierung
- als Nachschlagemöglichkeit
- zum freien Gestalten von Texten

Dabei ist darauf zu achten, dass

- kein Licht auf den Bildschirm einfällt und der Blick gerade gerichtet ist
- sich Tisch und Stuhl auf kindgemäßer Höhe befinden
- Stecker und Steckdose elektrisch abgesichert sind
- Kabel stolperfrei angebracht sind
- der Standort so gewählt wird, dass Blickkontakt zur Lehrerin und Klasse möglich ist
- max. zwei bis drei Kinder am PC arbeiten
- Chancengleichheit besteht (Zeituhr oder Eieruhr einstellen)
- der PC möglichst oft zur Verfügung steht
- ein Alternativangebot besteht um zu großes Gedränge zu vermeiden
- ein Nutzungsplan erstellt wird
- kindgerechte Software und Internetseiten verwendet werden, wie z. B.:

Kindersuchmaschinen

www.blinde-kuh.de
www.safetykid.net
www.trampeltier.de

Informative Kinderseiten

www.lexi-tv.de
www.wasistwas.de
www.wdrmaus.de
www.geolino.de
www.tivi.zdf.de/loewenzahn

Kindgerechte Software für den Sachunterricht:
Lexirom (Nachschlagewerk)
Encarta (Nachschlagewerk)
Löwenzahn
Glasklar Edition

Tipp:
Die Lehrerin kann eine solche Suchmaschine als Startseite einrichten.

4.1.1 Regeln im Umgang mit dem Computer

Bevor sich die Kinder mit dem Computer auseinandersetzen, ist zuerst ein Ordnungsrahmen für den richtigen Umgang mit dem PC festzulegen. Die mit den Kindern erarbeiteten Regeln werden schriftlich fixiert und am Computer-Arbeitsplatz angebracht. Mögliche Regeln:

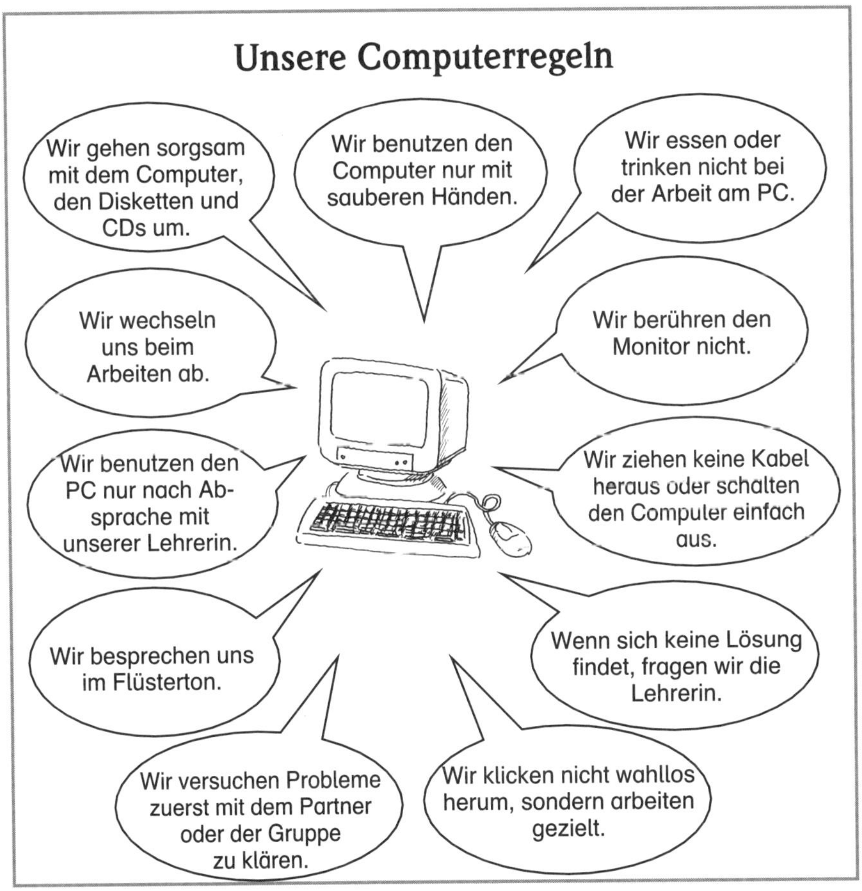

Name: ______________________	Datum: ____________

Unsere Computerregeln

4.1.2 Wir machen den Computer-Führerschein

Viele Kinder kommen schon früh in häuslicher Umgebung mit dem Computer in Berührung und sammeln erste Erfahrungen im Umgang mit Maus und Tastatur. Dennoch können diese Kenntnisse nicht bei allen Kindern vorausgesetzt werden, denn es gibt immer noch viele Haushalte ohne einen Computer. Deshalb sollen die Kinder zunächst die Teile eines Computers (Hardware) und die anschließbaren Geräte kennen lernen.
Kopiervorlage 32 + 33/Domino (siehe S. 110 f.)
Karteikarten zum Umgang mit dem Computer (siehe S. 112 ff.)

4.2 Ein Ausflug ins Museum (verschiedene Medien im Vergleich)

Bei dem gemeinsamen Planen eines Ausflugs (Kopiervorlage 34, siehe S. 115) zu einem Museum (alternativ: Zoo, Freizeitpark, Handwerksbetrieb; integrativ: Besuch einer Computerfirma/Medienfirma/Werbeagentur etc.) stehen den Kindern die verschiedensten Medien zur Verfügung:

 Bücher (Lexika, Sachbücher, Bildbände...)

 Zeitungen und Zeitschriften

 Telefon und Faxgerät

 Fernsehen

 Computer/Internet

 Post/Briefverkehr

 Radio

Natürlich birgt das Internet als jüngstes Medium einen besonderen Reiz. Gerade deshalb sollen die Kinder erfahren, dass das Internet keineswegs das Maß aller Dinge ist und sich oft zur gezielten Informationsbeschaffung andere Medien besser eignen.

Name: ______________________ Datum: ____________

So sieht mein Computer-Arbeitsplatz aus

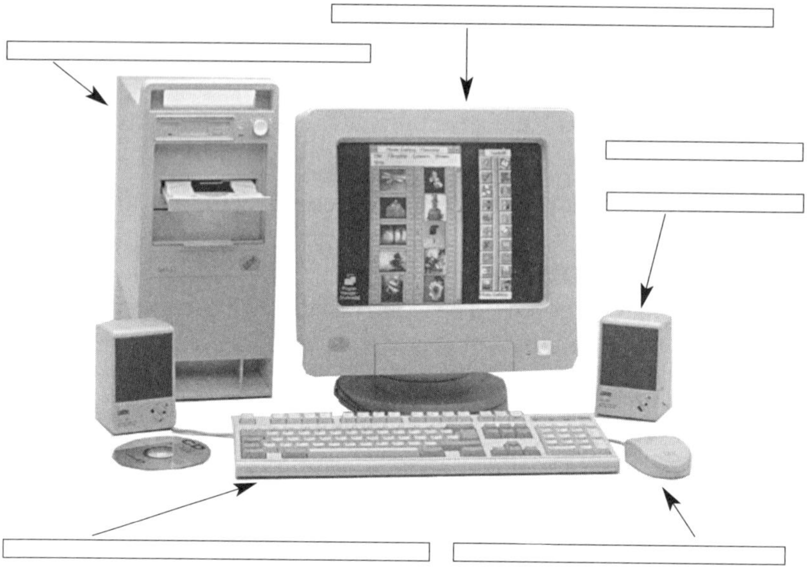

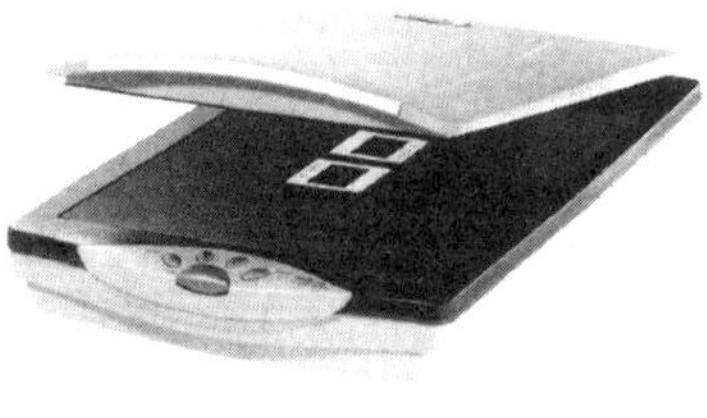

Setze ein:

Monitor/Bildschirm – Lautsprecher – Rechner – Drucker – Scanner – Maus – Tastatur

Name: ____________________ Datum: __________

Computer-Zubehör

Start		Mit dem ____________ kannst du Bilder und Texte in den Computer einlesen.	
Die ________ ____________ machen Töne aus dem Computer hörbar.		Der ____________ bringt Texte und Bilder aufs Papier.	
Mit der ____________ kannst du Texte in den Computer eingeben.		Der ____________ ist das Gehirn des Computers.	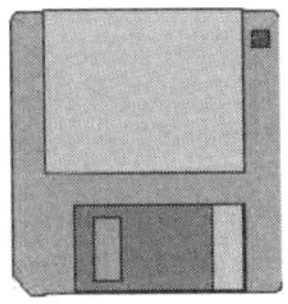
Auf einer ____________ kannst du Texte und Bilder speichern.	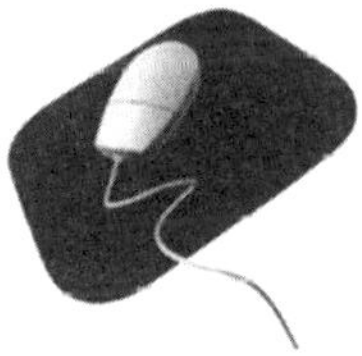	Das ____________ erleichtert dir die genaue Steuerung der Maus.	
Auf einer ____________ kannst du Texte, Bilder und Musik speichern.	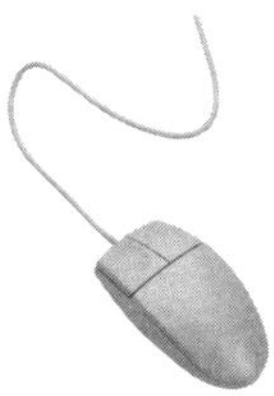	Die ____________ ist ein Eingabegerät für den Computer.	Ende

So startest du deinen Rechner

1. Schalte den Computer (Rechner) ein.

2. Schalte den Monitor (Bildschirm) ein.

3. Warte bis dein Schreibtisch (Desktop) erscheint und deine Maus zu einem Pfeil ⇖ geworden ist.

So startest du ein Programm

Es gibt drei verschiedene Möglichkeiten, ein Programm zu starten:

- Klicke das Programmsymbol auf deinem Schreibtisch zweimal mit der linken Maustaste an (Doppelklick).

- Klicke das Programmsymbol einmal mit der linken Maustaste an und drücke dann die „Enter"-Taste.

- Klicke einmal mit der linken Maustaste auf 

Gehe danach auf „Programme" und wähle das gewünschte Programm durch einen Klick mit der linken Maustaste aus.

So speicherst du einen Text oder ein Bild und schließt dein Programm

1. Klicke mit der linken Maustaste auf das Wort „Datei" oben links in der Leiste.
2. Klicke dann auf „Speichern unter".

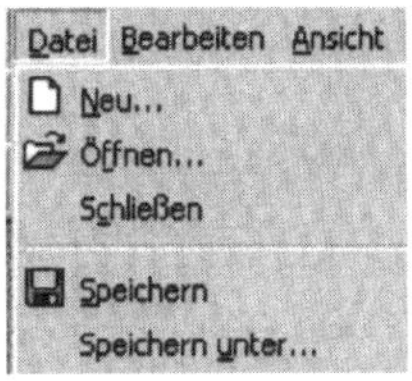

3. Wähle den Ordner aus, in dem du deine Arbeit abspeichern möchtest.
4. Gib deiner Arbeit einen Namen und trage diesen in das Feld „Dateiname" ein.
5. Klicke auf das Feld „Speichern".

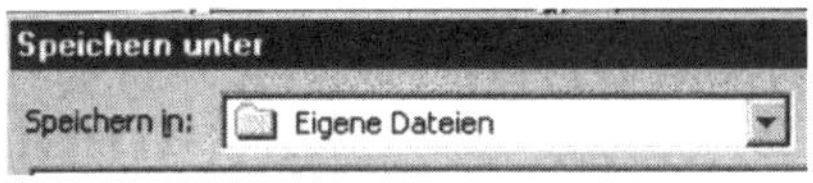

6. Schließe das Programm, indem du auf das  rechts oben im Fenster klickst.

Tipp:
Wenn du längere Zeit am Computer arbeitest, solltest du auch zwischendurch deine Arbeit abspeichern.

So findest du Informationen im Internet

Bitte deine Lehrerin, die Verbindung ins Internet herzustellen.

1. Gib die Adresse einer Suchmaschine (z. B. www.blindekuh.de) in die Adresszeile ein.
2. Klicke in das Eingabefeld der Suchmaschine und gib den Suchbegriff ein.
3. Klicke das Feld „Suche starten" an. Nach kurzer Zeit siehst du die Suchergebnisse zu deinem Begriff auf dem Bildschirm.
4. Wenn du ein farbiges Link anklickst, verwandelt sich der Pfeil auf dem Wort in eine Hand.
   So kommst du auf die entsprechende Internetseite und zu deinem Suchwort.

So kannst du deine Arbeit ausdrucken

1. Schalte den Drucker ein.

2. Klicke mit der linken Maustaste auf das Wort „Datei" oben links in der Leiste.

3. Klicke dann auf „Drucken" und „OK" in dem sich öffnenden Fenster.

4. Dein Bild oder Text wird ausgedruckt.

So schaltest du den Computer ab

1. Klicke mit der linken Maustaste auf das Feld 

links unten.

2. Führe die Maus auf das Feld „Beenden" und klicke darauf.

3. Wähle „Herunterfahren" aus und klicke auf „OK".

4. Nun schaltet sich der Rechner entweder von selbst ab oder der Computer gibt dir die Anweisung, ihn abzuschalten.

5. Schalte den Monitor aus.

Name: ______________________ Datum: __________

Wir planen unseren Ausflug

Welche Medien helfen dir am schnellsten und besten weiter? Trage das entsprechende Symbol ein.

☺ sehr gut geeignet ㊀ geeignet ☹ nicht geeignet

	Zeitung	Post	Bücher	Fax Telefon	Internet Computer	Fern-sehen	Radio
Ich erkundige mich nach den Öffnungszeiten.							
Ich melde unsere Klasse zu einer Führung an.							
Ich besorge uns einen Prospekt.							
Ich verfolge die Wetterberichte.							
Ich erkundige mich über den Anfahrtsweg.							
Ich mache mich über ______ schlau.							
Wir informieren andere über unseren Ausflug.							

4.3 Medien als Werbeträger

4.3.1 Werbung ist überall

Zum Einstieg vergleichen die Kinder Werbung früher und heute:

Folie

Diese beiden Produkte sind von der gleichen Firma. Welches würdest du lieber kaufen? Begründe deine Meinung.

Die Kinder werden sich für das Produkt mit der Kuh entscheiden und es als lustiger oder „cooler“ bezeichnen. Werbung hat sich im Laufe der Jahre stark verändert. Standen in den 50er Jahren noch Werte wie z.B. Naturverbundenheit und Klarheit im Vordergrund, so soll Werbung heute witzig und einprägsam sein.

Im Unterrichtsgespräch lassen sich weitere Fragen aufwerfen:
- Warum gibt es Werbung?
- Wer plant und entwickelt die Werbung?
- Welche Arten von Werbeträgern gibt es? (Fernsehen, Zeitung, Zeitschriften, Litfasssäulen, Radio, Flugblätter, Werbeanbringung an Autos etc., Prominente als Werbeträger ...)
- Wie kann geworben werden? (Werbespots, Bilder, Anzeigen, Verpackungen, Prospekte, Plakate, ...)

Auftrag:

Suche bis zur nächsten Sachunterrichtstunde Werbung (in Zeitschriften, auf Flugblättern etc.), die du gut findest, und bringe sie mit.

Anhand der mitgebrachten Werbeseiten werden erste Eindrücke beschrieben, ohne dabei die Erkenntnisse des Stationenlaufs vorwegzunehmen.

4.3.2 Wie wirkt Werbung auf uns?

Beim folgenden Stationenlauf setzen sich Kinder aktiv mit den verschiedenen Formen von Werbung und deren Struktur auseinander. Sie analysieren diese genau und hinterfragen sie kritisch. Die Erfahrungen und Erkenntnisse der Kinder werden nach dem Stationenlauf gemeinsam reflektiert und mit weiteren Informationen ergänzt.

Vorzubereitendes Material:
Schreibblöcke, Kopiervorlage 35, Werbeseiten aus Zeitschriften (Bild- und Textangebot zur Station passend auswählen), CD oder Kassette mit Werbeliedern (z. B. „Get It" Vol. 1 – 11, Superhits der Werbung), Tonbandgerät zur Aufnahme, Gläser mit Wasser, von folgenden Produkten je ein Marken- und ein Billigprodukt: Orangensaft, Taschentücher, Schokolade, Joghurt, Augenbinde (Stirnband), TV und Video mit ausgewähltem Werbespot.

Station 1: Prominente Buchstaben
Dass jedes Produkt seinen eigenen Schriftzug hat, ist den Kindern bereits sehr früh bewusst. Verblüfft werden sie allerdings feststellen, dass diese Schriften so einprägsam sind, dass schon einzelne Buchstaben allein reichen, um das Produkt zu erkennen. Eines der wichtigsten Mittel der Werbebranche sind diese auffälligen Schriftzüge. Deshalb schneidet die Lehrerin einzelne Buchstaben aus bekannten Werbeschriftzügen aus (z. B. „M" von Milka), die die Kinder zum ganzen Wort ergänzen.

Station 2: Werbetexter
Ebenso wird es Kindern nicht schwer fallen, die Werbesprüche aus Radio und Fernsehen zu vervollständigen und mit den entsprechenden Produkten zu verbinden. Dabei sollen sie besonders darauf achten, was die Slogans über das Produkt aussagen und ob diese Aussagen der Wahrheit entsprechen.

Station 3: Bilddetektive
Viele Werbebilder sprechen durch ihre Farbgebung, die Positionierung des Produktes oder ihre realitätsfernen Darstellungen an. Die Kinder sollen herausfinden, welcher Mittel sich die Werbemacher bedienen und welcher Eindruck dadurch beim Betrachter entsteht.
Sofern entsprechendes Bildmaterial vorhanden ist, kann die Lehrerin auch auf prominente Werbeträger (Sponsoring) eingehen: Glaubst du, dass (Name) dieses Produkt wirklich benutzt und toll findet?

Station 4: Jingles
Hört man einen Werbejingle (Werbemelodie), verbindet man sofort das entsprechende Produkt damit. An dieser Station können die Kinder feststellen,

dass besonders Werbelieder durch ihre Einfachheit schnell ins Ohr gehen und dass sie unbewusst viele Jingles zu bekannten Marken im Gedächtnis haben.

Station 5: Lug und Trug?
Wie an Station 2 analysieren die Kinder die Aussagen und Sprache der Werbeslogans: Wie werden Adjektive treffend eingesetzt um auf das Produkt aufmerksam zu machen? Entstehen neue Wortkreationen? Anschließend kreieren die Kinder neue Wortschöpfungen oder passende Adjektive.

Station 6: Erkennst du den Unterschied?
Durch das Verbinden der Augen wird die voreingenommene Haltung, die uns die Werbung vermittelt, ausgeschaltet. Beim Schmecken, Riechen oder Fühlen erkennen die Kinder, dass ein Produkt nicht unbedingt besser ist, nur weil dafür mehr oder einfallsreicher geworben wird. Auch hält das Produkt nicht immer, was die Werbung verspricht.

Station 7: Die Werbeforscher
Ein kurzer, mehrmals gezeigter Werbefilm aus dem Fernsehen soll die Kinder zu genauem Hinsehen animieren. Bei der Auswahl des Spots ist darauf zu achten, dass möglichst viele auffällige Werbemittel darin enthalten sind (Slogan oder Jingle, „heile Werbewelt“ oder verzerrte Realität, kräftige Farben etc).

Station 1: Prominente Buchstaben

- Sieh dir die Schriftzüge genau an.
  Erkennst du die Produkte wieder, für die sie werben?
- Schreibe die Namen der Produkte auf.
- Warum hast du die Produkte so gut erkannt?
- Erfinde einen eigenen Schriftzug für deinen Namen.

Station 2: Werbetexter

Vor dir siehst du die Anfänge verschiedener Slogans (= Werbesprüche).

- Kannst du die Zeilen vervollständigen?
- Sprich mit deiner Gruppe darüber:
  - Warum konntest du dir den Spruch merken?
  - Gibt es eine Melodie dazu?
  - Welcher Slogan gefällt dir am besten? Begründe deine Meinung.
  - Was sagen die Slogans über das Produkt aus?

Kopiervorlage 35 zu Station 2

Name: ____________________ Datum: __________

Werbetexte

1. ____________________ das Frühstückchen.
2. ____________________ erfüllt gleich drei Wünsche auf einmal.
3. Alles ____________________, oder was?
4. Nichts ist unmöglich – ____________________.
5. Wenn's mal wieder länger dauert, schnapp' dir'n ____________________.
6. ____________________, die zarteste Versuchung, seit es Schokolade gibt.
7. ____________________ die kleine Kinder-große Kinderwelt.

Station 3: Bilddetektive

- Sieh dir die Werbebilder zusammen mit deiner Gruppe genau an.
- Bei welchem Bild ...

  ... gefallen dir die Farben?

  ... musst du lachen?`

  ... würdest du das Produkt gerne sofort haben?

  ... ist das Produkt groß zu sehen?

  ... ist das Produkt nicht zu sehen?
- Ist die Welt wirklich so, wie sie auf diesem Bild aussieht? Begründe deine Meinung.

Station 4: Jingles

Auf der CD hörst du verschiedene Werbelieder.
Man nennt diese auch Jingles (sprich: Dschingels).

- Kennst du eines oder mehrere Lieder?
- Versuche zusammen mit deiner Gruppe herauszufinden, wofür die Lieder werben.
- Begründe deine Meinung. Wie wirkt die Musik auf dich?
- Welchen Jingle hast du dir am besten gemerkt? Kannst du ihn den anderen vorsingen, summen oder gurgeln?
- Kennst du noch andere Jingles? Singe sie vor.

Station 5: Lug und Trug?

Lies die Werbeslogans genau durch.

- Hält die Werbung immer, was sie verspricht?
- Wo wird übertrieben?
- Welche Eigenschaftswörter sollen uns zum Kauf verführen? Schreibe sie auf und überlege weitere passende Eigenschaftswörter und Slogans zu diesem Produkt.

Station 6: Erkennst du den Unterschied?

Vor dir siehst du jeweils ein Billigprodukt und ein Markenprodukt.

- Verbinde deine Augen.
- Versuche nun, die Produkte durch Schmecken, Riechen oder Fühlen zu unterscheiden.
- Erkennst du den Unterschied? Ist das Markenprodukt wirklich besser (cremiger, weicher, süßer, zarter, ...), so wie es die Werbung verspricht?

Station 7: Die Werbeforscher

Sieh dir den Werbespot genau an und achte dabei auf folgende Dinge:

- Wie oft wird das Produkt gezeigt?
- Welche Farben werden verwendet?
  Achte vor allem auf Kleidung und Gegenstände.
- Gibt es einen Jingle?
- Gibt es einen Slogan? Konntest du ihn dir merken?
- Ist die Welt so, wie sie im Werbespot dargestellt wird?

4.3.3 Wir machen „mehr“ aus Schokolade

Beim Entwerfen einer Verpackung wenden die Kinder ihre gewonnenen Erkenntnisse an.
Sie wiederholen werbewirksame Gestaltungsmittel und halten sie in einem Tafelbild fest:

Tafelbild

Wir entwerfen die Verpackung für eine Tafel Schokolade

→ ansprechende Farben

→ lustige Bilder

→ passender Name

→ einprägsamer Schriftzug

→ ...

→ treffende Eigenschaftswörter

Tipp:
Bei der Auswahl eines Schriftzuges oder eines Cliparts kann der Computer sinnvoll eingesetzt werden.

4.4 Vorschläge für fächerübergreifendes Arbeiten

Deutsch

- Wortfelder mit (zusammengesetzten) Adjektiven zu Personen und Produkten *(butterweich, streichelzart, zuckersüß, schokoladenbraun, messerscharf, blitzschnell ...)*
- Sammeln von Sprichwörtern und Ausdrucksweisen rund um die Medien, z. B.: *Der lügt ja wie gedruckt, Das habe ich Schwarz auf Weiß gesehen, Du hast ja schon viereckige Augen, Flimmerkiste ...*
- Dialog zu einem Werbecomic schreiben oder einen bekannten Dialog verändern (Sprechblasen füllen)
- Zu einem Produkt Eigenschaftswörter suchen und Slogans erfinden
  auch Musik: Jingles zu den Slogans erfinden
- Radiowerbung gestalten
- Fernsehwerbung schreiben, vorspielen und einen Film drehen
- Märchen durch Werbung unterbrechen
- Für einen bestimmten Zweck werben (für ein Fest, sich selbst, für die Lehrkraft...)
- Bilderbuch „Ich will so bleiben, wie ich bin“ von Hermien Stellnacher

Kunst

- Gestalten von Papiertüten für den Pausenverkauf der Schule
- Ein Werbeplakat gestalten:
  → Collage aus Werbebildern:
  Ein neues Produkt aus bereits existierenden Werbebildern entwerfen, bestimmte Merkmale noch mehr überzeichnen ...
  → völlig freie Gestaltung (verschiedene Techniken)
  → Bildbearbeitung am Computer
  → Freunde mit einem Produkt fotografieren
- Bereits vorhandene Verpackungen umgestalten

Musik

- Geräusche zu Produkten erfinden
- Jingles zu Produkten komponieren
- Werbemelodie vorgurgeln
- Lied „Ice in the sunshine” (z. B. in Kolibri Musikbuch Bayern, Schroedel Verlag Hannover 2002)

5. Miteinander leben

„Die Erfahrung des „Ich bin“ ist ohne das „Du“ und das „Wir“ nicht möglich.
(Petzold)

Lehrerinformation
Eines der wesentlichen Kennzeichen des Menschen ist die Fähigkeit, anderen zu begegnen und mit einem Partner oder einer Gruppe in Beziehung leben zu können. Seine gesamte soziale Entwicklung basiert auf Kommunikation und Interaktion mit Menschen in seinem sozialen Umfeld.
In den letzten Jahren hat sich ein starker gesellschaftlicher Wandel vollzogen, von dem auch Kinder und Jugendliche betroffen sind. Durch kleiner werdende Familien und die zunehmende Brüchigkeit menschlicher Bindungen scheinen Kinder heutzutage stärker ich-bezogen und reizbarer zu sein. Vielen fällt es schwer, positive Kontakte zu anderen aufzunehmen, aufeinander einzugehen, Rücksicht zu nehmen und sich in eine Gruppe einzufügen. Vor allem im schulalltäglichen Miteinander führen Beleidigungen, Kränkungen und Aggressionen immer wieder zu Konflikten. Die eigentliche Ursache ist oft ein mangelndes oder falsches Selbstwertgefühl und fehlende Ich-Stärke der Kinder. Denn erst wenn Kinder sich selbst mit ihren Stärken, aber auch Fehlern und Schwächen akzeptieren können, sind sie in der Lage, andere ebenfalls so anzunehmen, wie sie sind; erst wenn eigene Handlungen und Einstellungen hinterfragt werden, können die des Anderen verstanden und nachvollzogen werden.
Konfliktfähigkeit ist eine wichtige Schlüsselqualifikation in unserer heutigen Gesellschaft. Bisher war pädagogisches Handeln sehr stark auf Harmonisierung und das Vermeiden von Konflikten angelegt. Doch ununterbrochene Harmonie ist eine Wunschvorstellung, die letztlich nicht der Realität entspricht. Unterschiedliche Menschen haben unterschiedliche Meinungen und Interessen, die immer wieder Konflikte aufwerfen werden. Daher müssen die Kinder lernen, sich auf Probleme einzulassen, Gefühle zuzulassen und sinnvolle Strategien zu entwickeln, Konflikte konstruktiv zu lösen ohne sich dabei gegenseitig zu verletzen oder zu beschädigen. Gegenseitige Hilfe, Toleranz und Wertschätzung sind Grundvoraussetzungen für menschliches Miteinander, ohne die das Zusammenleben in einem sozialen Gefüge nur schwer möglich ist.

5.1 Ich bin ich und du bist du

Um andere Kinder akzeptieren und tolerieren zu können, müssen die Kinder ihre eigenen Stärken und Schwächen kennen und annehmen. Durch den Aufbau von Ich-Stärke wird der Umgang mit Beleidigungen und Kränkungen leichter, da die Reaktion des Anderen in Ansätzen nachvollzogen werden kann. Das folgende Spiel soll in den Kindern die Bereitschaft wecken, sich selbst (und andere) sinnlich wahrzunehmen und sich näher mit dem eigenen Ich zu beschäftigen. Dabei geht es vor allem darum, sich seiner Gefühle bewusst zu werden (Habe ich beim Legen des Tuches aus dem Bauch heraus entschieden? Habe ich vorher darüber nachgedacht? ...).

Ein Tuch – viele Formen
Die Kinder bilden einen Sitzkreis um ein großes, einfarbiges Tuch. Nun soll jedes Kind der Reihe nach das Tuch so verändern (zerknüllen, falten, zusammenlegen, formen, glätten...), dass es zu seiner Person passt. Dabei kann es auch seine Gestaltung kommentieren, z. B.: Ich falte das Tuch quadratisch zusammen. Oder: Ich mag es, wenn es ordentlich zusammengefaltet ist.
Anschließend äußern sich die Kinder zu folgenden Fragen:
- Hast du vorher überlegt, wie du das Tuch verändern könntest?
- Haben dir bestimmte Veränderungen gut gefallen?
- Gab es Veränderungen, bei denen du dich nicht wohl gefühlt hast?
- Wie hast du dich gefühlt, als deine Gestaltung vom nächsten Kind wieder zerstört wurde?
- Hast du bei deinen Freunden vorher schon gewusst, wie sie das Tuch verändern würden?

Die Verschiedenartigkeit der Gestaltungsformen weckt bei den Kindern das Bewusstsein, dass jeder Mensch anders ist (andere Ideen hat, anders fühlt,....) und dass dieses Anderssein nicht falsch ist, nur weil es von den eigenen Vorstellungen abweicht.
In einem *Steckbrief* (Kopiervorlage 36, siehe S. 126) stellen die Kinder positive und negative Seiten dar und stellen sie den anderen im Gesprächskreis vor.
Das *Interview mit dem inneren Ich* (siehe S. 127) dagegen ist nur zur inneren, stillen Selbstreflexion gedacht. Gedanken werden dabei weder aufgeschrieben noch verbalisiert oder mit anderen diskutiert.

Name: ______________________ Datum: __________

Das bin ich

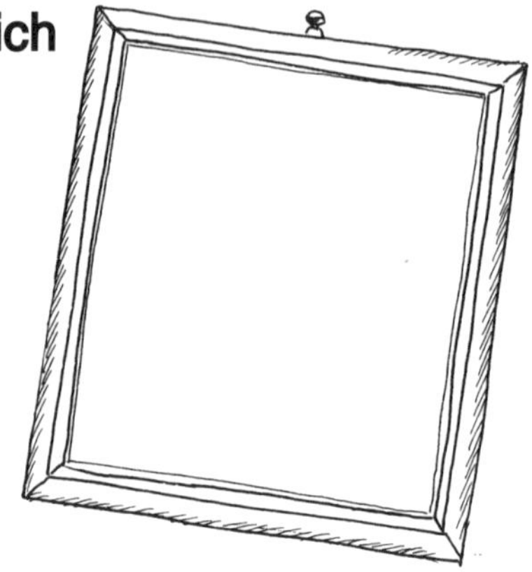

Ich heiße:

____

Das gefällt mir:

____

____

Das kann ich gut:

____

____

Das kann ich nicht so gut:

____

____

Das gefällt anderen Leuten an mir:

____

____

Diese Dinge machen mich glücklich:

____

____

Diese Dinge machen mich traurig:

____

____

Interview mit meinem inneren Ich

Lies die Fragen genau durch und denke über sie nach. Stelle dir dabei die Kinder genau vor, die mit den Fragen gemeint sein könnten. Deine Gedanken gehören dabei nur dir – du musst sie mit niemandem teilen.

5.2 Ich und die anderen

5.2.1 Andere akzeptieren und tolerieren

In den vorausgegangenen Übungen haben die Kinder versucht, sich ihrer selbst bewusst zu werden. Nachdem sie nun ihre positiven als auch negativen Seiten wahrgenommen haben, fällt es ihnen in der Regel leichter, ihre Mitschüler in ihrer Andersartigkeit zu akzeptieren. Leider passiert es uns im Umgang mit anderen häufig, dass wir eher kritisieren als positive Seiten hervorheben und würdigen. Dabei tut es doch so gut, auch einmal etwas Nettes gesagt zu bekommen.

- Die freundlichen Fünf

Auf ein weißes oder farbiges Blatt zeichnen die Kinder den Umriss ihrer Hand, schneiden diesen aus und schreiben ihren Namen in die Handmitte. Anschließend werden die Hände im Klassenzimmer aufgehängt. Im Laufe der Woche schreiben die Mitschüler in die Finger der jeweiligen Hand gute Eigenschaften, die sie an dem betroffenen Kind beobachtet haben und schätzen.

Auswertung:
- Fällt es dir leicht, jemandem etwas Freundliches zu sagen?
- Wie fühlst du dich, wenn du die schönen Dinge liest, die in deiner Hand stehen?
- Ist es einfacher, Dinge aufzuschreiben, die dir am anderen nicht gefallen?

- Wie würdest du dich fühlen...?

Um auf Mitschüler tolerant und hilfsbereit reagieren zu können, muss sich ein Kind in die Lage des anderen versetzen können. Anhand der Situationsbilder (Kopiervorlage 37), die nach und nach aufgedeckt oder präsentiert werden, versuchen sich die Kinder in das „geschädigte" Kind auf dem Bild einzufühlen. Dabei wird jeweils zunächst das erste Bild in jeder Zeile gezeigt, danach die Negativ-Reaktion und zuletzt das Bild mit dem richtigen Lösungsvorschlag. Folgende Denkanstöße helfen den Kindern, sich einzufühlen:
- Wie fühlt sich das Kind auf dem Bild wohl gerade?
- Wie fühlst du dich, wenn einer deiner Mitschüler so reagiert?
- Würdest du anders reagieren als die Kinder auf den Bildern? Was würdest du tun, sagen ...?

Mögliche Sprechblasentexte für die Bilder ohne Worte

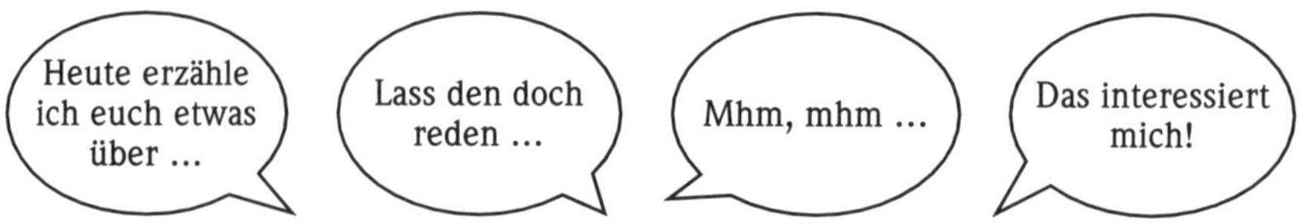

Schau mal, meine tolle Burg!
Jippie!
Das hätte ich besser gekonnt!
Das sieht ja toll aus!
Du hast Tinte auf mein Heft gekleckst!
Na und?
Hättest du selbst besser aufgepasst!
Tut mir leid. Jch werde nächstes Mal besser aufpassen.
Hallo, ihr zwei!
Da kommt Marion. Wir tun so, als ob wir sie gar nicht sehen.
Verrate ihr bloß nicht, dass wir Eisessen gehen!
Hallo, Marion! Kommst du mit zum Eisessen?
Das gibt's doch nicht! Jch bin Erste!
SCHU SPORTFE
SCHUL RTFEST
So eine Gemeinheit – das ist unfair!
Jch war trotzdem besser als du!
Jch gratuliere dir! Du warst wirklich schnell!

Anstelle von Bildern eignen sich auch kurze Situationsbeschreibungen, die die Kinder gruppenweise in Rollenspiele umsetzen. Gemeinsam werden positive, aber auch negative Verhaltensmuster gefunden und diskutiert.

Du fährst mit deinen Freunden im Bus. Vor euch sitzt ein Junge mit schwarzer Hautfarbe. An der nächsten Haltestelle steigt ein Jugendlicher ein. Er verlangt, dass der schwarze Junge aufsteht und für ihn Platz macht, obwohl im Bus noch genügend leere Plätze sind ...	Du gehst von der Schule nach Hause und siehst, dass ein Junge im Rollstuhl in einen Bus einsteigen möchte. Viele andere Kinder drängeln an ihm vorbei in den Bus. Schließlich gehen die Türen zu, der Bus fährt ab und der Rollstuhlfahrer steht noch immer an der Haltestelle. Der nächste Bus kommt erst in 10 Minuten...
Aus einem Auto vor deinem Haus steigt eine Frau aus. Sie ist vollbepackt mit Einkaufstaschen. Als sie über die Straße gehen will, reißt ihre Einkaufstüte. Äpfel, Brötchen, Dosengemüse – alles kullert davon. Viele Leute gehen vorbei, aber keiner beachtet die Frau ...	Bei einem „Kletterwettbewerb" auf dem Spielplatz soll jedes Kind versuchen, bis an die Spitze des Klettergerüstes zu kommen. Oben angekommen bekommt eines der Kinder Angst. Weinend klammert es sich am Gerüst fest. Die anderen Kinder rufen „Feigling" und lachen es aus...
Im Sportunterricht turnt die Klasse am Kasten. Die Kinder stellen sich in zwei Gruppen an, nehmen Anlauf und springen vom Sprungbrett ab auf den Kasten hinauf. Die Lehrerin leistet dabei bei der anderen Gruppe Hilfestellung. In deiner Gruppe bekommt ein Mädchen plötzlich Angst. Es traut sich nicht, auf den Kasten zu springen ...	Als du vom Spielen nach Hause gehst, siehst du eine alte Dame mit einem Einkaufskorb. Er scheint schwer zu sein, denn immer wieder muss die Frau stehen bleiben und den Korb absetzen. Viele Fußgänger gehen vorbei und überholen die Dame. Sie haben es eilig und beachten sie nicht...

5.2.2 Streiten – aber richtig !

Auseinandersetzungen und Konflikte bei Kindern haben oft unterschiedliche Ursachen. Meist jedoch basieren sie auf Missverständnissen und aufgeladenen Emotionen, z. B.: Ein Kind wird versehentlich angerempelt oder geschubst. Sofort fühlt es sich durch den anderen angegriffen und schlägt zu oder schubst zurück. Dabei könnte ein einfaches Gespräch oder eine entschuldigende Reaktion des „Schubsers" die Situation aufklären. Positives Konfliktverhalten muss allerdings erst angebahnt werden. Dabei helfen Lösungsmuster, die den Kindern immer wieder (z. B. in einem regelmäßig einberufenen Klassenrat) vor Augen zu führen sind. Im folgenden Spiel erfahren Kinder, wie leicht man in Wut geraten kann oder aggressiv reagieren möchte, wenn man versehentlich oder absichtlich provoziert wird.

Gelassenheitstraining
Dieses Spiel erfordert etwas Platz. Die Kinder gehen einzeln und ungeordnet durch den Raum und sollen dabei jeden Zehnten, der ihnen zu nahe kommt, leicht (!) anrempeln. Jeder der angerempelt wird, bleibt einen Moment stehen, macht eine leichte Verbeugung und grüßt freundlich mit „Hallo!". Der andere erwidert nichts darauf. Beide gehen weiter.
Auswertung:
- Wie hast du dich gefühlt, als du angerempelt worden bist?
- Ist es dir schwer gefallen, freundlich zu dem Rempler zu sein?
- Wie hast du dich gefühlt, als deine Freundlichkeit nicht erwidert wurde?

Auslöser für tätliche Auseinandersetzungen unter Kindern ist meist angestaute Wut über den anderen. Diese Wut ist oft berechtigt und soll unbedingt zum Ausdruck gebracht werden. Wird Wut immer wieder unterdrückt, ist der letztliche Ausbruch umso heftiger und aggressiver. Da Menschen auf Reizsituationen unterschiedlich reagieren und jeder eine andere Toleranzschwelle hat, ist es für Kinder wichtig zunächst einmal herauszufinden, welche Dinge oder Situationen Wut in ihnen hervorrufen. Erst dann lassen sich Möglichkeiten finden, diese Wut abzubauen ohne jemanden dabei zu verletzen (Kopiervorlage 38, siehe S. 132). Es bietet sich hier auch die Gestaltung zweier Plakate an.

Name: ______________________	Datum: ____________

Wut im Bauch

Viele Menschen reagieren immer wieder auf die gleichen Dinge oder Situationen wütend.

- Welche Dinge oder Situationen regen dich auf oder machen dich wütend?
- Schreibe sie auf und suche verschiedene Möglichkeiten, deine Wut loszuwerden, ohne andere dabei zu verletzen.

Was macht mich wütend?	Wohin mit meiner Wut?

Box-Sack
Ein Bettbezug wird mit weichem Material (Kissen, Füllwatte, Schaumstoff etc.) gefüllt. Durch Schlagen auf den Boxsack werden die Kinder ihre erste Wut los und können danach „mit kühlem Kopf" den Konflikt verbal austragen.

Wutball
Ein großer Luftballon wird mit Sand gefüllt. Er dient wie der Box- Sack zum Abreagieren, indem die Kinder hineinschlagen oder -kneten.

Wut-Tonne
Ein wütendes Kind schreibt auf einen Zettel, worüber es sich geärgert hat. Dann zerknüllt es das Papier und wirft es in eine Tonne. In regelmäßigen Abständen können alle Wut-Zettel in der Tonne gemeinsam vernichtet werden.

Ballon-Kampf
Zwei Kinder, die in Streitigkeiten verwickelt sind, bekommen jeweils einen Luftballon, in den sie ihre ganze Wut hineinblasen. Danach werden die Ballons verknotet und mit einem „Wutgesicht" versehen. Stellvertretend für die Kinder tragen nun die beiden Luftballons den Zweikampf aus. Regel: Nur die beiden Luftballons dürfen aneinandergeraten. Kein Kind darf das andere mit seinem Luftballon schlagen oder berühren.

Wutbild

In einer Ecke des Klassenzimmers liegen Wachsmalstifte und robustes Papier (Tapete etc.) auf dem Boden bereit. Dort können Kinder ihrer angestauten Wut auf dem Papier freien Lauf lassen. Für Kinder ist es im Nachhinein oft erschreckend, wie aggressiv diese „Wutbilder“ auf den Betrachter wirken können.

Der Klassenrat tagt – Konflikte gewaltfrei austragen

In regelmäßigen Abständen wird ein Klassenrat einberufen, an dem alle Kinder der Klasse teilnehmen. Dabei steht die Meinung der Kinder im Mittelpunkt: Sie lernen andere Meinungen kennen, diskutieren, planen Projekte, äußern sich über erfreuliche Begebenheiten und tragen vor allem Konflikte offen aus. Im Klassenrat sollen die Kinder erfahren, dass ihre Probleme und Sorgen ernst genommen werden und dass es viele mögliche (gewaltfreie) Lösungen für ein Problem geben kann. Um „richtig“ streiten zu lernen, werden Streitregeln aufgestellt, die die Kinder zunächst im Rollenspiel üben und anschließend auch in aktuellen Konfliktsituationen anwenden sollen (Kopiervorlage 39).

Tipp:

Reale Konfliktsituationen involvieren die Kinder natürlich viel mehr als eine vorgegebene Situation. Daher ist zu raten, bei einem Streit den Klassenrat umgehend einzuberufen, statt die Konfliktlösung zu vertagen.

Auf eine positive Konfliktlösung folgt letztendlich die Versöhnung der „Streithähne“. Kindern fällt es nicht unbedingt immer leicht, dem anderen ein „Friedensangebot“ zu unterbreiten oder es anzunehmen. Ein Plakat im Klassenzimmer mit gemeinsam erarbeiteten Vorschlägen bietet den Kindern Handlungsmöglichkeiten an. (Kopiervorlage 40, siehe S. 136)

Streiten – aber richtig

Beschimpft euch nicht gegenseitig, sondern setzt euch zusammen und versucht, den Streit durch Reden zu lösen.

Sage dem anderen immer direkt, was dich stört oder was du denkst. Wenn du deinen Ärger hinunterschluckst, fühlst du dich nur noch schlechter.

Höre genau hin, wenn ein anderer dir sagt, was ihn ärgert. Überlege, wie du dich an seiner Stelle fühlen würdest.

Versucht, zusammen eine Lösung zu finden, mit der ihr beide einverstanden seid und an die ihr euch halten könnt.

Name: ______________________ Datum: ____________

Friedensangebote

Sich nach einem Streit wieder zu vertragen, ist gar nicht so leicht.
Was könnten sich die beiden Kinder sagen?

Vorschläge:
Ich werde in Zukunft versuchen, …
Wir wollen ab sofort beide nicht mehr …
Mir tut es leid, dass ich …
Ich bemühe mich, …

Rollenspiele
Folgende Situationen (siehe S. 138) eignen sich zum Nachspielen in Gruppen (zum Vertonen, Weiterschreiben ...) und zum Anwenden der Streitregeln.
Auswertung:
Wie fühlen sich die Leidtragenden?
Wie könnten die Kinder reagieren? (positives als auch negatives Verhalten)
Was könnten sie sagen?
War es Absicht oder Versehen?
Warum verhalten sich die Kinder so?
Wie würdest du reagieren?
Was würdest du sagen?
Kennst du ähnliche Situationen?

Weitere Möglichkeiten und Vorschläge zur Konfliktlösung

Klassenbriefkasten
Auf verschiedenfarbige Zettel (z. B. gelb für Erfreuliches, grün für Unerfreuliches) notieren die Kinder im Laufe der Woche(n) Dinge, die sie ärgern, bedrücken, diskutieren möchten, freuen etc. und werfen diese in den Klassenbriefkasten. Vor jeder Tagung des Klassenrates wird der Briefkasten geleert und es wird auf die Anliegen der Kinder im Gesprächskreis eingegangen.

Friedensecke / Friedensteppich
Eine Ecke des Klassenzimmers wird zur „Friedensecke" erklärt und evtl. mit einem besonderen Tuch als „Friedensteppich" ausgelegt. Dort können sich die Streitenden zusammensetzen und ihren Konflikt in Ruhe und abgeschirmt von anderen austragen.

Streitschlichter
Wenn sich ein Konflikt durch die Betroffenen nicht lösen lässt, können nicht betroffene Kinder als „Streitschlichter" tätig werden. Sie hören sich zunächst die Meinungen der Streitenden an und beraten über eine mögliche Lösung. Danach wird der Lösungsvorschlag gemeinsam besprochen.
Streitschlichter müssen objektiv bleiben und für keinen der Streitenden aus Freundschaft oder Sympathie Partei ergreifen.

Friedensvertrag
Im Klassenrat erarbeiten Kinder und Lehrerin gemeinsam Voraussetzungen für ein friedliches Miteinander. Ziel ist nicht das strikte Vermeiden von Konflikten, sondern der gewaltlose Umgang mit den Problemen. Die Regeln werden in einem „Friedensvertrag" festgehalten. Durch ihre Unterschrift verpflichten sich die Kinder den Vertrag einzuhalten.

Christine und Anne sind Freundinnen.
Anne ist eine gute Schülerin. Sie hat immer witzige Ideen und weiß viel.
Ihre Mitschüler finden, sie sei eingebildet und unkameradschaftlich und ziehen in der Pause bei Christine über Anne her.

Marie und Lisa sind gute Freundinnen und haben sich am Nachmittag fürs Kino verabredet. Kurz vor dem Treffen ruft Lisa an und sagt ab.
Marie geht allein ins Kino und sieht dort plötzlich Lisa mit einigen anderen Mädchen aus der Klasse.

Jonas und Sven haben sich am Nachmittag zum Spielen verabredet. Jonas schlägt vor, Inliner zu fahren, doch Sven möchte lieber fernsehen.

Sebastian und Melanie verstehen sich gut. Sie sitzen in der Schule nebeneinander. Sebastian hilft Melanie manchmal, wenn sie nicht weiter weiß.
Auf dem Heimweg ziehen Sebastians Freunde ihn auf. Sie behaupten, er sei in Melanie „verknallt".

Susanne und Sabine sitzen am gleichen Gruppentisch. Damit Sabine ihr Pustebild fertigstellen kann, möchte Susanne ihr das Glas schwarze Tusche leihen. Dabei kippt ihr das Glas um und die Tusche fließt über Sabines angefangene Zeichnung.

Markus und Andi sitzen in der Schule nebeneinander. Markus hat nie Fehler in seinen Diktaten und hat Andi schon oft geholfen. Andi ist dafür ein guter Rechner. Bei einer Arbeit versteht Markus eine Aufgabe nicht. Hilfesuchend schaut er zu Andi hinüber, doch dieser hilft ihm nicht.

Sonja hat vor ein paar Tagen auf dem Nachhauseweg im Schaufenster eine tolle Jacke entdeckt. Sie zeigt sie ihrer besten Freundin Sarah, doch diese sagt, die Jacke sei hässlich. Nach einigen Tagen kommt Sarah mit genau dieser Jacke in die Schule.

Miriams Eltern haben nicht genügend Geld, um ihr immer wieder neue Schulsachen zu kaufen. Deshalb leiht ihr ihre Nachbarin Tamara oft Dinge aus. Eines Tages vergisst Tamara ihr Federmäppchen. Sie fragt Miriam, ob sie ihr Mäppchen mitbenutzen darf, doch Miriam weigert sich, es ihr zu leihen.

5.3 Vorschläge für fächerübergreifendes Arbeiten

- *Musik*

Ich bin ich, und du bist du

Text und Musik: Siegfried Macht

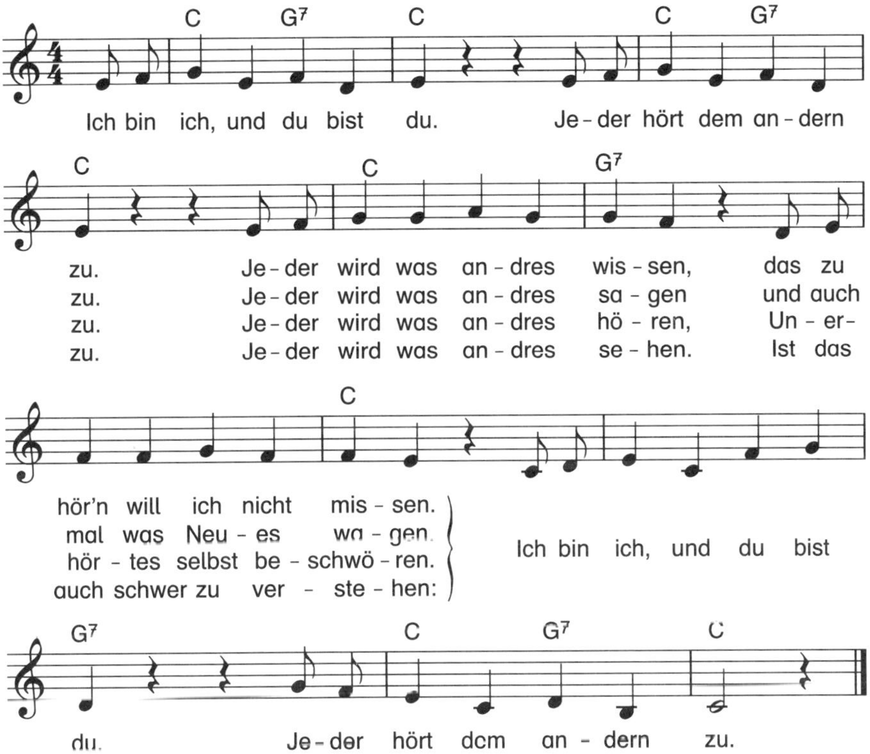

Jetzt flipp ich aus

Text: Lore Kleikamp/Musik: Detlev Jöcker

2. Seh den Bruder mit der Schere.
   Er schneidet meine Puppe kahl!
   Oh nein! Oh nein!
   Das darf nicht sein!

Refrain: Jetzt flipp ich aus! …

3. Letzter Stein fürs Legoflugzeug.
   So ein Mist! Es geht zu Bruch!
   Ich glaub, ich spinn!
   Schau gar nicht hin!

Refrain: Jetzt flipp ich aus!…

4. Will mir einen Drachen bauen,
   immer geht mir etwas schief!
   Ich werd verückt,
   wenn es nicht glückt!

Refrain: Jetzt flipp ich aus!…

5. Ich kann es noch gar nicht glauben!
   Dieses Fahrrad ist für mich?
   Ein tolles Stück!
   Ich habe Glück!

Refrain: Jetzt flipp ich aus!…
Ich halte es vor Glück kaum aus!

(Aus: CD, MC und Buch „Es geht mir gut“

Wann Freunde wichtig sind

Freunde sind wichtig
zum Sandburgenbauen,
Freunde sind wichtig,
wenn andre dich hauen,
Freunde sind wichtig
zum Schneckenhaussuchen,
Freunde sind wichtig
zum Essen von Kuchen.

Vormittags, abends
im Freien, im Zimmer ...
Wann Freunde wichtig sind?
Eigentlich immer!

Georg Bydlinski

(Aus: Wasserhahn und Wasserhenne. Gedichte und Sprachspielereien. Dachs Verlag, Wien 2002)

Warum sich Raben streiten

Weißt du, warum sich Raben streiten?
Um Würmer und Körner und Kleinigkeiten,

um Schneckenhäuser und Blätter und Blumen
und Kuchenkrümel und Käsekrumen

und darum, wer recht hat und unrecht, und dann
auch darum, wer schöner singen kann.

Mitunter streiten sich Raben wie toll
darum, wer was tun und lassen soll,

und darum, wer Erster ist, Letzter und Zweiter
und Dritter und Vierter und so weiter.

Raben streiten um jeden Mist.
Und wenn der Streit mal zu Ende ist,

weißt du, was Raben dann sagen?
Komm wir wollen uns wieder vertragen.

Frantz Wittkamp

(Aus: Hans Joachim Gelberg (Hrsg.), Überall und neben dir. 1986 Beltz Verlag, Weinheim und Basel. Programm Beltz und Gelberg, Weinheim)

Kathryn Cave, Chris Riddell: **Irgendwie Anders.** Oetinger, Hamburg 1994
Maurice Sendak: **Wo die wilden Kerle wohnen.** Diogenes Verlag, Zürich
David McKee: **Du hast angefangen! Nein du!** Verlag Sauerländer AG, Aarau
Brigitte Weninger, Verena Ballhaus: **Tobi und der Zankapfel.** Verlag pro juventute, Zürich 2002
Dr. Seuss: **Jeder Tag hat eine andere Farbe.** C. Bertelsmann Verlag, München 1997
Holde Kreul: **Ich und meine Gefühle.** Loewe Verlag, Bindlach 1997
Aliki: **Sag's, tu's – aber freundlich.** arsEdition, München 1990
Michael Snunit, Na'am Golomb: **Der Seelenvogel.** Carlsen Verlag, Hamburg

- *Englisch: Storytelling*
  Maurice Sendak: **Where the wild things are.** Harper Collins Publishers, 1988
  Kathryn Cave, Chris Riddell: **Something Else.** Mondo Publishing, 1998
  Dr. Seuss: **My Many Coloured Days.** Red Fox, 2001
  Aliki: **Manners.** Mulberry Books, 1997
  David McKee: **Two Monsters.** Red Fox, 1997
  David McKee, Maria Puncel: **Elmer.** Santillana Pub Co, 1990
- *Kunst*
  Wutbild abstrakt, gefühlsgelenkt: Stell dir eine Situation vor, die dich wütend macht. Lass deinem Pinsel freien Lauf.
  Anti- Wut- Bild: Beruhigende Farben, etwas malen, das einem die Wut nimmt
  „Explosion“: Gestaltung in Verblastechnik
  Werkbetrachtung: „Durchbruch“ von Maja Pognacnik
  „Stille Harmonie“ von Wassily Kandinsky

5.4 Ich bestimme mit

Das Erlernen und Erleben von Demokratie ist eine der wichtigsten Erfahrungen im Zusammenleben mit anderen. Im Klassenrat erfahren die Kinder Grundlagen demokratischen Handelns: Sie entscheiden gemeinsam über Vorschläge; jeder hat das gleiche Recht, sich zu einem Thema zu äußern; jedes Kind übernimmt Verantwortung für sein Handeln, wenn es Konflikte mit anderen erfolgreich löst.

Ein Sprecher für unsere Klasse

Folie

Aus den Begründungen der Kinder ergeben sich folgende Fragen:

- Welche Eigenschaften muss ein Klassensprecher haben?
- Was sind seine Aufgaben?

Die Ergebnisse werden an der Tafel in einem „Brainstorming" zusammengetragen. Dabei können die Anforderungen an einen Klassensprecher – je nach Klasse – unterschiedlich sein. Andere Eigenschaften hingegen sind grundlegend (gerecht, zuverlässig, verantwortungsvoll, hilfsbereit...)

Tafelanschrift

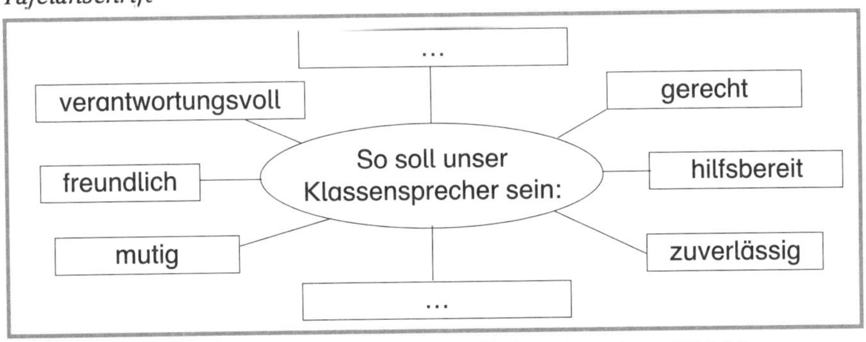

Vor der Wahl werden die demokratischen Prinzipien einer Wahl herausgearbeitet. (Kopiervorlage 41, siehe S. 144)

Name: ______________________ Datum: __________

Demokratische Prinzipien einer Wahl

Die Wahl ist ______________.
Jedes Kind der Klasse kann gewählt werden.
Jedes Kind darf an der Wahl teilnehmen.

Die Klassensprecherwahl ist ________.
Jedes Kind darf den Kandidaten wählen, den es möchte.

Die Wahl ist ______________.
Die Entscheidung des Wählers ist geschützt vor den Blicken der anderen.

Die Wahl ist ______________.
Jeder Wähler hat eine Stimme.
Alle Stimmen zählen gleich.

Die Wahl ist ______________.
Der Klassensprecher wird **direkt von den Kindern** und nicht durch eine andere Person gewählt.

Einzusetzende Wörter: allgemein, frei, geheim, gleich, unmittelbar

So führt ihr eine Klassensprecherwahl durch

Ihr braucht:
- kleine Zettel
- Stifte
- eine Wahlurne (Schachtel mit Schlitz)

1\.
Überlegt gemeinsam, welche Eigenschaften ein Klassensprecher haben sollte.

3\.
Stellt eine Kandidatenliste auf. Darauf stehen die Namen der Kinder, die gewählt werden wollen.

2\.
Schlagt Kinder vor, die sich für diese Aufgabe eignen könnten.

5\.
So führt ihr die Wahl durch:

- **allgemein**
  Jeder darf seine Stimme abgeben.
- **frei**
  Jeder kann wählen, wen er möchte.
- **geheim**
  Keiner darf sehen, wen der andere wählt.
- **gleich**
  Jede Stimme zählt gleich viel.
- **unmittelbar**
  Der Klassensprecher wird direkt und mit Namen gewählt.

4\.
Lasst die Kandidaten über ihre Ideen als Klassensprecher berichten.

Weitere Möglichkeiten zu demokratischer Mitwirkung

- Planen eines Aktionstages oder Projektes an der Schule
- Vorbereiten eines Klassenfestes oder Schulfestes
- Gestalten des Pausenhofes
- Gestalten des Schulhauses
- Mitgestalten des Klassenzimmers
- Aufstellen einer Hausordnung (Rechte und Pflichten)
- Aufstellen von Klassenregeln, Umgangsregeln und Gesprächsregeln

6. Wald ist Leben

Fast 30 % der Fläche der Bundesrepublik Deutschland ist mit Wald bedeckt, was die enorme Bedeutung dieses Lebensraums verdeutlicht. Leider fehlen dennoch vielen (Stadt-)Kindern heute primäre Walderfahrungen und -erlebnisse.
Der Wald bildet ein Ökosystem, das sich durch besonders hohe Stabilität und Vielfalt auszeichnet. Ein Ökosystem setzt sich aus unbelebten (Luft, Boden, Klimabedingungen) und belebten (Tiere und Pflanzen) Komponenten zusammen. Im Laufe der Entwicklung stellt sich innerhalb eines Ökosystems ein ökologisches Gleichgewicht ein, das durch zahlreiche Stoffkreisläufe miteinander vernetzt ist. Deutlich werden die Stoffkreisläufe anhand der Nahrungskette:
Am Beginn jeder Nahrungskette stehen die Produzenten (grüne Pflanzen), die aus anorganischer Materie durch Photosynthese organische Masse aufbauen. Diese Biomasse dient den Pflanzenfressern (Konsumenten I. Ordnung) als Nahrung. Konsumenten II. und III. Ordnung (Fleischfresser) ernähren sich wiederum von Pflanzenfressern oder anderen Fleischfressern.
Konsumenten setzen mit Hilfe von Sauerstoff und unter Abgabe von Kohlendioxid einen Teil der aufgenommenen Biomasse in Energie für ihre Lebensvorgänge um und bauen ansonsten eigene Körpersubstanz auf.
Die letzten Glieder der Nahrungskette sind meist sehr kleine Abbauorganismen wie Bakterien und Pilze (Reduzenten und Destruenten), die sowohl Ausscheidungen als auch abgestorbene Organismen verwerten und zu Ausgangsstoffen abbauen. Die Ausgangsstoffe werden wiederum von Pflanzen aufgenommen und dienen dem Aufbau von Biomasse. Damit ist der Kreislauf geschlossen.
Welche Rolle spielt in diesem geschlossenen Ökosystem der Mensch?
Der Wald übt seit jeher auf den Menschen ebenso wie auf die ihn umgebende Landschaft, den Boden, das Wasser, die Luft, die Tier- und Pflanzenwelt eine bedeutende Wirkung aus. Doch erst angesichts erhöhter Umweltbelastung, vermehrten Bedarfs an sauberem Trinkwasser, zusätzlichen Verbrauchs des Rohstoffes Holz und knapper werdenden Flächenreserven wuchs das Bewusstsein für die Bedeutung des Waldes.
Die Hauptfunktionen des Waldes sind:

- Nutzfunktion
  Holz ist ein nachwachsender Rohstoff, der vielseitig verwendet und verarbeitet wird.
- Schutzfunktion
  Die Schutzfunktionen des Waldes sind in § 12 des Bundeswaldgesetzes verankert. Zu den Schutzfunktionen gehören:

- Bodenschutz (Verhinderung von Bodenabtrag durch Wasser und Wind)
- Lawinenschutz (besondere Form des Bodenschutzwaldes)
- Wasserschutz (Speicherung großer Wassermengen im Waldboden verhindert Austrocknen der Oberfläche; Filterung des Grundwassers)
- Klimaschutz (Ausgleich von Temperaturschwankungen, Erhöhung der Luftfeuchtigkeit, Sauerstoffgehalt der Luft)
- Immissionsschutz (Filterung von Staub und Gasen aus der Luft)

• Erholungsfunktion
  Der Mensch genießt Ruhe, Entspannung, Sport in "ursprünglicher" Natur.

6.1 Rund ums Jahr

Der Wald bietet zu jeder Jahreszeit interessante, staunenswerte und faszinierende Anknüpfungspunkte für einen Einstieg in das Thema. Im Mittelpunkt sollte dabei immer die originale Begegnung stehen, das bewusste und intensive Erleben von Pflanzen und Tieren in freier Natur. Nur so können die Kinder wichtige Wertvorstellungen entwickeln und positive Verhaltensweisen leben lernen.
Voraussetzung für das Unterrichtsprojekt „Wald“ ist das Erarbeiten von Verhaltensregeln im Wald. Verhaltens-Schilder (siehe Kopiervorlage 42) werden so im Raum angebracht, dass immer wieder darauf hingewiesen werden kann. In Absprache mit einem Förster können die Verhaltensregeln vielleicht auch an Wanderwegen im Wald angebracht werden.

Erstellen eigener Verhaltensregeln

Nachdem die Kinder gemeinsam oder in Gruppenarbeit verschiedene Verhaltensegeln aufgestellt haben, wählt jedes Kind eine Regel aus, sucht sich ein passendes Blanko-Schild (aus Kopiervorlage 42, siehe S. 149, vergrößert) und trägt die Regel als Bild oder Satz in das Schild ein.

Mögliche Verhaltensregeln:

- Abfall wieder mitnehmen
- sich ruhig verhalten, um Tiere nicht zu erschrecken
- kein offenes Feuer
- Pflanzen nicht mutwillig ausreißen oder zerstören
- tote Tiere oder unbekannte Pflanzen nicht anfassen
- wenn möglich, auf den vorgeschriebenen Wegen bleiben
- Hunde im Wald immer an der Leine führen

Verhaltens-Schilder

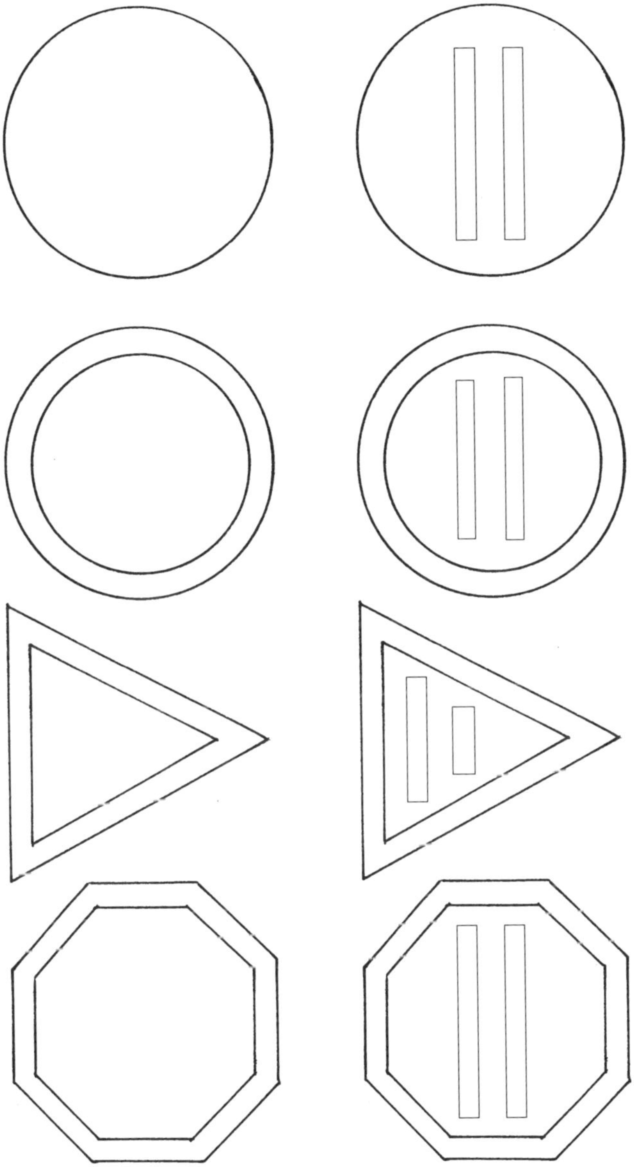

Kopiervorlage 43

Sammelliste

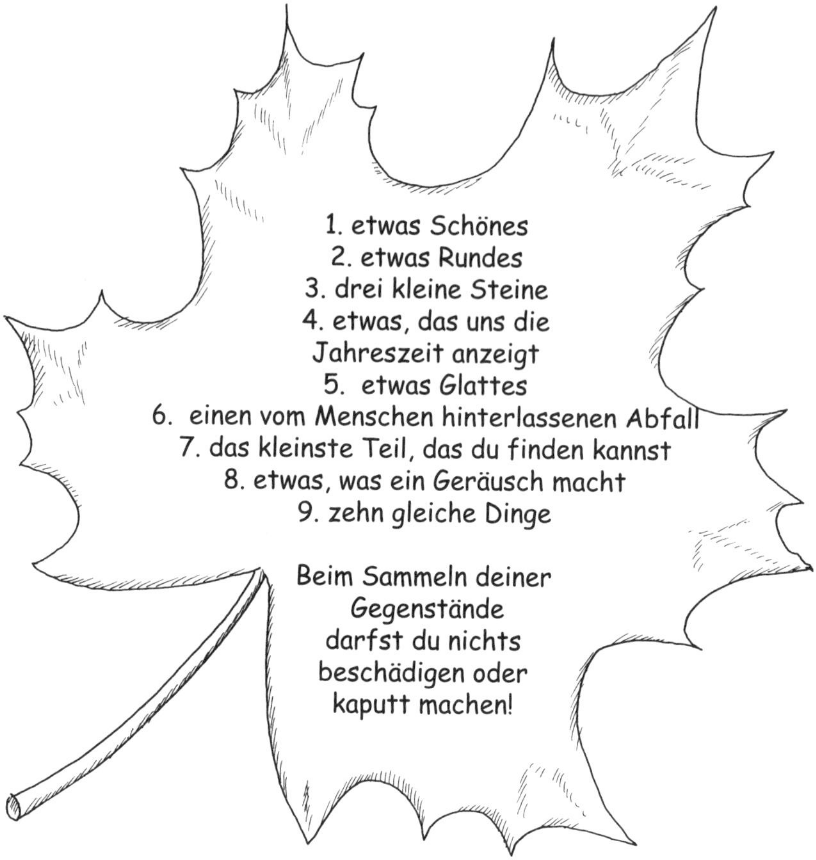

Jahreszeitlich unabhängige Begegnungen mit dem Lebensraum Wald:

- Sammelliste (Kopiervorlage 43)
  Jedes Kind erhält zu Beginn eines Ganges durch den Wald eine Liste mit Sammelaufträgen (siehe oben). Zurück im Klassenzimmer werden die Sammelergebnisse angesehen, verglichen, befühlt, geordnet und ausgestellt.

- Waldpatenschaften
  In Absprache mit dem Förster übernehmen die Kinder die Patenschaft für ein kleines Stück Wald. In zeitlichen Abständen besucht die Klasse „ihr“ Waldgebiet und führt dort z. B. Säuberungsaktionen durch, beobachtet und protokolliert das Wachsen und Verändern von Pflanzen, baut und pflegt mit

Hilfe des Försters Futterkrippen, schafft und beobachtet Nist- und Wohnräume für Lebewesen (Steinhaufen für Eidechsen, Ameisenhaufen, Tümpel) oder nimmt Neuanpflanzungen vor.

- Waldausstellung
  Während des gesamten Schuljahres erstellen die Kinder im Schulhaus eine für alle Klassen zugängliche Waldausstellung und präsentieren gewonnene Erkenntnisse, gesammelte Gegenstände, getrocknete oder gepresste Pflanzen, Fotos etc. Je nach Thema und Jahreszeit gestalten die Kinder ihr „Museum" optisch ansprechend und für Besucher interessant.

- Mini-Museum
  Mit Trennwänden von Schokoküssen basteln die Kinder einen kleinen Setzkasten, füllen ihn nach und nach mit kleinen Mitbringseln aus dem Wald und beschriften ihn entsprechend. Die Minimuseen lassen sich auch für Konzentrationsspiele verwenden, indem ein Kind heimlich den Platz zweier Dinge vertauscht oder Neues hinzufügt.

- Fühl- und Ratebox
  In kleinen Gruppen suchen die Kinder besonders interessante oder schwer erfühlbare Dinge aus der Natur. Sie geben diese dann in einen Karton mit einer ausreichend großen Öffnung zum Hineingreifen. Reihum greift jedes Kind einmal in die Kiste – ohne hineinzusehen – und beschreibt den Gegenstand, den es gerade ertastet. Wird das Naturobjekt durch Ertasten oder auf Grund der Beschreibung erkannt, nimmt ihn das Kind aus der Kiste und zeigt ihn. Er wird nicht mehr in die Fühl- und Ratebox zurückgelegt. Das nächste Kind beginnt mit einer neuen Beschreibung.
  Variation: In zwei Kisten werden jeweils Gegensatzpaare gegeben (hart – weich/biegsam, feucht – trocken, glatt – rau, rund – spitz). Erfühlt die eine Gruppe einen feuchten Gegenstand, so muss die andere Gruppe den Gegensatzpartner suchen, also etwas Trockenes.

- Malerpalette
  Die Kinder erkunden mit einer zuvor selbst erstellten Malerpalette (Kopiervorlage 44, siehe S. 152, auf Karton geklebt) den Wald eigenständig auf unterschiedliche Farbtöne hin. Sie suchen Materialien – ohne dabei eine Pflanze zu zerstören –, die sich in die vorgegebenen Felder kleben lassen. Dabei sollen sie entweder so viele verschiedene Farben der Natur wie möglich oder möglichst viele Nuancierungen eines bestimmten Farbtons (z. B. Grüntöne im Frühjahr, Rot-Brauntöne im Herbst) finden.
  Die gefundenen Dinge lassen sich auch mit Creme auf den Handrücken der Kinder kleben.

Malerpalette **Kopiervorlage 44**

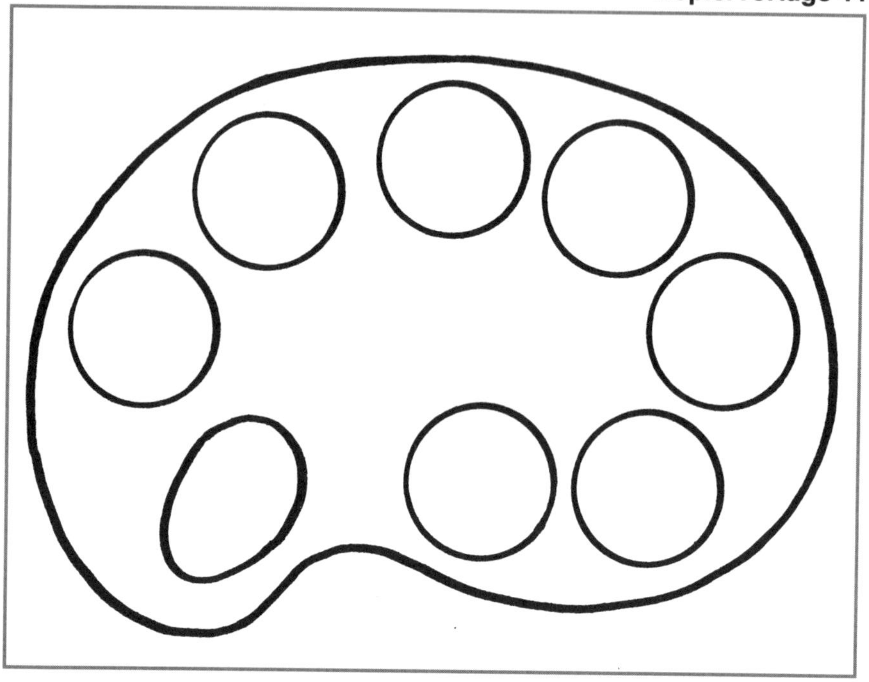

Diarahmen **Kopiervorlage 45**

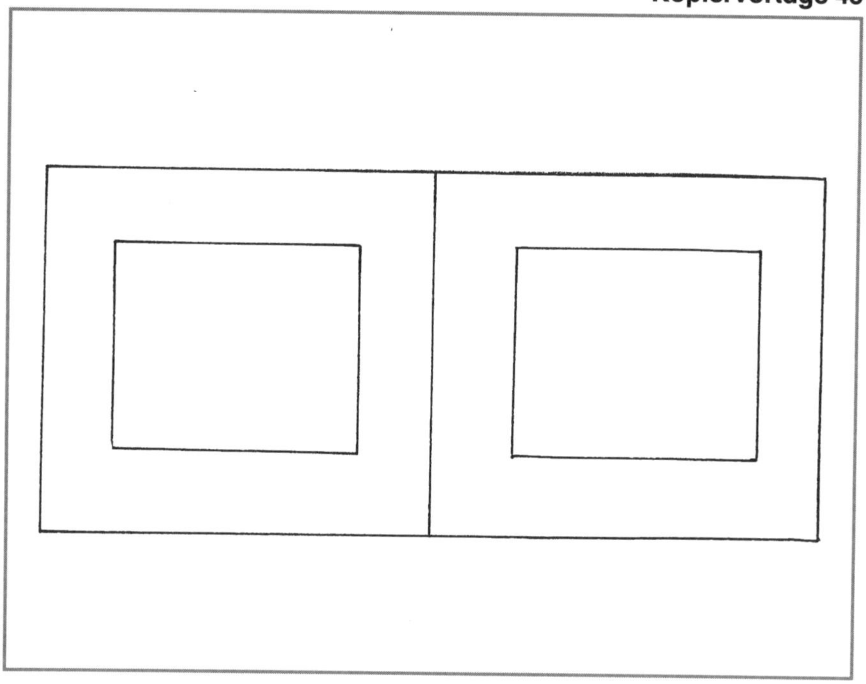

- Natur im Dia
  Während eines Waldspaziergangs suchen die Kinder einen flachen Gegenstand, den sie wegen seiner Farbe oder Struktur besonders schön finden. Dieser wird ihr „Eintritt“ zur Diashow. Jedes Kind erhält nun einen geknickten Rahmen (Kopiervorlage 45, siehe S. 152), in dessen Mitte sie ihren Gegenstand klemmen. Reihum werden nun die „Diarähmchen“ weitergegeben und im Gegenlicht bestaunt. Leise Hintergrundmusik verstärkt das Konzentrieren auf die kleinen Details im Rahmen.
- Spaziergang für die Sinne
  Auf ein großformatiges Stück Karton wird eine Straße aus Sand geklebt. Verschiedene Gartenabschnitte säumen den Weg. Dazu werden kleine, flache Schachteln mit Klebstoff bestrichen und mit verschiedenen, zuvor gesammelten Materialien gefüllt (pro Garten eine Materialart). Wenn die Kinder nun mit den Händen die Landschaft auf dem Karton abgehen bzw. abfühlen, beschreiben sie die verschiedenen Beschaffenheiten und ihre Fühlerlebnisse.

Spiele im und rund um den Wald

- Kameramann/ Kamerafrau
  Jeweils zwei Kinder bilden ein Kamerateam. Dem Kamerakind werden vom begleitenden Kind die Augen verbunden und es wird an eine beliebige Stelle im Wald geführt. Nun darf es für wenige Augenblicke in die Richtung blicken, in die das Partnerkind die „Kamera“, d.h. den Kopf des Kamerakindes, dreht. Sofort werden ihm die Augen aber wieder verschlossen und es wird zum Ausgangspunkt zurückgeführt. Nun beschreibt das Kind den Ausschnitt, den es „gefilmt“ hat. In einem zweiten Schritt sucht das Kamerakind sein Waldstück. Anschließend werden die Rollen getauscht.
- Eichhörnchens Vorrat
  In einem abgegrenzten Waldstück (ca. 10m x 10m) spielen etwa fünf Kin der Eichhörnchen und verstecken ihren Vorrat für den Winter, genau zehn Nüsse. Weitere Anweisungen erfolgen noch nicht. Nachdem das letzte Kind seine Nüsse abgelegt hat, erhalten die Kinder den Auftrag, ihren Wintervorrat wieder zu finden. Die Aufgabe klingt leichter, als sie ist!
  Noch schwieriger wird das Wiederfinden der eigenen Vorräte, wenn zwischen Verstecken und Suchen andere Spiele gespielt werden oder eine Pause eingelegt wird.
- Naturdetektiv
  Die Lehrerin bringt entlang eines festgelegten Weges Gegenstände an, die nicht in die Natur gehören, wie etwa eine Christbaumkugel am Ast, einen

in den Boden gesteckten Löffel usw. Die Kinder gehen nun ohne zu sprechen diesen Weg entlang und suchen nur mit den Augen die „umweltstörenden“ Dinge. Anschließend schreiben sie alle entdeckten Fremdobjekte auf. Wer erweist sich als aufmerksamer Naturdetektiv?

- Natur-Memory
  Die Lehrerin bereitet eine überschaubare Anzahl an Dingen vor, die ohne große Mühen im Wald zu finden sind. Die Kinder prägen sich diese ein und versuchen, sie bei einem Spaziergang durch den Wald zu entdecken. Wer hat am Ende des Weges alle Dinge gefunden?

- Himmel und Erde
  Immer zwei Kinder erhalten einen kleinen Taschenspiegel. Ein Kind hält sich diesen beim Gehen waagrecht an die Augenbrauen und sieht so den Waldboden doppelt - eine interessante und neuartige Erfahrung. Das zweite Kind geht zur Hilfestellung mit. Wenn der Spiegel an die Wangenknochen gehalten wird, sieht man die Baumschicht des Waldes zweifach.

6.2 Da raschelt was – Tiere des Waldes

Kinder denken beim Thema Wald häufig zuerst an Tiere wie Rehe, Eichhörnchen usw. Dabei sind nur 1% der Biomasse des Waldes Tiere, 99% der Biomasse bilden die Pflanzen. Auch im gesamten Tieraufkommen des Waldes mit etwa 7000 unterschiedlichen Arten spielen die genannten Tiere nur eine untergeordnete Rolle, den größten Anteil haben die Insekten mit 5200 Arten. Dem folgen Spinnen- (560), Wurm- (380), Schneckenarten (70), Hundert- und Tausendfüßer (60) und Asseln (26). Alle im Wald lebenden Wirbeltiere zusammen (Amphibien, Reptilien und Säugetiere) umfassen gerade 109 Arten.

6.2.1 Tierspurendetektiv

Tiere üben auf Kinder eine faszinierende Wirkung aus, am liebsten möchten sie Tiere in ihrem Lebensraum entdecken. Es ist aber nahezu unmöglich, beim Unterrichtsgang mit einer Schulklasse größere Waldtiere wie Rehe, Hasen o. Ä. zu Gesicht zu bekommen. Kleinere Tiere dagegen wie Ameisen und Bodentiere lassen sich leicht beobachten, von anderen Tieren lassen sich Fuß- oder Fraßspuren finden.
Vorbereitende Hausaufgabe: Die Kinder bringen Bilder von heimischen Waldtieren mit. Beim anschließenden Unterrichtsgespräch zählen sie heimische Waldtiere auf und beschreiben sie. Kopiervorlage 46 (siehe S. 157) stellt Tierspuren vor und die Kinder erhalten einen Spurenschlüssel für den Lerngang.

Ich hab' einen Freund, das ist ein Baum

Melodie: Dorothée Kreusch-Jacob
Text: Nortrud Boge-Erli

2. Ich hab' einen Freund, der rauscht und schwingt,
er reicht mir seine Zweige
mit Blätterhänden – ob's gelingt,
dass ich nach oben steige?

Ich hab' einen Freund. Ich hab' einen Traum.
Mein Freund ist ein Kastanienbaum.

3. Ich hab' einen Freund, der im Mantel steht
aus grünen Nadelstreifen.
Wenn Eiswind pfeift und Schnee verweht,
kann er dem Wind was pfeifen!

Ich hab' einen Freund. Ich hab' einen Traum.
Mein Freund, das ist der Tannenbaum.

3. Ich hab' einen Freund, so goldengrün,
ich streichle seine Rinde;
er wird im Sommer duften und blüh'n,
mein Baum ist eine Linde.

Ich hab' einen Freund. Ich hab' einen Traum.
Mein Freund , das ist ein Lindenbaum.

5. Ich hab' einen Freund, der Wurzeln streckt
tief unter Gras und Moos,
und sich bis in den Himmel reckt,
mein Baum ist wundergroß.

Ich hab' einen Freund. Ich hab' einen Traum.
Mein Freund, mein Freund, das ist der Baum.

(Aus: Dorothée Kreusch-Jacob, Ich schenk dir einen Regenbogen, © Patmos Verlag Düsseldorf)

Ich bin der Baum vor deinem Haus

Musik und Text: Margarete Jehn

2. Ich kenne alle, die hier sind,
die Fraun, die Männer, jedes Kind
hör, wie ihr weint, hör, wie ihr lacht,
krieg mit, wenn ihr euch Sorgen macht!

3. Auch ich hab Sorgen, nicht zu knapp,
man gräbt mir hier das Wasser ab,
kippt mit Beton den Boden voll,
sag mir, wie ich noch wachsen soll!

4. Du weißt, die Bäume weit und breit,
die haben eine schwere Zeit;
ich seh, auch dir gehts nicht so gut,
mach es wie ich, behalt den Mut!

5. Du, sieh doch mal zum Fenster raus –
ich bin der Baum vor deinem Haus;
wenn du mich nicht alleine lässt,
halt ich mich an der Erde fest!

Name: ______________________ Datum: __________

Tierspurendetektiv

Ein guter Detektiv braucht:
Lupe, Fernglas, Fotoapparat, Papier, Bleistift, Markierungsfähnchen, Tüten zur „Fundsicherung“

So verhält sich ein Tier- und Pflanzenfreund:
Ruhig, um keine Tiere zu erschrecken.
Achtsam gegenüber der Natur, Funde lieber mit Fähnchen markieren und fotografieren oder abzeichnen als mitnehmen.

Wo lohnt es sich zu suchen?

am Boden

Körperspuren: Feder, Geweihe, Losungen, Trittspuren z. B. von:

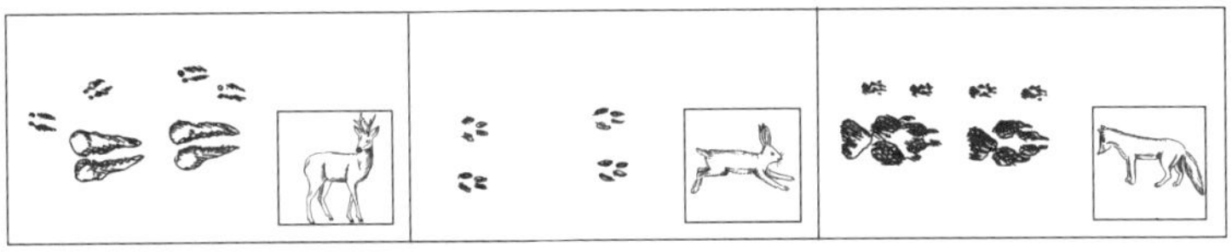

Wohnbauten: Bodennester, Kuhlen, Höhlen
Fraßspuren: angefressene Nüsse und Samen, z. B. abgenagte Fichtenzapfen

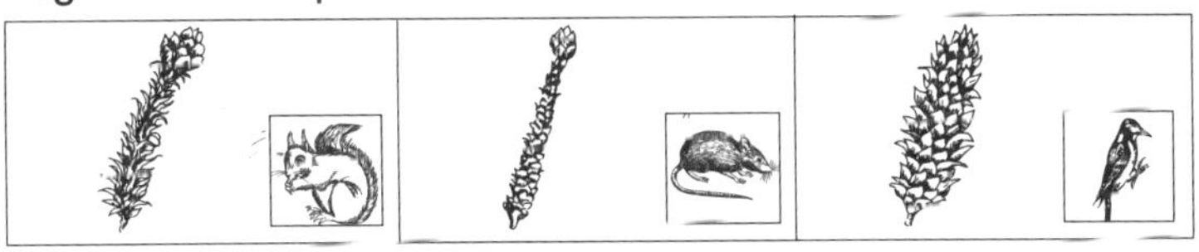

an Bäumen und Sträuchern

Wohnbauten: Nester, Höhlen, Netze
Fraßspuren: Verbissspuren an jungen Trieben durch Rehe, Nagespuren an Ästen von Hasen oder Mäusen, Fraßspuren in Rinden von Borkenkäfern

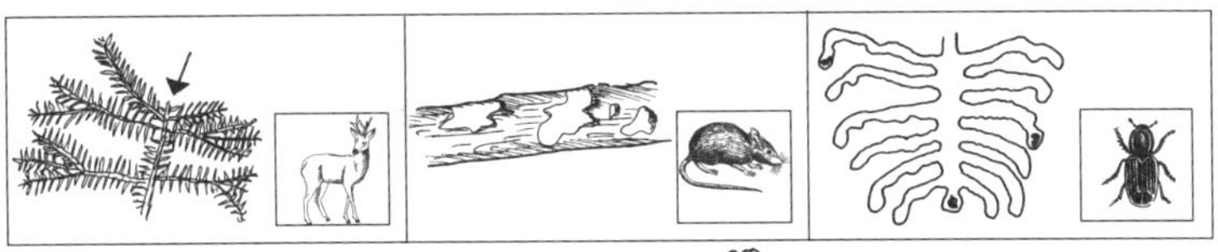

- Möglichkeiten zur Einstimmung
  - Ausstattung der „Tierspurendetektive“ mit Lupe, Becher, Tüte, Markierungsfähnchen...
  - Spiel „Wer bin ich?“: Jedem Kind wird ein Kärtchen mit dem Namen eines Waldtiers an den Rücken geheftet. Durch gegenseitiges Fragen sollen die Kinder herausfinden, wen sie darstellen. Wer richtig geraten hat, heftet sich sein Kärtchen auf die Brust.
  - Spiel „Schau genau“: Ein eingegrenztes Waldstück wird von allen Kindern genau betrachtet. Nun verändert die Lehrerin – ohne dass die Kinder dabei zusehen – einige Dinge, sie steckt z. B. einen Fichtenzweig an eine Buche, legt etwas an einen anderen Ort, fügt etwas hinzu, das nicht in den Wald gehört, o. Ä. Wer entdeckt Veränderungen?
- Führung von einem Förster
  Sehr viel mehr Tierspuren als der Laie findet natürlich der Fachmann im Wald.
- Lerngang mit der Klasse
  Für die Tierspurensuche werden die Kinder in Kleingruppen eingeteilt. Jeder Gruppe wird jeweils ein nicht zu großes Waldgebiet zugeteilt. Die Kinder finden leichter Spuren, wenn sie ein überschaubares Gebiet genau untersuchen, als wenn sie ein großes Gebiet nur oberflächlich absuchen. Empfehlenswert ist die Begleitung von Eltern.
- Leben im Boden entdecken
  Im und am Boden findet man Tiere in Hülle und Fülle. Meist denken Kinder beim Stichwort Waldtiere nur an große Tiere wie Rehe oder Hasen. Deshalb sollen sie den Artenreichtum und die Bedeutung der meist nicht sehr beliebten Insekten, Spinnen, Krebstiere und Würmer kennen lernen und auch die Kleintiere als schützenswert erfahren. Sie sollen sorgsam mit den Tieren umgehen und keines töten. Nach dem Betrachten und Bestimmen werden die Tiere dorthin zurückgebracht, wo sie gefangen wurden.

Vorzubereitendes Material:
Tisch, Binokulare (falls vorhanden), Lupen, weißes Laken oder großes weißes Papier, Siebe, Filmdosen, Glasschalen, Pinsel (damit werden die Tiere unverletzt in die Dosen oder Glasschalen gesetzt), evtl. Bestimmungsbücher, Kopiervorlage 47

Ablauf
Die Kinder sammeln in Filmdöschen oder Glasschalen Kleintiere oder sie sieben Waldboden auf weißes Laken oder Papier. Gefundene Kleintiere werden durch Lupe oder Binokular betrachtet und mit Hilfe der Bestimmungskarte (und des Bestimmungsbuchs) identifiziert.

Name: ______________________________ Datum: ____________

Erkennst du die Bewohner des Waldbodens?

Kreuze die Tiere an, die du sehen kannst.

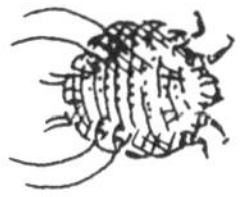

Milbe
(ca. 0,5 mm)

Ameise
(4 – 18 mm)

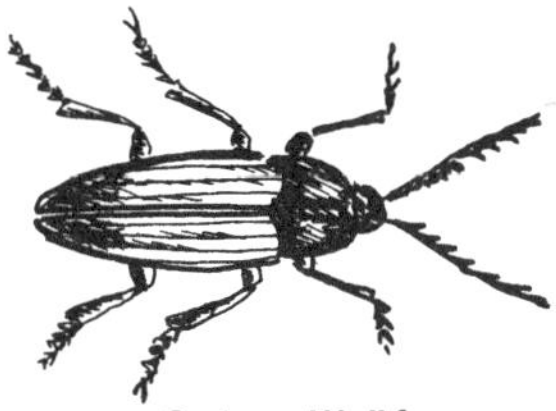

Schnellkäfer
(7 – 15 mm)

Spinne
(2 – 5 mm)

Hundertfüßer
(bis 50 mm)

Pseudoskorpion
(ca. 4 mm)

Springschwanz
(0,2 – 4 mm)

Saftkugler
(ca. 10 mm)

Assel
(3 – 12 mm)

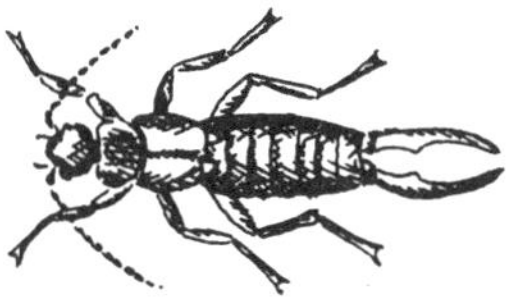

Ohrwurm
(12 – 15 mm)

Schnurfüßer
(bis 60 mm)

Ameisen gehören zu den wichtigsten Bewohnern des Waldes. Da sie überall leicht zu finden sind, eignen sie sich gut zum Vertiefen der Erkenntnisse.

Ausklang der Tiersuche im Wald

- Spiel: Die Kinder suchen in Gruppen Naturmaterialien aus dem Wald und bauen daraus ein Fantasietier, das an seine Umgebung angepasst ist. Danach wird es so im Wald platziert, dass es in seiner Umgebung möglichst gut getarnt ist. Gemeinsam suchen die Kinder nun alle „versteckten" Fantasietiere und geben ihnen Fantasienamen.
- Ameisenduftspiel: Dafür werden unterschiedliche Düfte gebraucht, z. B. ätherische Öle (kleine Proben erhält man häufig kostenlos beim Apotheker). Zwei oder drei Kinder bewachen jeweils einen „Ameisenhaufen". Jedem Wachposten werden die Augen verbunden und er bekommt einen eigenen Duft zugeteilt, entweder in einem Döschen oder als kleiner Spritzer am Handgelenk. Die anderen Kinder, die „Arbeiterinnen", erhalten nun ebenfalls einen Duft und versuchen, in die Ameisenhaufen zu gelangen. Hierzu muss der Wachposten am Duft der Arbeiterin riechen. Nur wenn die Arbeiterin genauso duftet wie der Wachposten, darf sie hinein. Am Schluss wird kontrolliert, ob sich keine Arbeiterin im falschen Ameisenhaufen befindet.

Die Gedichte von Josef Guggenmos (siehe S. 163) regen dazu an, einzelne Tiere mit ihren besonderen Eigenschaften genauer zu betrachten und Kriterien für eine eindeutige Tierbeschreibung zusammenzustellen. Danach sucht sich jedes Kind (oder auch eine Gruppe von zwei bis drei Kindern) ein Tier aus und stellt es den anderen Kindern vor. Die nötigen Informationen findet es in Bestimmungsbüchern, Lexika oder auch im Internet (z. B. Kindersuchmaschinen www.geolino.de, www.wasistwas.de oder www.blinde-kuh.de).
Grundlage für die „Minireferate" können folgende Tiersteckbriefe (siehe S. 164) sein, die anschließend zu einem „Waldtierbuch" zusammengefasst und in der Waldausstellung präsentiert werden.
Das vorherige Erarbeiten verschiedener Antwortmöglichkeiten erleichtert den Kindern das Schreiben.
So wohnt das Tier: baut sich ein Nest – lebt in Höhlen – wohnt in Büschen und Sträuchern – gräbt sich eine unterirdische Höhle – ist ein Einzelgänger – lebt in Rudeln – ...
Das frisst es: reiner Fleischfresser – reiner Pflanzenfresser – legt sich Vorräte an – stiehlt Eier aus Nestern – ...
Leicht zu erkennen ist es an: buntem Federkleid – braunem Fell – großem Schnabel – buschigem Schwanz – scharfen Krallen – auffälliger Färbung – ...
Das finde ich besonders interessant: Das Kuckucksweibchen legt seine Eier in fremde Nester und brütet sie nicht selbst aus.

Ameisenspeiseplan

Versuche herauszufinden, was Ameisen gerne verspeisen. Nimm dazu einen flachen Pappteller und teile ihn mit einem Stift in acht gleich große Teile. In jeden Teil legst du kleine Essenshäppchen, z. B. Blätter, Honig, Brot, Zucker, Fleisch, Gras oder was deiner Meinung nach Ameisen gerne essen. Stelle diesen Teller in die Nähe einer Ameisenstraße und ziehe dich leise an einen Ort zurück, von dem aus du deinen Teller beobachten kannst. Bald wirst du wissen, was Ameisen am liebsten essen.

Ameisenstraßen

Sicher hast du schon einmal gesehen, dass Ameisen wie auf einer Straße laufen. Woran erkennen sie den Verlauf der Straße? Sehen können Ameisen nämlich nicht besonders gut. Führe folgende Experimente durch:

1. Suche eine Ameisenstraße und lass die Ameisen über ein Blatt Papier laufen. Nach einiger Zeit drehst du das Blatt. Was beobachtest du?
2. Lege in eine Ameisenstraße eine kleine Pflanze, die stark duftet, z. B. Tomatenblätter oder Lavendel. Warum stört dies die Ameisen?

Erkenntnis:

Ameisen folgen einer Duftspur, sie orientieren sich durch Duftstoffe.

Waldtiere

Start		Ich lebe in der Rinde von Bäumen. Meine Fraßspuren schaden dem Baum.	
Ich lebe in Baumhöhlen. Aus der Rinde hacke ich Insekten und Larven.		Ich kann das 20fache meines eigenen Gewichts tragen. Ich lebe in einem Haufen.	
Ich esse gerne Nüsse und Zapfen. Meinen buschigen Schwanz brauche ich zum Springen.		Ich gelte als schlau. Die Menschen haben Angst vor mir, weil ich Tollwut übertragen kann.	
Ich bin sehr scheu. Ich fresse gerne Triebe und Knospen von jungen Bäumen.		Ich werde von vielen Tieren gejagt. Deshalb habe ich 20 – 35 Junge pro Sommer.	Ende

Name: ______________________ Datum: ____________

Kennst du das Waldtier?

Wer solch ein Haus wie ich besitzt, wer keck im Tannenwipfel sitzt, sieht überm Wald die Wolken gut und schaut dem Förster auf den Hut.	Wo steckt der Mond? Ein Wolkenbär hat ihn verschluckt. Er scheint nicht mehr. Die … aber sieht genau im schwarzen Wald das Mäuslein grau.
Der … hat Streifen im Gesicht. Den argen Winter mag er nicht. Im März schaut er aus seinem Loch und grunzt: „Jetzt kommt der Früh- ling doch!“	Im Wald und Garten lebt ein Tier, das macht im Winter zu die Tür. Geht es im Frühling wieder aus, bleibt es doch immer halb zu Haus.
Der … ruft mit Macht im Wald, ruft „…“, dass es hallt und schallt. Sein Weib schlüpft heimlich durchs Geäst und schiebt ihr Ei ins fremde Nest.	In seinem Baumstamm hackt der … ein Nest für seine Jungen. Der …, der kann's! Sein Kopf ist fest, sonst wär er längst zersprungen.
Das braune …, das zarte …, geht auf zwei Zehen durch den Schnee. Du siehst in diesen Wochen die Tritte wie gestochen.	Der …, schwärzer als die Nacht, ist wie aus lauter Samt gemacht. In dunkler Erde ist sein Reich. Wie's droben ausschaut, ihm ist's gleich.

Von diesen Tieren erzählt Josef Guggenmos. Kennst du sie alle?

- Schneide die Tierbilder aus und klebe sie zum Gedicht.
- Unterstreiche die Wörter, an denen du das Tier erkennst.
- Sammle zu einem Tier noch mehr Wissenswertes.

Gedichttexte aus: Josef Guggenmos, Was denkt die Maus am Donnerstag? 1998 Beltz Verlag, Weinheim und Basel. Programm Beltz & Gelberg, Weinheim)

Tiersteckbrief: ______________________

So wohnt das Tier:

____

____

____

Das frisst es:

____

____

Leicht zu erkennen ist es an:

____

____

____

Klebe oder male ein Bild deines Tieres.

Das finde ich besonders interessant:

____

____

____

____

6.2.2 Wo leben die Tiere?

Ein natürlich gewachsener Wald baut sich aus unterschiedlichen Lagen auf. Jede Lage liegt in einer anderen Höhe über dem Waldboden, beherbergt verschiedene Tierarten und bietet diesen Bewohnern Nahrung.
Der *Wurzelraum,* die unterste Schicht, ist nur für entsprechend angepasste Tiere zugänglich. Dennoch können pro Quadratmeter Waldboden teilweise über eine Million Kleintiere gezählt werden: Käferlarven, Milben, Würmer, Springschwänze, Tausendfüßler, Spinnen, Schnecken, aber auch größere Tiere wie Maulwurf oder Dachs. Sie alle graben das Erdreich um, fressen zerkleinertes und angerottetes organisches Material, scheiden es als Kot wieder aus und liefern so den wertvollen Humus.
Auf der *Moosschicht* wachsen Moose, Pilze und Flechten, dazwischen tummeln sich Kleinlebewesen wie Ameisen, Käfer, Spinnen, Asseln und viele mehr. Hier beginnt bereits die Umwandlung toten Materials zu Humus.
Die Pflanzen der *Kraut- und Strauchschicht,* wie z. B. verschiedene Farne, Blütenpflanzen oder Beerensträucher, liefern mit ihren Blättern, Knospen, zarten Rinden, Beeren oder Nüssen vielen Insekten, Vögeln, aber auch dem Wild, reichlich Nahrung. Zudem bietet die Kraut- und Strauchschicht Nist- und Wohnraum sowie Rückzugsmöglichkeiten und Schutzbereiche. Förster bezeichnen diese Schicht gerne als „Visitenkarte" des Waldes, da sich hier meist recht unverfälscht die Pflanzenarten ansiedeln, die Klima und Boden zulassen.
Nur tüchtigen Kletterern wie Spechten, Eichhörnchen und Mardern steht der Reichtum der *Baumschicht* offen. Sie erobern, ebenso wie die Insekten, die säulenartigen Baumstämme und weitläufigen Baumkronen und finden dort ihren bevorzugten Lebensraum.

Folie

(Aus: *A. Miethaner,* Umwelterziehung in der Grundschule, Oldenbourg Verlag, München 1991, S. 27)

Um den Kindern die Vielzahl der Waldbewohner zu verdeutlichen, wird das Waldbild auf Folie kopiert und auf eine schwarze Unterlage gelegt (z. B. ein gleich großes schwarzes Tonpapier). Bewegen die Kinder nun die auf weißes Papier kopierte Lupe zwischen der Folie und dem schwarzen Untergrund, so werden nur die erhellten Stellen des Waldbildes sichtbar, also der Teil der Folie, der die weiße Lupe als Untergrund hat. Die Kinder machen sich auf die Suche nach den im Wald versteckten Tieren und bekommen gleichzeitig einen ersten Einblick in den Lebensraum des entsprechenden Tieres.

Gruppenarbeit mit folgenden Arbeitskarten (siehe S. 167 f.):
Zur Ergebnissicherung tritt jeweils ein Gruppensprecher vor die Klasse und berichtet in eigenen Worten – mit Bezug auf die Folie – vom Leben in der behandelten Waldschicht.

Gruppe 1

Wie ist unser Wald aufgebaut?

Der Wald besteht wie ein Haus aus verschiedenen Stockwerken. Diese werden auch Schichten genannt. Die unterste Schicht heißt *Wurzelraum.*
Am Namen erkennst du schon, welche Pflanzenteile du hier findest:
Die Wurzeln der Waldpflanzen, die hier wachsen.
Die Wurzeln halten die Bäume, Sträucher und Pflanzen im Boden fest, sodass sie bei Stürmen und Unwettern nicht ausgerissen werden. Sie sammeln und speichern auch für die Pflanze Wasser und lebenswichtige Nährstoffe.
Viele Tiere leben hier unter der Erde. Das dunkle Erdreich bietet ihnen Schutz und Nahrung. Regenwürmer, Asseln, Tausendfüßler und Millionen anderer kleiner Insekten kannst du hier finden. Aber auch größere Tiere, wie etwa der Maulwurf oder der Dachs, fühlen sich im Wurzelraum sehr wohl.

Beantwortet in der Gruppe folgende Fragen:
- Wie heißt diese Schicht?
- Welche wichtigen Aufgaben hat sie?
- Welche Tiere leben in dieser Schicht des Waldes?

Gruppe 2

Wie ist unser Wald aufgebaut?

Der Wald besteht wie ein Haus aus verschiedenen Stockwerken. Diese werden auch Schichten genannt. Die Schicht, die dicht über dem Boden liegt, heißt *Moosschicht.*
Wenn du im Wald die Augen offen hältst, wirst du dicht über dem Waldboden hauptsächlich Moose, Flechten und Pilze entdecken.
Das ganze Jahr über bleiben abgestorbene Pflanzen und tote Tiere auf dem Waldboden einfach liegen. Doch wer räumt sie weg? Niemand! Diese toten Stoffe dienen Kleinstlebewesen und Pilzen als Nahrung. Aus dem Abfallstoff, den diese Tiere wieder ausscheiden, wird eine sehr fruchtbare Erde, der Humus. Der Humus wiederum enthält so viele Nährstoffe, dass viele Pflanzen darin wachsen können. Schnecken, Ameisen, Käfer, Spinnen und viele andere kleine Lebewesen sind in dieser Schicht des Waldes zu Hause.

Beantwortet in der Gruppe folgende Fragen:
- Wie heißt diese Schicht?
- Welche wichtigen Aufgaben hat sie?
- Welche Tiere leben in dieser Schicht des Waldes?

Gruppe 3

Wie ist unser Wald aufgebaut?

Der Wald besteht wie ein Haus aus verschiedenen Stockwerken. Diese werden auch Schichten genannt. Eine Schicht heißt *Kraut- und Strauchschicht.*

Der Name sagt dir, welche Pflanzen hier vor allem leben. Sträucher wie etwa Haselstrauch und der Holunder brauchen zum Wachsen viel Licht. Da jedoch die hohen Bäume oft sehr wenig Licht bis zum Waldboden dringen lassen, wachsen diese Sträucher häufig an den hellen Waldrändern.

Viele Tiere haben in dieser Schicht ihren Lebensraum: Vögel nisten hier, Rehe und Haselmäuse suchen Unterschlupf im Dickicht der Sträucher. Die Waldbeeren sind Nahrung für viele Tiere.

An den Pflanzen, die hier wachsen, erkennt ein Fachmann, wie gut es dem Wald geht und ob der Waldboden krank oder gesund ist. Deshalb bezeichnet man die Kraut- und Strauchschicht oft als „die Visitenkarte“ des Waldes.

Beantwortet in der Gruppe folgende Fragen:

- Wie heißt diese Schicht?
- Welche wichtigen Aufgaben hat sie?
- Welche Tiere leben in dieser Schicht des Waldes?

Gruppe 4

Wie ist unser Wald aufgebaut?

Der Wald besteht wie ein Haus aus verschiedenen Stockwerken. Diese werden auch Schichten genannt. Die oberste Schicht wird *Baumschicht* genannt.

Die Baumstämme haben die Aufgabe, die lebenswichtigen Mineralsalze und Wasser von den Wurzeln in die Baumkronen zu transportieren. Das Licht der Sonne hilft dann, diese Stoffe in den Blättern in Nahrung für die Bäume umzuwandeln.

Ein Baum bietet Wohnraum für zahlreiche Insekten, wie etwa den Borkenkäfer und die Kieferspinnerraupe. Deshalb leben auch Vögel, z. B. der Specht oder der Kleiber, gerne in dieser Schicht. Sie finden in Astlöchern oder Baumhöhlen Wohnraum und müssen nicht lange nach Nahrung suchen.

Beantwortet in der Gruppe folgende Fragen:

- Wie heißt diese Schicht?
- Welche wichtigen Aufgaben hat sie?
- Welche Tiere leben in dieser Schicht des Waldes?

Name: ______________________ Datum: ____________

Die Schichten des Waldes

→ ______________________

→ ______________________

→ ______________________

→ ______________________

	Tiere	Nahrungsangebot
Wurzelraum		
Moosschicht		
Kraut- und Strauchschicht		
Baumschicht		

In welcher Waldschicht leben diese Tiere?
Trage im Bild oben die Nummern ein.

①

②

③

④

⑤

⑥

6.2.3 Die Rote Waldameise

Exemplarisch für einen Bewohner des Waldbodens wird die Rote Waldameise betrachtet.

Ein Riese warf einen Stein

Ein Riese
warf einen Stein.
Gänge und viele Zimmer stürzten ein.
Hunderte brachen ein Bein.
Zwei Dutzend brachen das Genick.
Andere hatten Glück.

Der Stein
hatte wie eine Bombe eingeschlagen.
Zusammengebrochen
ist das Werk vieler Wochen.
Doch schon rennen Tausende herbei.
Tote werden weggetragen.
Man zieht, man zerrt, schleppt Trümmer,
baut neu:
neue Gänge,
neue Zimmer.

Doch im Getümmel
hört man da und dort einen sagen:
Solch ein Lümmel!
Wer war der Verbrecher?
Wer?
Ein Junge.
Was dachte sich der?
Nicht viel.
Er warf nur zum Spiel
den Stein
auf den Ameisenhaufen.

Josef Guggenmos

(Aus: Josef Guggenmos, Was denkt die Maus am Donnerstag? 1998 Beltz Verlag, Weinheim und Basel. Programm Beltz & Gelberg, Weinheim)

Ameisenkinder

Wer hat Ameisenkinder gesehen?
Können sie nach sechs Tagen schon gehen?
Laufen die Ameisenbabies geschwinder
als zum Beispiel Mistkäferkinder?
Kriegen sie schon einen Klaps auf den Po?
Ach, meine Lieben, die Sache ist so:
Wer Ameisenkinder sah, ganz kleine,
der lügt,
der betrügt!
Es gibt nämlich keine! *James Krüss*

Ameisen krabbeln

Ameisen *krabbeln* auf Ameisenhaufen,
Ameisen *krabbeln,* wo Hasen laufen,
Ameisen *krabbeln* am Straßenrand,
Ameisen *krabbeln* an jeder Wand,

Ameisen *krabbeln* in Mauerritzen,
Ameisen *krabbeln* auf Kirchturmspitzen,
Ameisen *krabbeln* in Blumenschalen,
Ameisen *krabbeln* in Socken, Sandalen,
Ameisen *krabbeln* in Honigtöpfen,
Ameisen *krabbeln* in Pfeifenköpfen,
Ameisen *krabbeln* auf Brillengläsern,
Ameisen *krabbeln* auf Zittergräsern,
Ameisen *krabbeln* auf Eisenbahnschwellen,
Ameisen *krabbeln* auf dunklen, auf hellen
Teppichen, Tischen, auf Bänke, auf Bäume,
Ameisen krabbeln leider, leider
in Hosen, in Hemden, in sämtliche Kleider,
besonders wenn du sie ausziehst beim Baden –
und dass sie nicht krabbeln am Hals, an den Waden,
ist's besser, du schüttelst die Kleider gut aus
und trägst nicht die Krabbelameise nach Haus!
Hans Baumann

Vgl. auch S. 160 f.: Versuche mit Ameisen (Nahrungsvorlieben, Duftstoffe)
Mit Informationstexten (Stationenlauf, arbeitsteilige Gruppenarbeit oder Klassenunterricht) vertiefen die Kinder selbstständig ihre Kenntnisse über die Waldameise.

Stationenkarten

Wo lebt die Ameise?

Sicher hast du schon einmal einen Ameisenhaufen gesehen. Über der Erde ist aber nur ein Teil davon, unter der Erde ist er noch mal bis zu zwei Meter tief.
Als Baumaterial verwenden die Ameisen Nadeln, Laub, Moos, Flechten und Harzteilchen.
Im Inneren haben die Ameisen Gänge und Kammern angelegt, in denen sie die Eier und Larven pflegen.

Der Lebensweg der Ameise

Jede Ameise entwickelt sich in vier Abschnitten:
Die Ameisenkönigin legt sehr kleine weiße Eier. Aus dem Ei schlüpft eine Larve. Die Larve braucht viel Nahrung, da sie schnell wächst. Ist sie groß genug, spinnt sie sich einen Kokon. Nun ist sie eine Puppe.
Nach zwei bis drei Wochen schlüpft die fertige Ameise durch ein Loch aus ihrem Kokon. Sie beginnt noch am gleichen Tag mit ihrer Arbeit.

Kannst du die Ameise beschreiben?

Eine Waldameise ist ungefähr acht mm lang. Sie hat – wie alle Insekten – sechs Beine. Der Körper besteht aus drei Teilen: Kopf, Brust und Bauch.
Am Kopf sitzen ziemlich kleine Augen, kräftige Beißzangen und die wichtigen Fühler. Mit den Fühlern können Ameisen ihre Umwelt erkennen, riechen und sich verständigen.

Arbeitsteilung im Ameisenbau

Ameisen leben in einer großen Gemeinschaft, in der jede Ameise bestimmte Arbeiten erledigen muss.
Königinnen und *Drohnen* (männliche Ameisen) sorgen für die *Fortpflanzung.* Die meisten Ameisen sind unfruchtbare Weibchen, die als *Arbeiterinnen* verschiedene Aufgaben übernehmen: *Nestwächter* bewachen und verteidigen den Ameisenbau. *Nestpfleger* reinigen den Bau und bessern ihn aus. Die *Ammen* kümmern sich um die Eier und die Larven. Die *Jäger* versorgen alle mit Nahrung.

Ein Ameisenhaufen

Mit einem wasserlöslichen Stempelkissen (Wasserfarben nur bedingt geeignet) kannst du einen wimmelnden Ameisenhaufen herstellen. Der Abdruck des kleinen Fingers wird der Kopf, der des Daumens das Mittelglied und der des Mittelfingers das Hinterteil der Ameise. Beine, Fühler und Beißzangen musst du noch mit einem dünnen Stift dazu malen. Nun druckst du viele Ameisen kreuz und quer auf dein Blatt und klebst noch Naturmaterial, wie etwa Tannennadeln, auf dein Bild.

Kopiervorlage 52

Kein Tier lebt für sich allein

Tiere und Pflanzen leben nicht nur nebeneinander, sondern auch voneinander.
An diesem Beispiel siehst du, wer sich von wem ernährt:

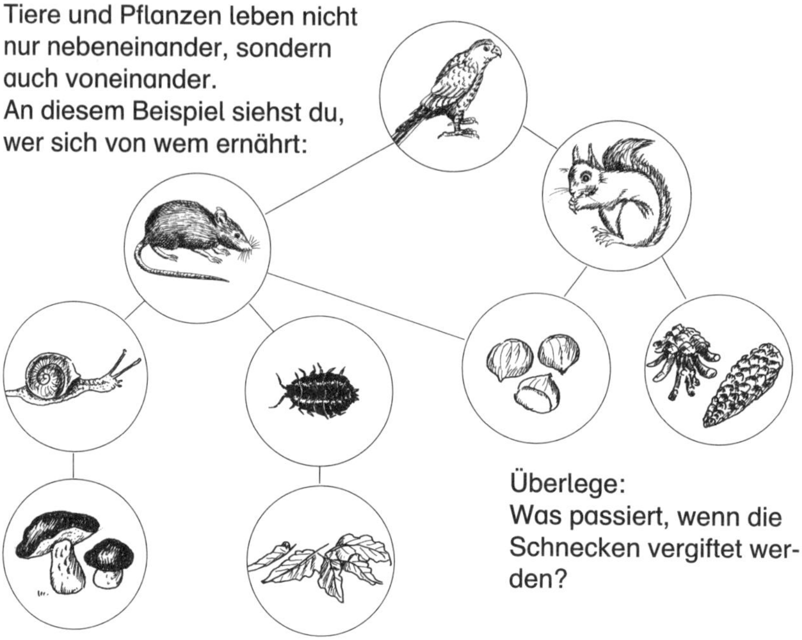

Überlege:
Was passiert, wenn die Schnecken vergiftet werden?

Wenn alle Tiere ausreichend Nahrung finden und nicht zu viele oder zu wenige natürliche Feinde haben, stellt sich ein **natürliches Gleichgewicht** ein.

Auch zwischen diesen Tieren gibt es Nahrungsbeziehungen. Schneide die Bilder aus und bilde ein Mobile, bei dem man die Nahrungsbeziehungen erkennt.

6.3 Allerhand im Wald

6.3.1 Bäume

Derzeit ist die Landfläche unserer Erde zu etwa 30% mit Wäldern bedeckt. Je nach Klimazone herrschen Regenwälder, Laubwälder, Nadelwälder und Mischwälder vor. Da sich in Deutschland vorwiegend Mischwälder finden, sollen die Kinder vor allem heimische Laub- und Nadelbäume kennen lernen.

Einstimmung

- Spiel: Baumwurzel
  Ziel: Erkennen, dass der Baum nicht am Fuße des Stammes zu Ende ist; die Dimension einer Baumwurzel erfahren
  Gemeinsam fassen sich die Kinder an den Händen und bilden einen Kreis um den Stamm eines Baumes. Nun schauen sie nach oben in die Krone des Baumes und gehen so lange nach außen, bis sie mit dem äußeren Kronenrand auf einer Höhe sind. Beeindruckend: Die Wurzeln des Baumes unter der Erde reichen in etwa bis zu den Füßen der Kinder und haben also das Ausmaß der Krone.
- Gedichte

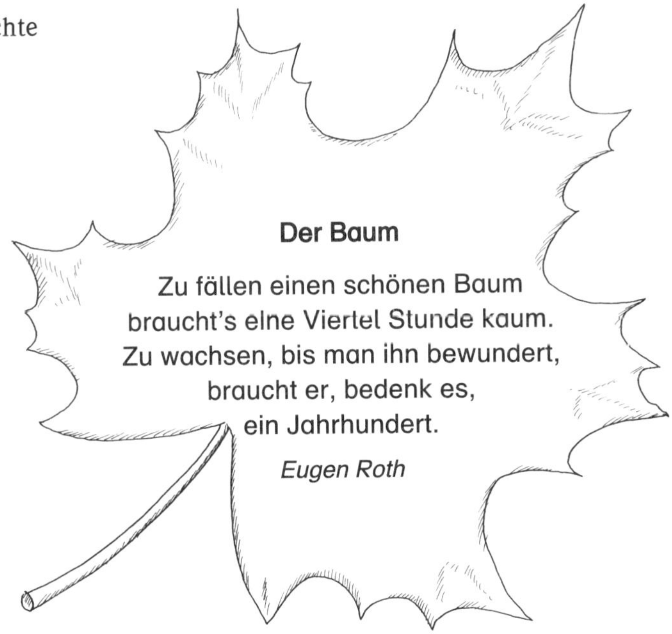

Der Baum

Da war ein Baum,
der liebte die Sonne,
er wuchs ihr entgegen –
man schnitt ihm die Krone.

Da war ein Baum,
der liebte den Wind –
man schnitt ihm die Zweige,
weil Bäume schmal sind.

Da war ein Baum,
der liebte den Fluss –
man schnitt ihm die Äste,
weil ein Baum gerade sein muss.

Da war ein Baum,
der langsam verstand,
dass er nur schön war,
wenn man das so fand.

Dann wuchs der Baum,
schön, wie man meinte,
doch niemand merkte,
dass heimlich er weinte.

Georg Arndt

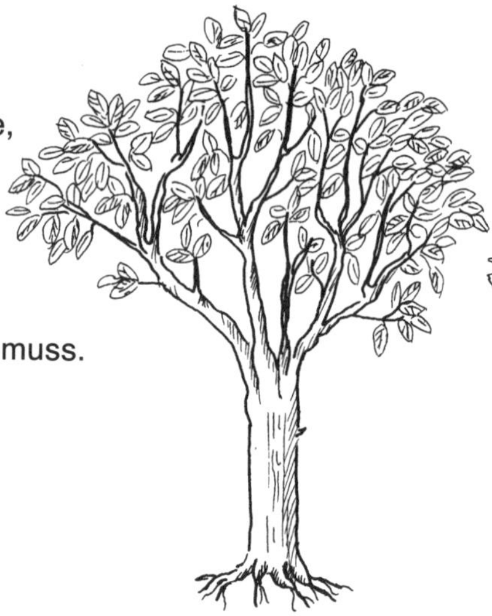

(Aus: Lindner Klaus, Wann Freunde wichtig sind, Gedichte für die Grundschule, Klett Verlag, Stuttgart 1996, S. 118f.; dort aus: Lyrik für Kinder – gestalten und aneignen. Arbeitskreis Grundschule e.V., Frankfurt a. Main 1989.
Das Gedicht entstand im Rahmen einer Veranstaltung mit dem Titel „Kinderlyrik-schreiben", die im Wintersemester 1986/87 an der Universität Bremen angeboten wurde.)

- Fantasiereise mit Partnerübung

Lehrererzählung	Tätigkeit der Kinder
	Je zwei Kinder wirken als „Baum“ und „Wetter“.
Ich bin der Baum. Ich stehe fest in der Erde. Es wird bald Frühling. Noch hüllt mich eine warme Decke wohlig ein.	Baum ausrichten, Hände zur Faust legen, mit der Handfläche behutsam über den Kopf, Schultern, Arme, Hände, Rücken, Beine, Füße des Partners streichen.
Langsam kommt die Sonne hervor. Ihre Strahlen lassen den Schnee auf mir schmelzen.	Mit den Fingerspitzen den Schnee langsam von oben nach unten abstreichen.
Die Sonnenstrahlen berühren mich, ich kann sie auf meiner Haut, meiner Baumrinde spüren.	Mit den Fingerspitzen punktuell den Körper des Partners berühren.
Meine Äste strecken sich der Sonne entgegen. Kleine Knospen wachsen an meinen Zweigen.	Arme vorsichtig emporheben, langsam jeden Finger aus der Faust lösen, Finger aufrichten.
Die Sonnenstrahlen lassen meine Knospen wachsen. Sie brechen auf. Ganz langsam schauen weiße Blüten hervor.	Über jeden einzelnen Finger streichen. Jede Fingerkuppe zart berühren.
Regen, Wind und Sonne bringt der Frühling. Zuerst kommt der Regen…	Mit den Fingerspitzen trommeln.
…dann der Wind.	Vorsichtig den Körper hin und her wiegen.
Die Sonne scheint. Ich freue mich, dass ich wachsen kann.	Handflächen wärmen.
Mit meinen Wurzeln sauge ich die Nahrung aus dem Boden. Es ist Sommer.	Von den Füßen aus nach oben streichen.
Langsam werden meine Zweige schwerer. Ich trage schwere, süße Äpfel.	Die Arme an mehreren Stellen umfassen, kräftiger andrücken.
Der Herbst kommt näher. Meine Früchte sind reif. Sie werden bald geerntet. Ich fühle mich leicht und froh. Nun kann ich mich ausruhen und auf den Winter freuen.	Abstreifbewegungen mit beiden Handflächen.
Stürme wehen über mich hinweg. Schneeflocken fallen herab. Sie decken mich warm zu. Ich schlafe ein bis zum nächsten Frühling, wenn die Sonne mich wieder weckt.	Körper leicht bewegen, behutsame Fingerspitzenberührungen, überleiten in ein Zudecken mit ganzen Handflächen.

Heimische Waldbäume

Bei den originalen Begegnungen erleben die Kinder ihre natürliche Umgebung mit allen Sinnen (Ertasten der Rinde, Riechen an Früchten, Blättern und Rinde) und lernen so die Nadelbäume und Laubbäume des Mischwaldes kennen.

Zu den bekannten heimischen Nadelbäumen zählen Fichte, Tanne, Kiefer und Lärche. Letztere wirft als einziger Nadelbaum im Winter die Nadeln ab, alle anderen sind immergrün. Viele Nadelbäume erreichen ein hohes Alter und eine beachtliche Höhe (zum Teil bis zu 50 m).

Die häufigsten Laubbäume sind Stieleiche, Spitzahorn, Rotbuche und Weißbirke. Anders als immergrüne Laubbäume werfen die sommergrünen Arten ihre Blätter im Herbst ab. Das Alter der Laubbäume ist sehr unterschiedlich. Während Birken oft nur 40 bis 50 Jahre alt werden, können z. B. Eichen ein Alter von 1 500 Jahren erreichen.

Baumsteckbriefe

Die Kinder erstellen zu gängigen Laub- und Nadelbäumen in der Umgebung der Schule gruppenweise Steckbriefe. Zum Fotografieren reicht die Lehrerin eine Digital- oder Polaroidkamera von Gruppe zu Gruppe.

Folie

Für den Baumsteckbrief braucht ihr:

- ☐ eine Schachtel
- ☐ weißes Malpapier
- ☐ einen Bleistift
- ☐ einen Fotoapparat (Lehrerin)

Sucht euch einen Baum in der Umgebung eurer Schule aus.

Untersucht vorsichtig die Rinde des Baumstammes. Legt dann ein Blatt Papier darauf und reibt vorsichtig mit dem Bleistift über die Rinde.

Setzt euch etwas entfernt vor den Baum, dass ihr ihn im Ganzen sehen könnt, und zeichnet seinen Umriss ab.

Sucht rund um den Baum nach Blättern und Früchten und legt eure Fundstücke in die Schachtel.

Zeichnet ein Blatt eures Baumes nach.

Macht ein Foto von eurem Baum.

Zeichnet auch die Früchte des Baums.

Name: ______________________ Datum: ____________

Mein Baum-Steckbrief

Mein Baum heißt ______________________

und gehört zur Familie der ______________________.

So sieht ein Blatt meines Baumes aus:

Von Weitem betrachtet hat mein Baum diese Form:

Die Frucht des Baumes heißt ______________________.

Hier habe ich sie aufgemalt:

Die Rinde meines Baumes lässt sich so beschreiben:

____

____

Und das weiß ich noch über meinen Baum:

____

____

____

Zurück im Klassenzimmer stellen die Gruppen ihre Ergebnisse der Klasse vor. Mit ergänzenden Informationen erstellen die Kinder Steckbriefe (siehe S. 182 ff.) und stellen sie zusammen mit der entsprechenden „Baumschachtel" im Waldmuseum (s. S. 151) aus.

Tipp:
Die Kinder bekommen die Steckbriefe als Bestimmungskarten und begeben sich auf Baumsuche.

Weitere Aktivitäten

Natur im Dia (s. Kap. 6.1, S. 151 ff.)

Fühlsäckchen
In zwei gleich großen Stoffsäckchen befinden sich jeweils die gleichen Früchte oder Zapfen der im Unterricht behandelten Bäume. Ein Kind greift mit je einer Hand in ein Säckchen und sucht die zusammengehörigen Paare durch Ertasten.

Blättergerippe
Die Kinder legen verschiedene Blätter von Bäumen auf ein Blatt Löschpapier und klopfen sanft mit einer Kleiderbürste von oben darauf. Durch die Borsten der Bürste wird das weiche Zellgewebe aus den Blättern herausgelöst, die Rippen und Adern bleiben erhalten. Mit diesen „Blättergerippen" lassen sich schöne Karten basteln.

Propeller
Ahornfrüchte bestehen aus zwei Hälften, die jeweils einen Samen und einen großen Flügel haben. Dadurch können sie bei günstigem Wind sehr weite Strecken zurücklegen. Wenn man eine Hand voll Ahornfrüchte in die Luft wirft, kann man sehen, wie sie propellerartig zu Boden wirbeln.

6.3.2 Pflanzendetektiv

Neben den Bäumen finden sich noch zahlreiche andere Pflanzen in unseren Wäldern: Blumen, Gräser, Farne, Moos und Sträucher. Die Kinder erkunden sie mit Bestimmungsbüchern. Da deren Aufbau oft sehr unterschiedlich ist, ist der Umgang mit einem Bestimmungsbuch vor dem Lerngang zu schulen.
Kopiervorlage 54:
Je nach Aufbau des Pflanzenführers tragen die Kinder die Reihenfolge der Vorgehensweise von 1 bis 8 ein.

Name: ____________________ Datum: __________

Pflanzendetektiv

Wichtige Regeln für Pflanzendetektive:

- Wir nehmen keine Pflanzen mit, bevor wir nicht genau wissen, welche es sind. Sie könnten geschützt sein.
- Wir fassen keine Pflanze an, solange wir nicht wissen, ob sie giftig ist.
- Wir essen keine Beeren oder Früchte. Sie könnten giftig sein.
- Wir waschen uns nach der Arbeit mit den Pflanzen die Hände.

So findest du heraus, welche Pflanze du gefunden hast:
Nummeriere die Schritte in der richtigen Reihenfolge.

◯ Wo steht die Pflanze? (Waldrand, Waldinneres, Wiese, Feld, Feuchtgebiet...)

◯ Welche Art von Pflanze ist es? (Blütenpflanze, Gras, Strauch...)

◯ Welche Farbe hat die Blüte?

◯ Wie viele Blütenblätter hat die Blüte?

◯ Wie sind die Blütenblätter angeordnet? (Ähre, Traube, Rispe...)

◯ Welche Form haben die Blätter deiner Pflanze? (eiförmig, handförmig, gefiedert...)

◯ Wie sieht der Blattrand aus? (gezackt, glatt, gebuchtet, gesägt...)

◯ Wie sitzen die Blätter am Stiel?

Tanne

Höhe: bis zu 40 m

Nadeln: stumpf, flach, zwei Wachsstreifen an der Unterseite

Zapfen: stehen aufrecht, Schuppen fallen einzeln ab, die Tannenspindel bleibt stehen

Borke: bei älteren Bäumen schuppig, weißgrau

Fichte

Höhe: bis zu 40 m

Nadeln: spitz, kantig, stehen rund um den Zweig

Zapfen: hängen an den Zweigen, fallen als Ganzes ab

Besonderheit: häufigster Nadelbaum, wichtigster Holzlieferant

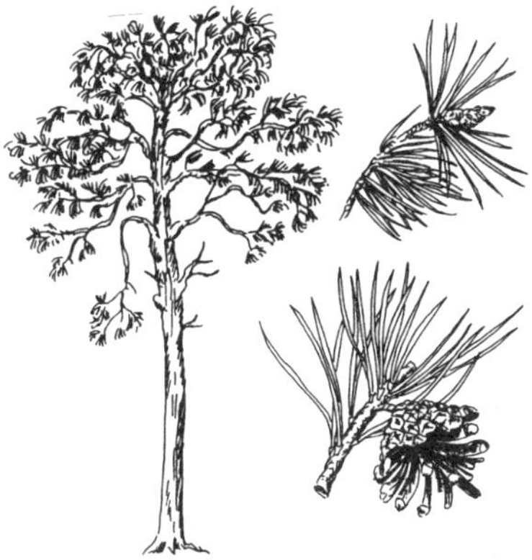

Kiefer

Höhe: bis zu 45 m

Nadeln: lang, sitzen paarweise am Zweig

Zapfen: ei- oder kegelförmig, graugrün

Borke: rotbraun mit tiefen Furchen

Besonderheit: wird zum Bau von Dachstühlen genutzt

Lärche

Höhe: bis zu 40 m

Nadeln: weich, stehen in Büscheln um den Zweig herum, fallen im Herbst ab

Zapfen: klein, rundlich, stehen auf dem Zweig

Besonderheit: einziger Nadelbaum, der im Herbst die Nadeln abwirft

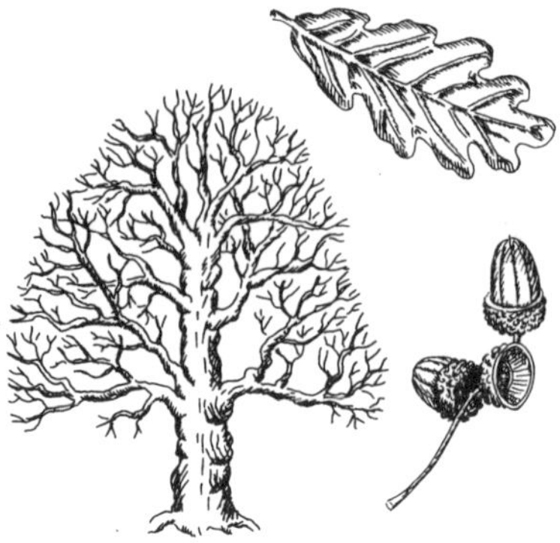

Eiche

Höhe: bis zu 40 m

Blätter: eiförmig, gebuchtet

Frucht: Eichel (Nahrung für Tiere)

Rinde: graubraun, rissig

Besonderheit: sehr hartes Holz, wird oft zu Möbeln verarbeitet

Buche

Höhe: bis zu 30 m

Blätter: eiförmig, gewellt

Frucht: Buchecker, essbar, ölhaltig

Rinde: silbergrau, glatt

Besonderheit: Unsere Vorfahren ritzten ihre Schriftzeichen in glatte Buchen-Stäbchen. Daher kommen die Wörter „Buchstabe" und „Buch".

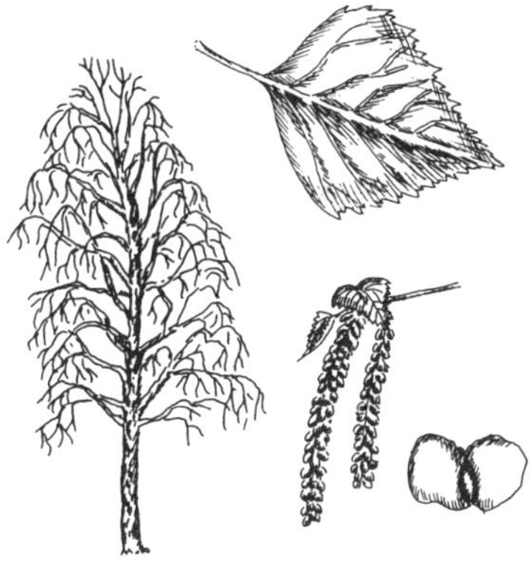

Birke

Höhe: bis zu 30 m

Blätter: dreieckig, gesägt

Frucht: Kätzchen

Rinde: weiß, glatt

Besonderheit: junge Blätter, Rinde und Birkensaft haben heilende Wirkung

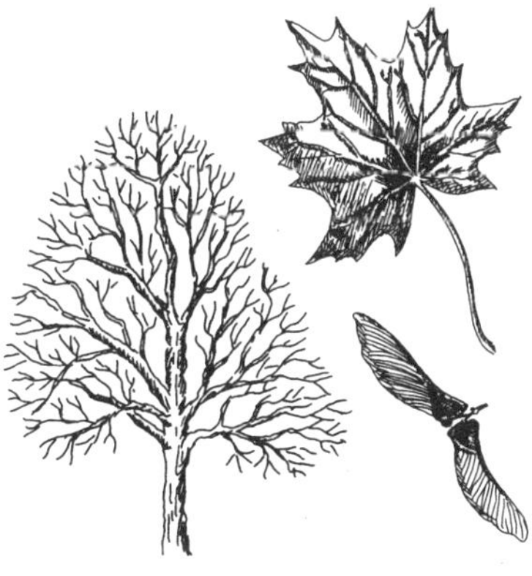

Ahorn

Höhe: bis zu 30 m

Blätter: spitz, handförmig gelappt

Frucht: zwei Hälften mit je einem Samen und Flügel

Rinde: rissig, mit engen Längsrissen

Besonderheit: hartes, helles Holz

Bäume

			Meine Blätter sind eiförmig und gebuchtet. Meine Früchte sitzen in kleinen Hütchen.
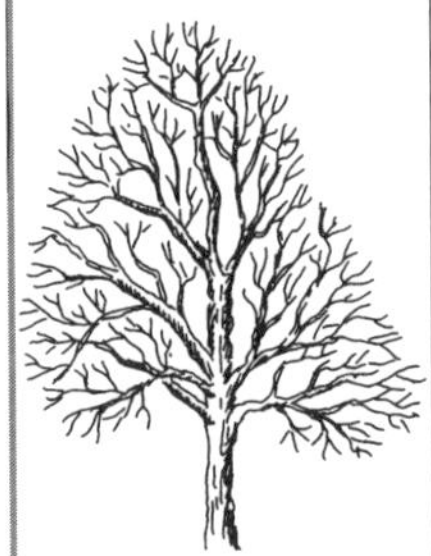		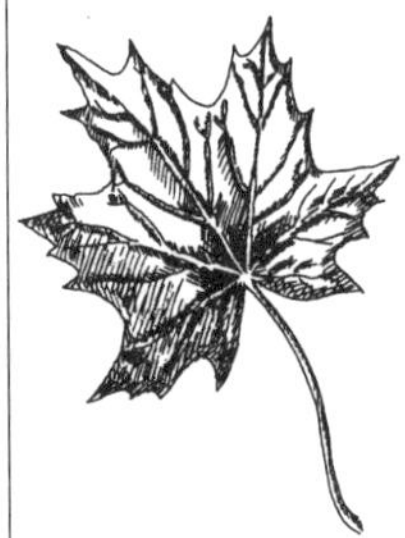	Meine Blätter sind spitz und handförmig. Meine Früchte fliegen wie Propeller zu Boden.
			Meine Blätter sind eiförmig und gewellt. Meine Früchte sind essbare, dreieckige Nüsse.
	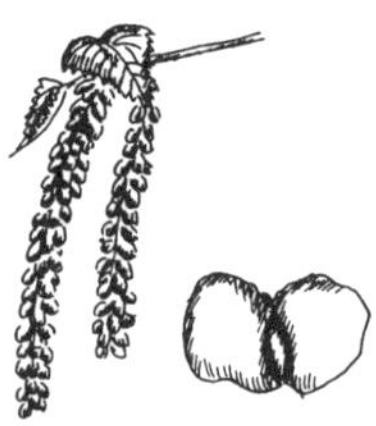		Meine Blätter sind dreieckig und gesägt. Das Besondere an mir ist meine weiße Rinde.

Bäume

			Meine Nadeln sind weich und haben Wachsstreifen an der Unterseite. Ich werde oft als Weihnachtsbaum verwendet.
			Ich habe spitze Nadeln, die stechen. Meine Zapfen hängen an den Zweigen und fallen als Ganzes herab.
			Meine Nadeln sind sehr lang und sitzen paarweise am Zweig. Ich werde bis zu 45 m hoch.
			Ich werfe meine Nadeln im Herbst ab. Meine Zapfen sind klein und rundlich. Sie stehen auf den Zweigen.

6.3.3 Pilze

In deutschen Wäldern findet man etwa 6000 verschiedene Pilzsorten, deren Fruchtkörper man mit bloßem Auge sehen kann. Pilze unterscheiden sich von anderen Pflanzen dadurch, dass sie kein Chlorophyll besitzen und sich durch Sporen anstelle von Samen vermehren. Der größte Teil der Pilze besteht aus einem unterirdischen Geflecht von dichten Fäden (Myzel genannt). Was wir an der Oberfläche sehen und sammeln, ist lediglich der Fruchtkörper. Nach ihrem unterschiedlichen Aufbau lassen sie sich in Röhren-, Stachel-, Bauch-, Korallen-, Leisten- und Röhrenpilze einteilen. Trotzdem sehen sich einige Sorten sehr ähnlich. Es ist daher beim Sammeln äußerste Vorsicht geboten, damit nicht der giftige Doppelgänger eines Pilzes im Korb landet (z. B. Knollenblätterpilz statt Champignon). Es gilt die Regel: Sammle nur Pilze, von denen du sicher weißt, dass sie essbar sind! Wichtig ist, dass die Kinder mit kindgemäßer Literatur arbeiten und sie beim Bestimmen genau betrachten.

Folgende humorvolle Knobelbilder sollen die Neugier der Kinder wecken und ihr Vorwissen aktivieren.

Folie

Wir ordnen Pilze nach ihrem Aussehen

Das Bestimmen und Ordnen von Pilzen kann unter verschiedenen Gesichtspunkten erfolgen. Zunächst sollen die Kinder den Aufbau und die Unterscheidungsmerkmale eines Pilzes kennen lernen, entweder bei einem Gang in den Wald, beim Untersuchen von gesammelten Pilzen oder an einem Modell (Kopiervorlage 56 – 59, siehe S. 190 ff.).
Der **Hut** eines Pilzes kann **glatt, geschuppt** oder **mit Hautflocken besetzt** sein. Nach der **Hutunterseite** lassen sich **Lamellenpilze (Lamellen**blätter oder **Leisten**) und Röhrenpilze unterscheiden. Der **Stiel** ist **keulenförmig** oder **schlank,** kann eine **Manschette** tragen oder in einer **Knolle** sitzen.

Nun werden die heimischen Pilzarten (z. B. Maronenröhrling, Pfifferling, Steinpilz, Wiesenchampignon, Rotkappe, Fliegenpilz) betrachtet und geordnet. In Gruppenarbeit oder Freiarbeit erstellen die Kinder Pilzbestimmungskarten, die beim nächsten Lerngang als Pilzführer dienen.

Essbar – ungenießbar – giftig
In Gruppenarbeit teilen die Kinder die erarbeiteten Pilzarten mit Hilfe der Bestimmungskarten und -bücher in drei Kategorien ein (Kopiervorlage 59, siehe S. 193):

Essbare Pilze:	Steinpilz, Maronenröhrling, Rotkappe, Birkenpilz, Perlpilz, Champignon, Parasol, Speisetäubling, Pfifferling
Ungenießbare Pilze:	Gallenröhrling
Giftige Pilze:	Knollenblätterpilz, Fliegenpilz, Pantherpilz

Viele Pilze, die für uns Menschen giftig oder ungenießbar sind, haben trotzdem ihren Nutzen innerhalb des Ökosystems Wald und dienen z. B. Waldtieren als Nahrung. Daher ist es wichtig, die Kinder auf diesen Nutzen hinzuweisen:

Sammle nie Pilze, die giftig, ungenießbar oder dir unbekannt sind.
Zerstöre sie nicht, denn sie dienen Tieren als Nahrung.

Name: ______________________ | Datum: ____________

So sind Hutpilze aufgebaut

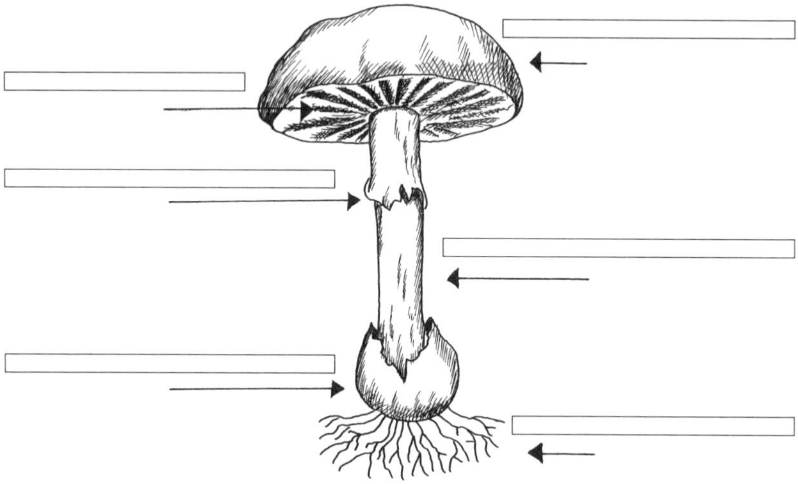

Setze ein:

Fadengeflecht, Hut, Knolle, Manschette, Sporenlager, Stiel

Wusstest du das schon ?

Die eigentliche Pilzpflanze besteht aus einem unterirdischen Fadengeflecht, dem **Myzel**. Es wächst aus den Sporen heran, die auf den Waldboden fallen. Dabei breitet es sich unter der Erde strahlenförmig nach allen Seiten aus. Im Laufe der Zeit stirbt der ältere Innenteil des Fadengeflechts. Es bleibt ein unterirdischer Ring übrig, der von Jahr zu Jahr größer wird. Was du an der Oberfläche siehst und sammelst, sind die Fruchtkörper des Pilzes. Sie wachsen oft in sogenannten Hexenkreisen. Um das Fadengeflecht nicht zu zerstören, darfst du die Pilze nicht ausreißen, sondern musst sie nahe der Oberfläche mit einem Messer abschneiden.

Name: ______________________ Datum: ____________

Pilze lassen sich nach verschiedenen Merkmalen unterscheiden

Hutoberfläche

Hutunterseite

Stiel

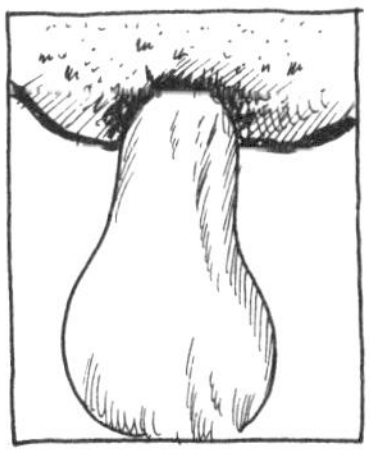

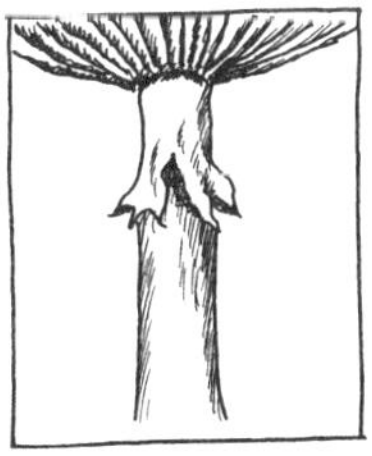

Setze ein:

geschuppt, glatt, Hautflocken, keulenförmig, Knollen, Lamellen, Leisten, Manschetten, Röhren, schlank

Pilze haben verschiedene Wuchsformen

Manche Pilze haben keine Kappe und keinen Stiel.
Sie sehen aus wie ein kleiner Strauch.
Sie heißen **Strauchpilze.**

Auch diese Pilze haben keinen Hut und keinen Stiel. Sie haben nur einen dicken Bauch und heißen deshalb **Bauchpilze.**

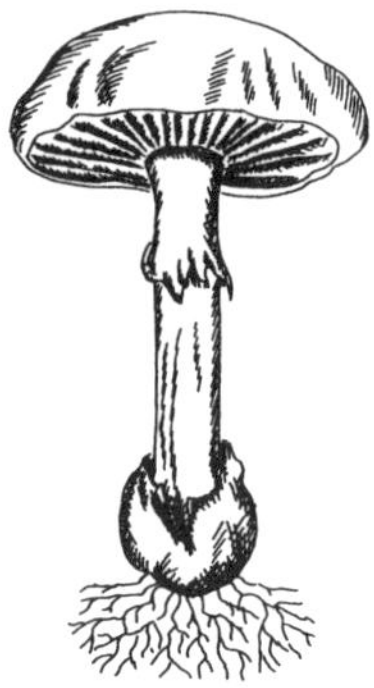

Lamellenpilze haben eine Kappe und einen Stiel. Unter ihrem Hut befinden sich viele kleine, dünne Blättchen.

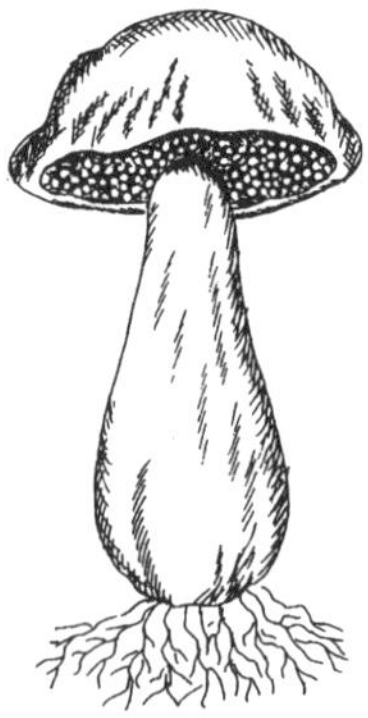

Röhrenpilze sind die Pilzarten, die wir am meisten kennen. Unter ihrem Hut befinden sich viele feine Röhrchen.

Name: ______________________ Datum: __________

Essbar – ungenießbar – giftig

Ordne folgende Pilze richtig ein: Pfifferling, Pantherpilz, Speisetäubling, Parasol, Fliegenpilz, Gallenröhrling, Wiesenchampignon, Perlpilz, Knollenblätterpilz, Birkenpilz, Rotkappe, Maronenröhrling, Steinpilz

Merke:

Folie

Tödliche Verwechslung

Wenige Stunden, nachdem eine fünfköpfige Familie ein selbst zubereitetes Pilzgericht verzehrt hatte, traten bei vier Familienmitgliedern schwere Vergiftungserscheinungen auf. Trotz sofortiger ärztlicher Hilfe konnte ein Kind nicht mehr gerettet werden. Zwei weitere Personen schweben noch in Lebensgefahr.

Unter den heimischen Pilzen gibt es einige Giftpilze, die genießbaren Pilzen zum Verwechseln ähnlich sehen. Einer der gefährlichsten Doppelgänger ist der hochgiftige Knollenblätterpilz. Er unterscheidet sich nur bei genauem Hinsehen und durch wenige Merkmale vom essbaren Wiesenchampignon:

	Wiesenchampignon	Knollenblätterpilz

Hutoberseite	glatt, weiß	glatt, weiß, bei Nässe schmierig
Hutunterseite	Lamellen violett-braun	weiße Lamellen
Stiel	weiß, mit zerrissener Manschette, keulig	weiß, mit ausgefranster Manschette, schlank, mit Knolle

Ein anderes Doppelgängerpaar sind der essbare Perlpilz und der giftige Pantherpilz. Grundsatz beim Sammeln:

Lass den Pilz stehen, wenn du unsicher bist.

Gefährliche Doppelgänger

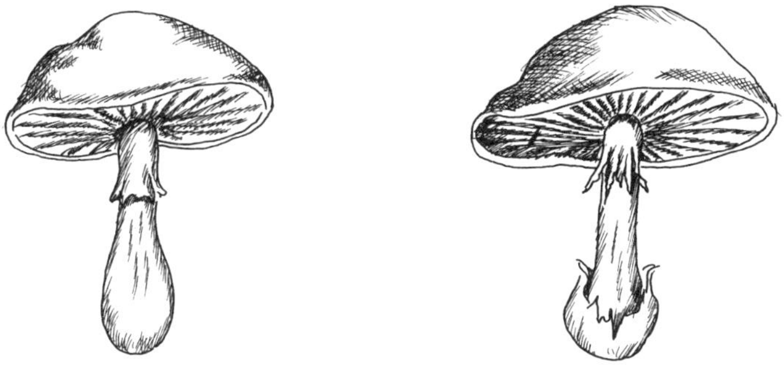

Hutoberseite

Hutunterseite

Stiel

Merke:

Sporenbild

Lege ein Blatt schwarzes Tonpapier an einen warmen, trockenen Platz und lege darauf den Hut eines älteren Lamellen- oder Röhrenpilzes. Wenn du den Hut am nächsten Tag vorsichtig abnimmst, bleibt ein aus feinem Staub geformtes Sporenbild auf dem Blatt zurück.

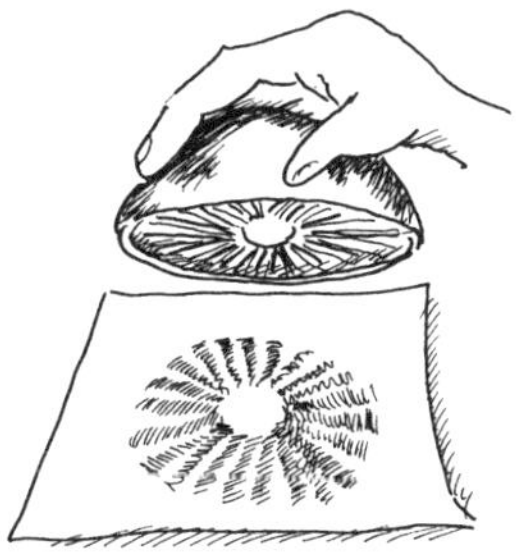

6.4 Die Bedeutung des Waldes

6.4.1 Der Wald schützt

Was wäre wenn...? Die folgenden Overlay-Folien regen zum Gespräch über die Schutzfunktion des Waldes an. Zunächst werden die drei Folien der Reihenfolge nach übereinander gelegt und präsentiert. Mit jeder entfernten Folie schwindet der Wald ein wenig mehr. Die Kinder äußern Vermutungen über mögliche Folgen in der unmittelbaren Umgebung des Waldes.

Folien

Name: ______________________ Datum: ____________

Der Wald schützt

Der Wald dient als [ ] [ ]. Die Blätter und Nadeln fangen die Regentropfen auf. Der Waldboden speichert das Wasser und schützt den Boden vor dem Austrocknen.

Der Wald schützt vor [ ] [ ].

Der Wald verhindert das [ ] [ ]. Seine Bäume halten mit ihren Wurzeln die wertvolle Humusschicht fest. Ohne diesen Halt würde die Erde vom Wind weggeweht oder vom Regen weggeschwemmt.

Im Winter schützt der Wald vor [ ].

Der Wald dient als [ ]. Die Bäume fangen mit ihren Ästen, Zweigen, Blättern und Nadeln Abgase und Staubteilchen auf. Der Regen spült diese schließlich wieder ab.

Setze ein: Staubfilter, Lärm und Wind, Abrutschen des Bodens, Lawinen, Wasserspeicher

Kopiervorlage 62

Name: ______________________	Datum: __________

Martin im Wald

Martin langweilt sich. Keiner seiner Freunde hat heute Nachmittag Zeit. Endlich kommt sein Vater von der Arbeit nach Hause. „Ich brauche dringend ein wenig Erholung. Wer hat Lust, mit mir einen kleinen Waldspaziergang zu machen?“, fragt er. Martin freut sich. Er kommt gerne mit in den Wald, dort ist die Luft so angenehm und es gibt immer eine Menge zu entdecken.

Kaum sind sie im Wald angekommen, treffen sie einen Waldarbeiter. Er erzählt ihnen, dass in diesem Waldgebiet Bäume gefällt werden, die das Sägewerk im Tal zu Brettern weiterverarbeitet. Martin überlegt mit seinem Vater, was alles aus Holz hergestellt werden kann. Ihnen fallen eine Menge Dinge ein.

Während sie weitergehen, treffen sie auf eine kleine Quelle. „Warum ist das Wasser in einer Quelle so klar und sauber?“, möchte Martin wissen. Sein Vater erklärt ihm, dass der Waldboden wie ein Filter wirkt und das Wasser reinigt. „Direkt an der Quelle ist das Wasser normalerweise so sauber, dass man es sogar trinken kann“, meint er.

Martin ist überrascht, wie sehr der Wald den Menschen nützt.

1. Lies den Text aufmerksam durch und unterstreiche die Sätze über den Nutzen des Waldes.
2. Beschreibe, wie der Wald auf den Bildern den Menschen nützt.

6.4.3 Wald in Gefahr

Hörspiel: Es empfiehlt sich, den Text auf einer Kassette aufzunehmen und so den Baum „erzählen“ zu lassen. Im anschließenden Unterrichtsgespräch reflektieren die Kinder die Gefahren für Waldbäume und tragen die gewonnenen Erkenntnisse auf dem Arbeitsblatt Kopiervorlage 63 (siehe S. 200) ein. Für weitere Informationen: www.wald.de

Hörspieltext

Ein Baum klagt sein Leid

Ob ihr euch vorstellen könnt, was ich in den 100 Jahren, die ich hier nun schon stehe, alles erlebt habe? Als ich noch ein kleines Bäumchen war, zündeten zwei Jungen ein Feuer in meiner Nähe an, das meine Äste versengte. Doch damit nicht genug; auch Rehe knabberten an meinen jungen Trieben, sodass ich kaum wachsen konnte. Verliebte Jugendliche ritzten mit scharfen Messern Herzen und Buchstaben in meine Rinde und verletzten mich dabei.

Vor einigen Jahren hörte ich dann ein Gespräch zwischen zwei Menschen, das mir einen gehörigen Schrecken einjagte: Die beiden sprachen darüber, ob man das Waldstück, in dem ich lebe, abholzen sollte, damit hier eine neue Autobahn gebaut werden kann. Eine Zeitlang lebte ich in ständiger Angst, die Menschen würden mit ihren Maschinen anrücken und mich fällen. Erst einige Zeit später erfuhr ich von den Umweltschützern, die unser Waldstück gerettet hatten.

Viele Menschen kommen in meinen Wald und über die meisten freue ich mich sehr. Manche jedoch lassen ihren Müll einfach hier liegen oder machen solchen Lärm, dass ich mich wirklich nicht mehr wohl fühlen kann.

In den letzten Jahren macht mir zunehmend der Regen zu schaffen. Er nimmt die Abgase der Autos und Fabriken aus der Luft auf und wird ganz „sauer“. Über meine Wurzeln gelangt der saure Regen bis zu meinen Blattspitzen und ich werde langsam vergiftet. Je schwächer ich werde, desto größer ist die Gefahr, dass sich Borkenkäfer in meiner Rinde ansiedeln, sie fressen und mich noch mehr schädigen. Kommt noch ein schwerer Sturm, reichen meine Kräfte nicht mehr aus. Ich knicke um wie ein Streichholz.

Mein einziger Trost ist dann, dass ich auch als umgefallener Baum Lebensraum für viele Tiere sein werde und jungen Bäumen Schutz bieten kann.

Name: ______________________ Datum: __________

Bäume in Gefahr

Setze ein: Feuer, saurer Regen, Abholzung, Müll, Lärm, Verbiss, Borkenkäfer, Sturm, Verletzung

7. Orientierung im Raum

Der geografische Lernprozess erfordert von den Kindern ein hohes Maß an Abstraktion. Ausgangspunkt für das Kennenlernen der Himmelsrichtungen und die Orientierung auf Lageskizzen und Karten sind Erfahrungen mit der räumlichen Umwelt.

Himmelsrichtungen ermöglichen Richtungsangaben unabhängig von Standpunkt und Blickrichtung des Betrachters. Sie bilden eine Einteilung des Horizonts, die sich am scheinbaren Lauf der Sonne orientiert. Es werden die vier Haupthimmelsrichtungen Norden – Osten – Süden – Westen und die vier Nebenhimmelsrichtungen Nordosten – Südosten – Südwesten – Nordwesten unterschieden. Die Kinder können unmittelbar den Stand der Sonne oder indirekt den Verlauf des Schattens beobachten und erkennen, dass die Sonne von einem bestimmten Beobachtungspunkt aus zur gleichen Zeit immer am gleichen Ort erscheint. Dies führt zum Benennen der Haupthimmelsrichtungen (vgl. "Im Osten geht die Sonne auf ..."). In dem Zusammenhang ist die bei den Kindern gängige Vorstellung zu korrigieren, dass sich die Sonne um die Erde bewegt. Mit einem Globus und einer Lampe (Sonne) lässt sich anschaulich darstellen, dass sich die Erde um sich selbst und um die Sonne dreht und nicht umgekehrt.

Die Kinder lernen die Himmelsrichtungen mit technischen Hilfsmitteln (Kompass, Uhr) und nach Zeichen der Natur (z.B. Mooswuchs an Bäumen) zu bestimmen und üben dies bei Unterrichtsgängen und Wandertagen.

Der Sandkasten führt die Kinder vom dreidimensionalen Raum zur zweidimensionalen Kartendarstellung. In ihm können sie einen Ausschnitt der Wirklichkeit verkleinert, aber dreidimensional, modellhaft nachbauen. Damit der Bezug zur nachgestalteten Wirklichkeit deutlich wird, ist der Sandkasten einzunorden.

So wird zur Zweidimensionalität übergeleitet: Das Sandkastenmodell wird aus der Vogelperspektive auf eine Plexiglasscheibe abgezeichnet. Dabei sind Verkehrswege bzw. Flüsse als Linien und Häuser im Grundriss als Rechtecke erkennbar. Mit Hilfe von Kartenzeichen entsteht eine erste Karte, die mit der Wirklichkeit verglichen wird. Auch hierbei ist auf das Einnorden zu achten.

7.1 Nie Ohne Seife Waschen (Himmelsrichtungen)

7.1.1 Sonne und Schatten

Der Schatten

Er geht mit mir und sagt kein Wort,
macht jeden Unfug willig mit,
stolziert wie ich in langem Schritt
und tollt dann mit mir fort.

Heut stand er bei mir hinterm Haus.
Ich goss ihm Wasser ins Gesicht.
Er lachte nicht, er weinte nicht.
Er machte sich nichts draus.

Was mir am meisten imponiert,
ist, dass er katzenklein sein kann
und abends auf dem Hausdach dann
als Riese spioniert.

Josef Guggenmos

(Aus: Josef Guggenmos, Was denkt die Maus am Donnerstag? 1998 Beltz Verlag, Weinheim und Basel. Programm Beltz & Gelberg)

Das Rätsel regt an einem sonnigen Tag zu Schattenspielen an.

Schattenfangen
Ein Fänger versucht die Schatten der übrigen Kinder zu berühren. Hat er einen Schatten erwischt, so ruft er „Halt!“ und das gefangene Kind muss stehen bleiben. Das zuletzt gefangene Kind gewinnt.
Oder: Welches Kind kann seinen eigenen Schatten fangen?

Schattenbilder formen
Die Kinder lösen in Kleingruppen folgende Aufgaben: Wer wirft den längsten Schatten? Wer schafft es mit seinem Schatten auf den Schattenschultern des Partners zu stehen? Wer kann ein bestimmtes Tier darstellen?

Schatten zeichnen
Mit Straßenkreide zeichnen die Kinder den Schatten eines anderen Kindes nach. Spielerisch erfahren sie dabei, dass sich der Schatten eines Gegenstandes immer in der Verlängerung der Strecke Sonne–Gegenstand befindet.

Die meisten Kinder wissen aus eigenen Beobachtungen, dass die Sonne im Laufe eines Tages (scheinbar) wandert. Wie verhält es sich dabei mit dem Schatten?

Versuch: An einem sonnigen Tag wird eine Markierung auf dem Boden angebracht, auf die sich ein Kind in zeitlichen Abständen stellt, z.B. am Morgen, in der Pause und am Ende des Unterrichts. Ein anderes Kind markiert den Schatten des Kindes auf dem Boden. Dieser ist immer ein Stück verschoben und fällt nicht mit dem vorherigen zusammen. Die Kinder versuchen diese Beobachtungen zu erklären.

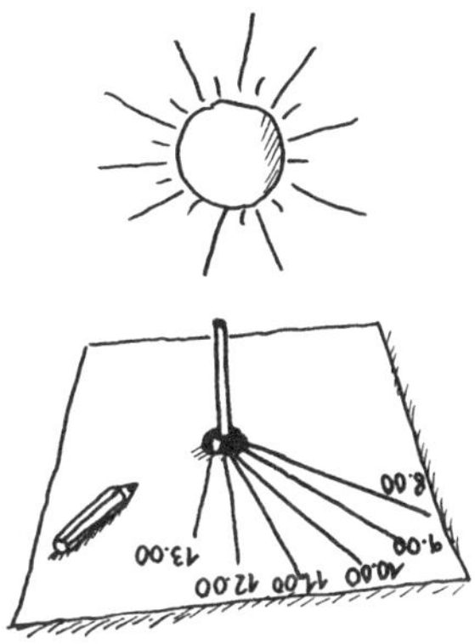

Zur genauen Beobachtung wird nun ein großes Stück Plakatkarton auf den Boden gelegt. In die Mitte des Papiers wird mit Knetmasse ein etwa 10 cm langer Strohhalm (Holzstöckchen o. Ä.) geklebt. Zu Beginn jeder Stunde zeichnen die Kinder den veränderten Schatten des Stabes auf dem Papier nach. So entsteht eine einfache „Sonnenuhr“, die zeigt, dass für uns Betrachter die Sonne im Laufe des Tages ihre Position verändert.

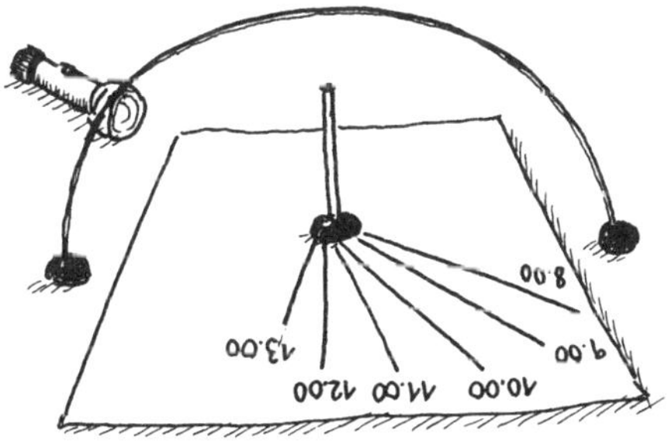

Im Klassenzimmer werden auf dem Plakatkarton noch einmal die Positionen der Sonne nachvollzogen. Dazu beleuchtet im leicht verdunkelten Raum ein Kind den Strohhalm mit einer Taschenlampe so, dass der neue Schatten mit dem bereits eingezeichneten zusammenfällt. Dies wird an jedem markierten Schattenstrich wiederholt. Dabei sollten sich die Kinder den ungefähren Stand der Taschenlampe einprägen, um abschließend den Lauf der Sonne mit einem Drahtbogen markieren zu können.

Unbedingt ist bei den Kindern die Vorstellung zu berichtigen, dass die Sonne „wandert“. Mit einem Globus und einer Taschenlampe wird den Kindern gezeigt, dass die Erde sich um sich selbst und gleichzeitig um die Sonne (= Taschenlampe) dreht. Die Lehrerin erinnert an vergleichbare Erfahrungen der Kinder bei einer Bus- oder Zugfahrt, bei der sie sich selbst scheinbar in Ruhe befinden, während die Dörfer und Häuser draußen vorbeiziehen.

7.1.2 Wer hat die Sonne gesehen?

Arbeitsblatt Kopiervorlage 64: Die Kinder beobachten an drei aufeinanderfolgenden Tagen jeweils zur gleichen Uhrzeit vom gleichen Standpunkt aus den Stand der Sonne.

Dabei stellen die Kinder fest, dass die Sonne zur gleichen Zeit immer am gleichen Ort zu sehen ist. Die Kinder erhalten eine Kopie des Ortsplanes, den die Lehrerin vorher z. B. rechts oben mit einem Sternchen gekennzeichnet hat, damit sie die Karte richtig vor sich hinlegen. Sie markieren mit verschieden farbigen Klebepunkten (8.00 Uhr - gelb, 13.00 Uhr - rot, 18.00 Uhr - blau) die entsprechenden Standorte der Sonne. Dabei sind zwar die Standorte der Sonne in den Plänen der Kinder unterschiedlich, aber die Reihenfolge der Farben ist bei allen Kindern gleich: gelb rechts, rot in der Mitte, blau links.
So wird den Kindern deutlich, dass der Lauf der Sonne immer gleich ist, sie aber für uns – abhängig vom Betrachterstandpunkt – an anderen Orten zu sehen ist. Deshalb ist es notwendig, eine einheitliche Bezeichnung für geografische Richtungen zu finden, nämlich die Himmelsrichtungen Norden, Süden, Osten und Westen.

Mit dem Merksatz „**N**ie **o**hne **S**eife **w**aschen“ prägen sich die Kinder die Reihenfolge der Himmelsrichtungen schnell ein. Häufig verwechseln sie die beiden Himmelsrichtungen West und Ost. Hilfe: Liest man die beiden Anfangsbuchstaben W und O von links nach rechts, ergibt sich das Wort „wo“. Die Zwischenhimmelsrichtungen Nordost – Südost – Nordwest – Südwest werden an der Windrose verdeutlicht (siehe Kopiervorlage 65, S. 206).

Spielideen zum Einprägen der Himmelsrichtungen

- Ich sehe was, was du nicht siehst
  Rätsel: „Ich sehe was, was du nicht siehst und das ist im Nordosten des Zimmers.“ Als Hilfe werden an der Zimmerdecke und auf den Schülertischen Windrosen befestigt (auf die richtige Anordnung achten!).
- Planspiele (S. 207 f.): Wo ist was in unserem Haus?

Name: ______________________ Datum: __________

Ich beobachte den Sonnenstand

Mein Standort ____

	8.00 Uhr	 13.00 Uhr	18.00 Uhr
Beobachtungstag 1			
Beobachtungstag 2			
Beobachtungstag 3			

Ich stelle fest: ____

____

Name: ____________ Datum: ____________

Die Windrose

Planspiel 1

Herr Architekt Lustig hat ein großes Architektenbüro. Ihr seid bei ihm als Zeichner angestellt und sollt die Räume in den Plan eines Einfamilienhauses eintragen. Verwendet dafür die Namensschildchen:

Herr Lustig gibt genaue Anweisungen:
Bad und WC haben ihre Fenster nach Norden.
Beide Kinderschlafzimmer sind nach Westen gelegen.
Das Elternschlafzimmer hat ein Fenster nach Westen und ein Fenster nach Norden.
Das Fenster des Wohnzimmers liegt nach Westen, die Schiebetür nach Süden.
Das Fenster der Küche schaut nach Osten.
Das Esszimmer hat sein Fenster nach Osten, die Schiebetür nach Süden.

Natürlich müsst ihr eure Arbeit dem Chef vorlegen. Wird er zufrieden sein?

Planspiel 1

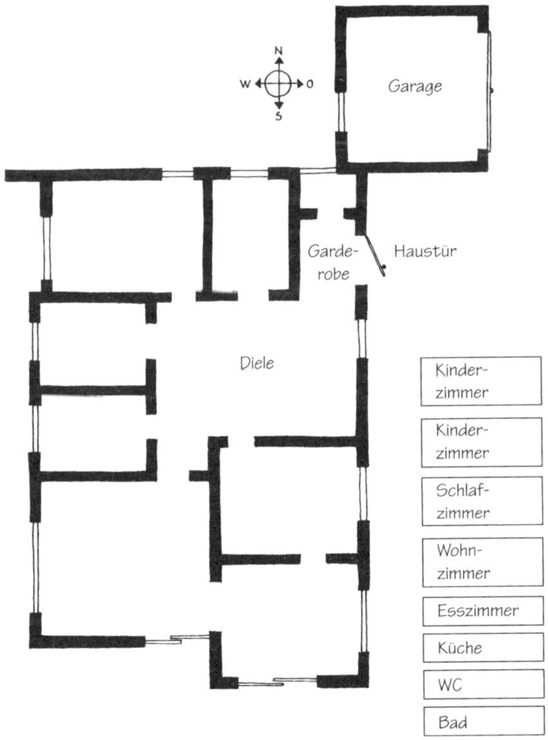

Planspiel 2

Suche drei Mitschüler, die mit dir gemeinsam die Aufgabe lösen. Ihr seid die Familie Fröhlich. Teilt ein: Wer ist der Vater, die Mutter, die 8-jährige Maike, der 10-jährige Lukas? Die Eltern wollen ein Haus bauen. Architekt Lustig legt der Familie zwei Pläne vor. Für welchen Plan entscheidet ihr euch und warum?

Überlegt: In welche Zimmer scheint die Sonne am Morgen, Mittag und Abend? Welches Zimmer hat besonders viel Licht?

Ihr solltet auch bedenken: Die Mutter ist oft in der Küche, besonders am Vormittag, wenn sie kocht. Die Kinder sind vor allem am Nachmittag in ihrem Zimmer, wenn sie Hausaufgaben machen. Am Vormittag halten sie sich während der Schulzeit nie in ihrem Zimmer auf. Im Wohnzimmer versammelt sich die Familie am Nachmittag und besonders am Abend, wenn die Arbeit getan ist.

Planspiel 2

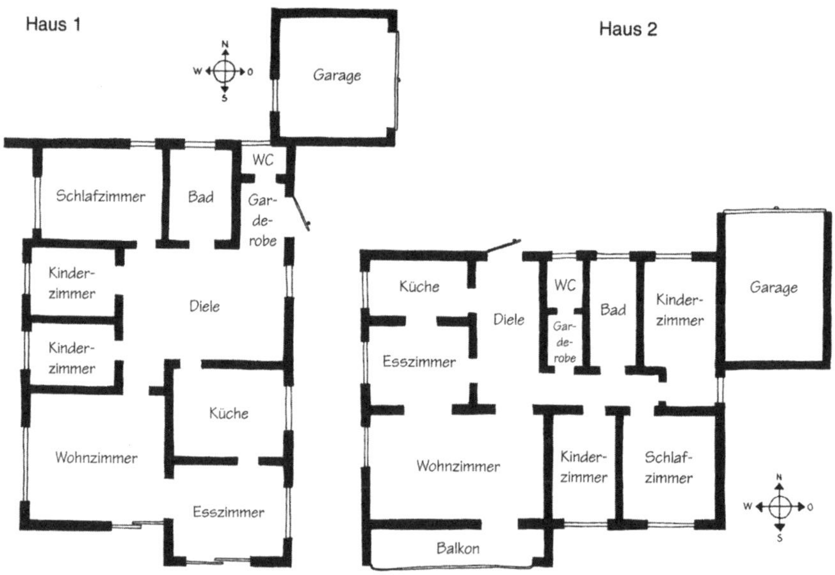

(S. 207 f. aus: Fiegl, H./Schwarz, U., Sachkunde kreativ unterrichten, Orientierung im Raum, Oldenbourg Schulbuchverlag, München 1999)

My Dreamhouse: Im Kunst- oder Englischunterricht richten die Kinder Häuser in einem Schuhkarton ein.

- Quer durch Deutschland
  Mit dem Auto (Spielstein) gehen die Kinder auf eine Reise durch unser Bundesgebiet. Im Unterrichtsgespräch erklärt die Lehrerin kurz die Gliederung Deutschlands in 16 einzelne Bundesländer und lässt das eigene Bundesland auf der Karte suchen.
  Nun kann die Lehrerin einen Startpunkt festlegen und mit genauen Anweisungen *(„Fahre vier Kästchen nach Süden und drei Kästchen nach Osten. In welchem Bundesland befindest du dich?“)* die Kinder durch Deutschland lotsen. Eine andere Möglichkeit ist, die Kinder selbstständig Wege finden zu lassen.

Kärtchen zur freien Arbeit

Starte in der Hauptstadt Berlin. Du darfst insgesamt 20 Kästchen fahren. Wie viele Bundesländer durchquerst du? Beschreibe deinen Weg mit den genauen Angaben der Himmelsrichtungen.		Starte in Sachsen. Mit wie vielen Kästchen kommst du ins Saarland? Wie fährst du?	(Lösung: 10 Kästchen)
Starte in Baden-Württemberg. Suche den kürzesten Weg nach Berlin. Wie fährst du?	(Lösung: 12 Kästchen)	Starte in Bayern. Fahre neun Kästchen in nördliche und drei Kästchen in westliche Richtung. Wo bist du?	(Lösung: Niedersachsen)
Starte im nördlichsten Bundesland. Fahre acht Kästchen nach Süden und drei Kästchen nach Westen. Welches Bundesland hast du erreicht?	(Lösung: Rheinland-Pfalz)	Du kommst in Thüringen an und bist zwei Kästchen westlich und sechs Kästchen südlich gefahren. Wo bist du gestartet?	(Lösung: Mecklenburg-Vorpommern)

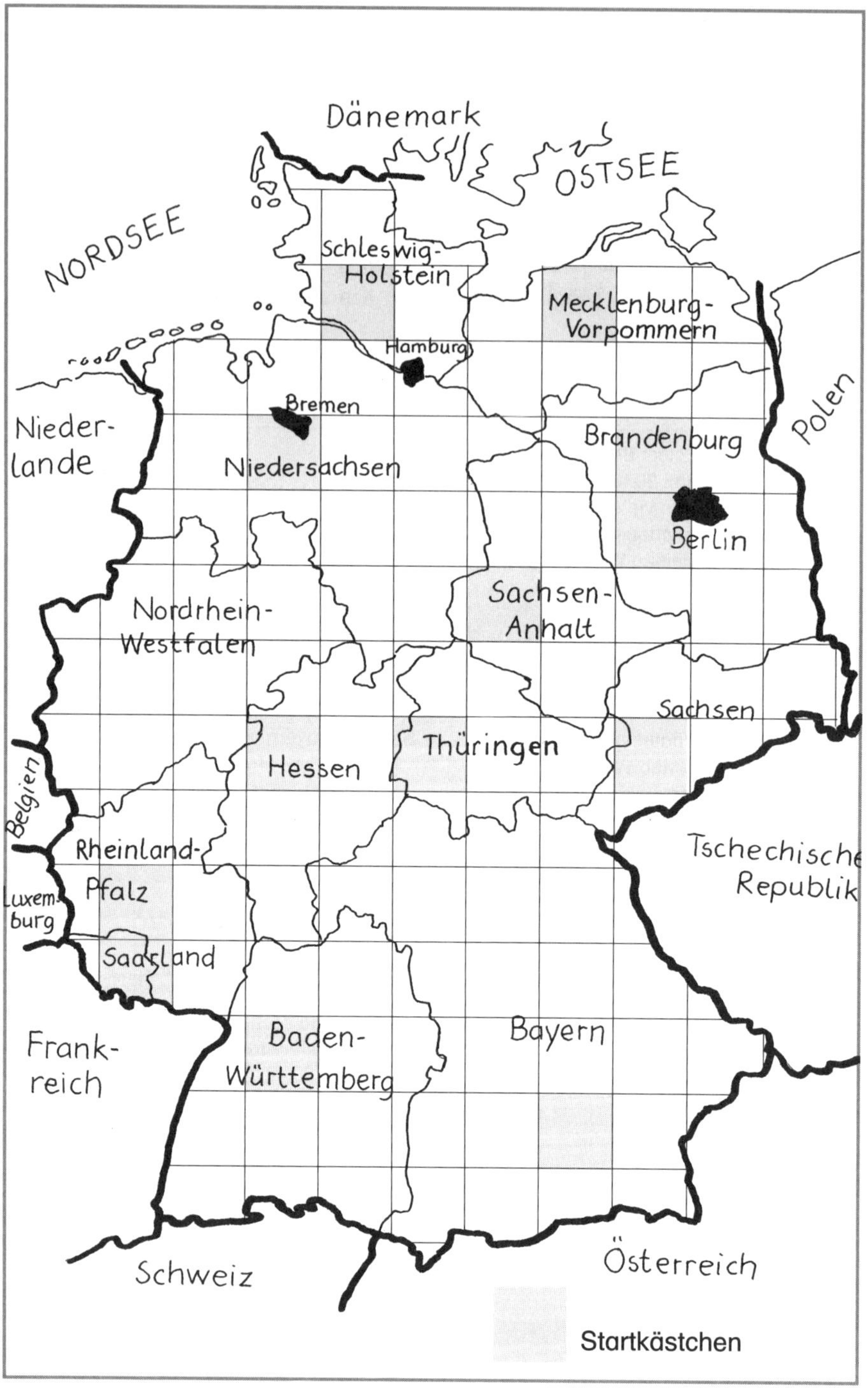
Dänemark
OSTSEE
NORDSEE
Schleswig-
Holstein
Mecklenburg-
Vorpommern
Hamburg
Bremen
Niedersachsen
Brandenburg
Berlin
Polen
Nieder-
lande
Nordrhein-
Westfalen
Sachsen-
Anhalt
Sachsen
Thüringen
Hessen
Belgien
Rheinland-
Pfalz
Luxem-
burg
Saarland
Tschechische
Republik
Frank-
reich
Baden-
Württemberg
Bayern
Schweiz
Österreich
Startkästchen

7.1.3 Orientierungshilfen für draußen

Hinweis: Der Kompass wird in Kapitel 10 ausführlich behandelt.

Kopiervorlage 66

So finde ich Himmelsrichtungen in der Natur

Die Nadel des Kompasses pendelt sich – wenn du sie zur Ruhe kommen lässt – in Nord-Süd-Richtung ein. Drehe nun den Kompass so, dass das N der eingezeichneten Windrose genau unter der farbigen Seite der Kompassnadel steht. Nun kannst du ablesen, in welcher Richtung die übrigen Himmelsrichtungen sind.

Mit deiner Uhr kannst du bestimmen, wo Süden ist. Halte dazu die Uhr so, dass der Stundenzeiger zur Sonne zeigt. Suche nun auf dem Zifferblatt die Zahl zwölf. Wenn du jetzt die Mitte dazwischen nimmst, blickst du genau nach Süden.

Bei Bäumen, die dem Regen stark ausgesetzt sind, wachsen überwiegend an der Westseite Moos und Flechten. Da bei uns Regen und Wind meist aus Westen kommen, sind die Bäume auf dieser Seite häufig nass und feucht. Diese Feuchtigkeit lieben Moose und Flechten für ihr Wachstum.

Nistkästen für Vögel werden meist so aufgehängt, dass die Öffnung nach Südosten zeigt. Die Vögel sind dann vor zu starker Sonneneinstrahlung aus Süden und vor Regen aus der Wetterseite im Westen geschützt.

Kirchen wurden meist so gebaut, dass die Kirchtürme in westliche und die Altäre in östliche Richtung zeigen. Schon seit früher Zeit haben sich die Christen in Richtung der aufgehenden Sonne versammelt, um den auferstandenen Jesus zu feiern.

Um einen guten Empfang zu sichern, werden Satellitenschüsseln auf dem Dach immer nach Süden hin ausgerichtet. Der Satellit, der die Bilder zu uns auf die Erde sendet, steht hoch am südlichen Himmel.

Bevor es den Kompass gab, orientierten sich Seefahrer nach dem Stand der Sterne. Dabei war ein Stern besonders wichtig, weil er sehr hell leuchtet: Der Polarstern. Er steht immer im Norden. Du findest ihn, wenn du den Deichselstern des Sternbildes „Kleiner Wagen“ suchst.

7.2 Rund ums Schulhaus unterwegs

Erkunden der Schulumgebung

Vorzubereitendes Material:
feste Schreibunterlagen (Klemmmappen o. Ä.), Papier bzw. vorbereitete Lagepläne, Stifte, evtl. Maßbänder zum Abmessen von Entfernungen

Unterrichtsgang: Die Kinder gehen mit der Lehrerin die nähere Umgebung der Schule ab und erstellen dabei eine Lageskizze mit Gebäuden, Straßen und Wegen, Bepflanzung, Bächen und Flüssen. Entweder machen sie diese Skizze ohne Vorgaben durch die Lehrerin auf einem karierten Blatt. Oder sie erhalten ein Blatt mit vorgegebenen Kreuzungen und Teilen der Wegstrecken, die sie beim Abgehen vervollständigen. Für die spätere Arbeit am Sandkasten ist es wichtig, dass sich entweder die Nord- oder Südseite oben befindet. Deshalb sind auf dem Lageplan markante Gebäude (Schule, Kirche) so darzustellen, dass die Himmelsrichtungen auf dem Plan mit der Wirklichkeit übereinstimmen (siehe unten).

Dreidimensionale Abbildung im Sandkasten

Vorzubereitendes Material:
Sandkästen, Schaufeln, Folie zum Andrücken und Glätten, Häuser, Bäume (aus dem Modellbau oder selbst von den Kindern gestaltet), Schnüre für Wege, Schienen und Flüsse

Zurück im Klassenzimmer bauen die Kinder mit Hilfe ihrer Lageskizzen die Umgebung des Schulhauses dreidimensional im Sandkasten nach. Wenn sie an mehreren kleineren „Gruppensandkästen“ arbeiten, lassen sich die Ergebnisse der einzelnen Gruppen vergleichen, berichtigen und im großen Sandkasten noch einmal nachgestalten.

Hinweise zur Sandkastenarbeit:

- Die Gruppen sollen nicht zu groß sein.
- Die Kinder sollen von allen Seiten am Sandkasten arbeiten können.
- Die Lageskizzen und Sandkästen sind eingenordet.
- Später beim Hochklappen der Plexiglasscheiben muss Norden oben sein (Übergang zur Kartendarstellung).

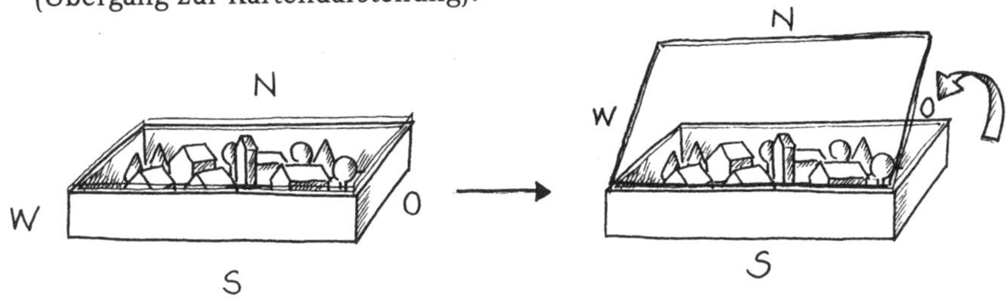

Übertragung in die Vogelperspektive

Vorzubereitendes Material:
Farbkreiden oder Farbpulver, Siebe, Plexiglasscheiben oder Folien, wasserlösliche Filz- oder Folienstifte, weiße Aufkleber zum Beschriften

Nach dem Vergleich der Gruppenergebnisse übertragen Kinder die dreidimensionale Wirklichkeit des Sandkastenausschnittes in eine zweidimensionale Ansicht. Mit einem Sieb und Farbpulver wird zunächst die gesamte Sandkastenlandschaft (vor allem um die Gebäude herum) bestäubt. Nehmen die Kinder Häuser, Bäume, Brücken etc. ab, bleiben deren Grundrisse gut sichtbar auf dem Untergrund zurück.

Die Sandkästen werden mit einer Plexiglasscheibe verschlossen (Alternative: reißfeste Folie). Blicken die Kinder von oben darauf, sehen sie aus der Vogelperspektive die dargestellte Schulumgebung. Diese zeichnen sie nun auf der Glasplatte nach. Damit die Darstellung nicht verzerrt wird, muss die Blickrichtung immer senkrecht sein. Längere gerade Strecken werden mit einem Lineal gezeichnet. Bevor die Plexiglasscheiben in die Vertikale hochgezogen werden, werden sie noch einmal in der Horizontalen durch die Kinder eingenordet. Nach dem Hochziehen erscheint nun Norden analog zur „richtigen" Karte oben. Zur besseren Orientierung kennzeichnen die Kinder markante Punkte ihres Ortsplans mit Bildern und Wortkarten.

Übergang zur Kartendarstellung, Kartenzeichen

Unterrichtsgespräch: Die „Plexiglaskarte" ist unhandlich und unpraktisch. Deshalb zeichnen wir sie verkleinert auf Papier.

Da es erfahrungsgemäß für die Kinder schwierig ist, von der Plexiglasscheibe maßstabsgetreu abzuzeichnen, erhalten sie eine vereinfachte Karte ohne Bilder und Kartenzeichen.

Gruppenarbeit: Die Kinder suchen einfache, möglichst eindeutig erkennbare Kartenzeichen für markante Punkte und tragen sie auf der Karte ein.

Nach einem Vergleich der verschiedenen Kartenzeichen nehmen die Kinder von ihnen mitgebrachte Wander- oder Landkarten her und suchen darauf Kartenzeichen. Schnell erkennen sie, dass einheitliche Zeichen das Lesen der Karten erleichtern und in der „Legende" Kartenzeichen erklärt werden.

Ergebnissicherung (siehe Kopiervorlagen 67 – 69, S. 215 ff.)

- Kopiervorlage 67: (auch als Memory geeignet)
- Kopiervorlage 68: Übertragen einer Bildkarte in eine Karte mit Zeichen
- Kopiervorlage 69: Schatzsuche

Kartenzeichen

Nadelbaum	Laubbaum	Mischwald	Wiese

Brücke	Turm	Stadt	Straße

Moor, Sumpf	Höhle	Bergwerk	Friedhof

Ruine	Eisenbahn	Kloster, Kirche	Schloss, Burg

Name: ______________________ Datum: ____________

Bist du ein guter Kartenzeichner?

Trage in die untere Karte die passenden Kartenzeichen ein.

A
B
C

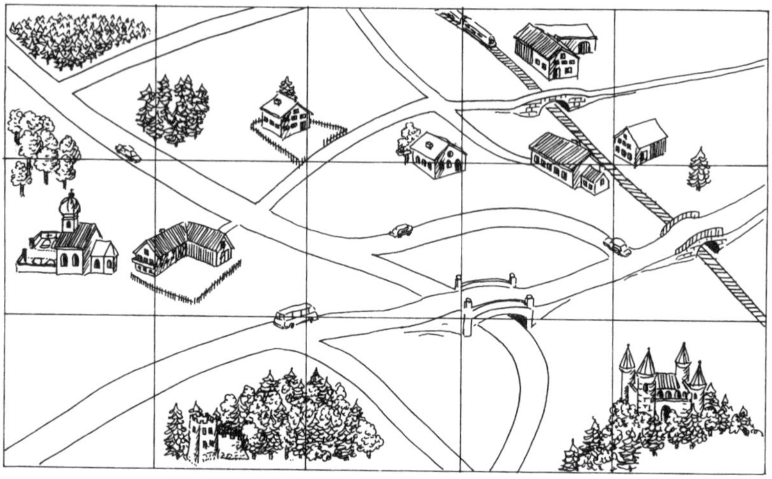

1 2 3 4 5

A
B
C

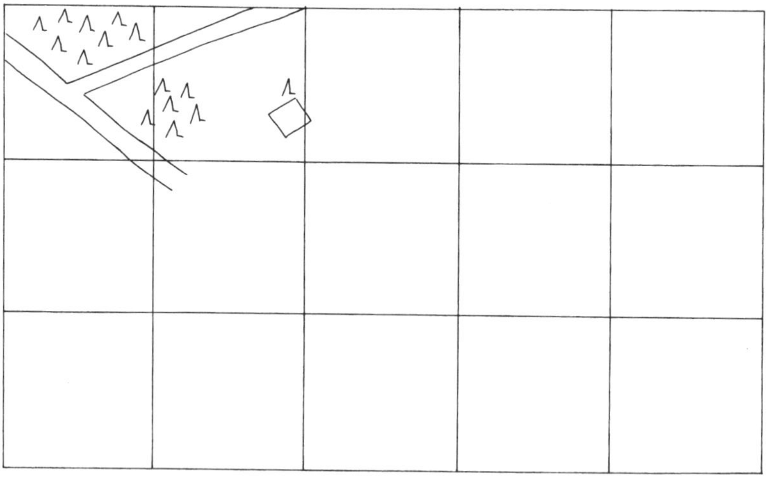

Name: ____________________________	Datum: ____________

Im Mittelalter haben Raubritter ihre gestohlene Beute an einem geheimen Ort versteckt. Nur wer die Schatzkarte richtig lesen kann, findet den Schatz. Schaffst du es?

Reite von der Burgruine aus durch den Nadelwald bis zum östlichsten Rand des großen Mischwaldes.
Von dort aus geht es Richtung Süden über die Wiese.
Folge dann dem Fluss in südöstlicher Richtung, bis du im Westen eine Kirche siehst.
Reite danach Richtung Westen an der Kirche vorbei bis zum großen Nadelwald.
Am westlichsten Ende des Waldes befindet sich eine Höhle.
Dort liegt der Schatz.

Weißt du, wo der Schatz versteckt ist? Zeichne ihn an die richtige Stelle.

8. Feuer und Flamme

Feuer weckt seit jeher die Neugier und Entdeckerfreude von Kindern. Die Bewegung der Flammen, die Wärme und der Reiz des Verbotenen üben eine faszinierende Wirkung aus. Flammen scheinen Kinder geradezu einzuladen, mit ihnen zu experimentieren.

Damit Feuer entstehen und weiter brennen kann, müssen folgende drei Bedingungen gegeben sein:
- ein brennbarer Stoff (z. B. Papier, Holz, Wolle,...),
- Sauerstoff,
- eine genügend hohe Entzündungstemperatur (unterschiedlich, je nach Brennstoff).

Fehlt eine dieser Komponenten, brennt kein Feuer. Dies liefert bereits den entscheidenden Hinweis auf die verschiedenen Wege, ein Feuer zu löschen.

Man kann:
- den Brennstoff entfernen (z. B. eine Schneise schlagen bei Waldbränden),
- den Sauerstoff entziehen (Feuer mit Decke, Sand, Schaum oder Pulver ersticken),
- die Temperatur abkühlen (Wasser darüber gießen).

Neben diesen physikalischen Aspekten der Verbrennung ist auch ein verantwortungsvoller Umgang mit Feuer wichtig. Kinder dürfen die Gefahren des Feuers nicht unterschätzen und müssen lernen, im Falle eines Brandes angemessen zu reagieren.

8.1 Was eignet sich zum Feuer machen?

Bei Experimenten mit Feuer sind unbedingt folgende Sicherheitsvorkehrungen zu treffen:

- Die Kinder dürfen niemals unbeaufsichtigt experimentieren.
- Ein Eimer mit Wasser muss immer in erreichbarer Nähe stehen.
- Alle Experimente werden auf einer feuerfesten Unterlage durchgeführt.
- Die Versuchsmaterialien sind mit einer Grillzange o. Ä. über die Flamme zu halten.

Möglichkeiten der Einstimmung
- Kerzenmeditation: Betrachten der verschiedenen Farben und Bewegungen der Flamme, sowie Beschreiben der Stimmungen, die das Kerzenlicht hervorruft

- Gespräch über die verschiedenen Arten von Feuer (Lagerfeuer, Feuerwerk, Kachelofen, Kerzen, Zigaretten, Fackeln,...)
- Zeitungsausschnitt oder Bild von einem Waldbrand
- Provokation: Kann ich die Kerze im Morgenkreis mit Feuersteinen anzünden?
- Gespräch über den Nutzen von Feuer: Dazu werden folgende Zeilen auf einer Folie nach und nach aufgedeckt:

> Ich bin nützlich.
> Sehr gefährlich kann ich aber auch sein.
> Ich schenke dir Wärme.
> Ohne mich würde kein Motor funktionieren.
> Gerate ich außer Kontrolle, kann ich fast alles vernichten.
> Mein Licht ist unruhig.
> Ich bin...
>
> ...das Feuer.

- Lagerfeuer bei einer Abendwanderung (vgl. Kap. 8.4 S. 221 ff.): Mit welchen Stoffen können wir ein Feuer machen?

In Gruppen- oder Partnerarbeit oder im Klassenverband sammeln die Kinder ihr Vorwissen und ihre Vermutungen (Tafelanschrift).

Durchführung der Experimente

Es liegt in der pädagogischen Verantwortung der Lehrerin zu entscheiden, ob die Kinder selbst mit Feuer experimentieren oder ob die Versuche gemeinsam im Klassenverband (z. B. im Stuhlkreis) durchgeführt werden. In jedem Fall sind die o. g. Sicherheitsvorkehrungen einzuhalten.

Vorzubereitendes Material:

feuerfeste Unterlage, Grillzange, Kerze, Zündhölzer, Schale mit Wasser, verschiedene Materialien, z. B. Wolle, Papier, Stein, Glas, Holz, Plastikbecher, Gummi, Nagel, Pappe, Blätter, Arbeitsblatt Kopiervorlage 70, siehe S. 220

Erkenntnis:

> Die Entzündungstemperatur hängt von der Größe des Objekts und vom Grad der Feuchtigkeit ab.

Name: ______________________ Datum: ____________

① Was eignet sich zum Feuer machen?

Nimm ein Material mit der Zange.
Vermute, ob es gut, schlecht oder gar nicht brennen wird.
Halte es vorsichtig in die Flamme. Beobachte genau, was geschieht. Tauche das untersuchte Material in die Schale mit Wasser. Trage deine Beobachtung in der Tabelle ein.

Stoff	Vermutung	① brennt gut	② brennt schlecht	③ brennt nicht
Holz	1			

② Was brennt besser?

Nimm verschiedene Holzstücke, z. B. ein trockenes, ein nasses und ein dickes Holzstück, einen dünnen Ast und Holzspäne.

Halte sie mit der Zange über eine Kerzenflamme. Welcher Stoff brennt am schnellsten? Begründe.

____

____

8.2 Warum brennt Feuer?

In den folgenden Experimenten erfahren die Kinder, dass auch Luft bzw. Sauerstoff für die Verbrennung notwendig ist. Anschließend erforschen sie mit Hilfe des Sonnenlichts verschiedene Entzündungstemperaturen.

Durchführung der Experimente

Arbeitsblatt Kopiervorlage 71 – 74, siehe S. 222 ff.

8.3 Spucki, der Feuerdrache, warnt: „Vorsicht Feuer"

Ziel ist es, die Kinder für Gefahren im Umgang mit Feuer zu sensibilisieren, nicht aber sie zu verängstigen. Sie sollen lernen, in Gefahrensituationen angemessen zu reagieren, kleinere Brände selbst richtig zu löschen und bei Gefahr schnell die Feuerwehr zu alarmieren (Kopiervorlage 74, siehe S. 224).

Fächerübergreifende Anregung:

Deutsch: Vorgangsbeschreibung „Wie zünde ich ein Streichholz an?"
(Kopiervorlage 75, siehe S. 225)

8.4 Lagerfeuer und Co.

Ein Lagerfeuer ist ein großes Erlebnis für Kinder und lässt sich bei einem Schullandheimaufenthalt oder bei einer Nachtwanderung (mit oder ohne Eltern) durchführen. Vorab werden Regeln für den Umgang mit Feuer geklärt und mögliche Standorte (Ausschluss von Brandgefahr!) überlegt. (Kopiervorlage 76, siehe S. 226 f.)

Zum Abschluss:
Kopiervorlage 77 (siehe S. 227): Feuer! Was tun? Bestehst du die Feuerprüfung?

Name: ______________________________ Datum: ______________

① Wie lange brennen die Kerzen?

Du brauchst: feuerfeste Unterlage, Kerzen, Streichhölzer, unterschiedlich große Gläser, Stoppuhr

Trage in der Tabelle ein: Wie lange brennen die Kerzen? In welcher Reihenfolge verlöschen sie? Begründe.

Kerze				
Zeit				

② Was passiert mit der Flamme?

Du brauchst:
feuerfeste Unterlage, Kerze,
längerer Holzspan, Glas, Backpulver,
wenig Wasser

So geht's:
Gib etwas Backpulver in ein Glas. Gieße ein wenig Wasser dazu und warte einen kurzen Moment.
Entzünde den Holzspan an einer brennenden Kerze und führe ihn langsam in das Glas. Was beobachtest du?

Erkenntnis:

① Eine Flamme braucht Luft zum Brennen.

② Das aus dem Backpulver entstehende Gas ist Kohlendioxid.
Eine Flamme braucht Sauerstoff zum Brennen.

Ein heißer Punkt

Du brauchst:
Vergrößerungsglas (Lupe), Sonnenlicht,
Holzbrett, feuerfeste Unterlage, Streichholz

So geht's:

1. Halte die Lupe so, dass das Sonnenlicht durch die Lupe auf das Holzbrett fällt. Wenn du die Lupe nun auf und ab bewegst, verändert sich die Größe des hellen Flecks. Sammle mit der Lupe das Licht in einem möglichst kleinen Punkt. Was beobachtest du?
Kannst du mit dem Lichtpunkt etwas malen oder schreiben?
2. Lege nun ein Streichholz auf eine feuerfeste Unterlage. Bündle die Sonnenstrahlen mit deiner Lupe auf den Streichholzkopf. Was kannst du nun entdecken?

Erkenntnis:

In dem Punkt, wo sich die gebündelten Sonnenstrahlen treffen, wird es sehr heiß. Die Temperatur reicht aus, ein Streichholz zu entzünden, ist aber nicht heiß genug, das Holz zu entzünden.

Zusammenfassung **Kopiervorlage 73**

Name: ______________________ Datum: ____________

Drei Sachen braucht ein Feuer zum Brennen

 +  + 

Wenn eines dieser Dinge fehlt, kann kein Feuer entstehen.
Dieses Wissen hilft dir auch beim Löschen eines Feuers. Begründe.

Einzusetzende Wörter: Brennstoff, Sauerstoff, Entzündungstemperatur

Name: ______________________ | Datum: ____________

Vorsicht Feuer!

1. Wer verhält sich richtig? Rahme farbig ein und begründe deine Meinung.

Sonja ist ein Streichholz auf die Tischdecke gefallen. Sie erstickt das Feuer mit einer Decke.

Markus hat sich am Finger etwas verbrannt. Er hält ihn einige Minuten unter kaltes Wasser.

Claudia ist eine Kerze auf einen Papierstapel gefallen. Das Papier fängt sofort Feuer. Sie bläst in die Flammen, um das Feuer auszupusten.

Karin zündet eine Kerze an. Als ihre Mutter sie ruft, läuft sie sofort zu ihr in die Küche.

Das Öl in einer heißen Pfanne beginnt zu brennen. Lukas will das Feuer mit Wasser löschen.

Andreas spielt gerne mit Streichhölzern. Eines Tages nimmt er sie mit in den Wald...

Der Adventskranz brennt lichterloh. Eva schließt alle Fenster und Türen und läuft schnell zu den Nachbarn.

2. Spucki rät: So verhältst du dich richtig

Einen kleinen Brand kannst du mit ____________ oder durch Ersticken mit einer ____________ selbst löschen. Ist das Feuer zu groß, dann musst du ____________ und ____________ schließen und schnell die ____________ rufen.

So alarmierst du die Feuerwehr:

Das musst du erklären:
Wer ruft an?
Wo brennt es?
Was brennt?
Warte auf weitere Fragen.

☎ **112**

Setze ein:

Decke – Fenster – Feuerwehr – Türen – Wasser

Richtiger Umgang mit Streichhölzern

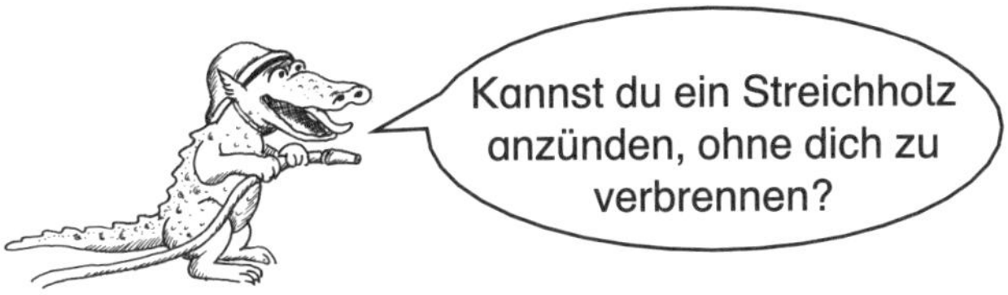

Schneide die Sätze aus und klebe sie in der richtigen Reihenfolge in dein Heft. Achtung: Nicht alle Sätze stimmen!

Halte das brennende Streichholz waagrecht.
Streiche das Streichholz vom Körper weg über die Reibefläche.
Lege das brennende Streichholz auf den Tisch.
Nimm ein Streichholz aus der Schachtel.
Streiche das Streichholz zu dir hin über die Reibefläche.
Puste das brennende Streichholz aus. Warte einen Augenblick, bevor du es weglegst.
Halte das brennende Streichholz mit der Flamme nach unten.
Halte das Streichholz zwischen Daumen und Zeigefinger.
Schließe die Streichholzschachtel.

Lösung:

Nimm ein Streichholz aus der Schachtel.
Schließe die Streichholzschachtel.
Halte das Streichholz zwischen Daumen und Zeigefinger.
Streiche das Streichholz vom Körper weg über die Reibefläche.
Halte das brennende Streichholz waagrecht.
Puste das brennende Streichholz aus. Warte einen Augenblick, bevor du es weglegst.

Ein Lagerfeuer – aber richtig!

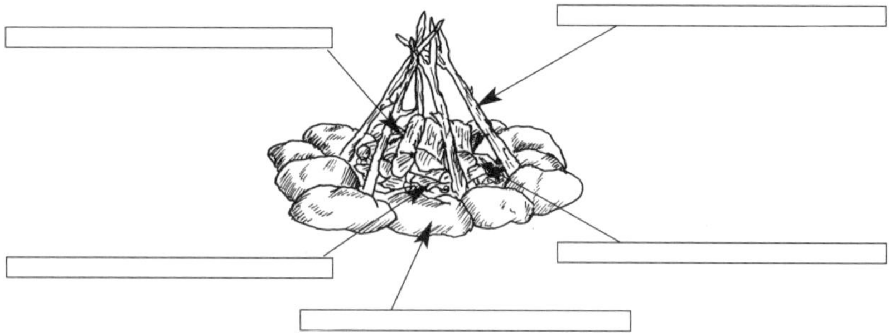

Du darfst die Feuerstelle erst verlassen, wenn das Feuer **vollständig** gelöscht ist.

Einzusetzende Wörter:
Papier/Sägespäne – Holzprügel – Steine – trockene Zweige – dicke Äste

Und das ist leckere Lagerfeuer-Kost:

Stockbrot

Du brauchst: Mehl, Trockenhefe, Wasser, Salz und einen langen Stock

So geht's: Mische 500 g Mehl mit Trockenhefe (1 Päckchen) und dem Salz. Gib langsam Wasser dazu und knete den Teig kräftig durch. Lass den Teig in der Nähe des Feuers etwas gehen. Wickle ein Stück Teig um das Ende des Stocks und halte es über die Glut, bis es braun ist.

Achtung: Nicht über die Flamme halten, dort können sich giftige, ungesunde Stoffe bilden. Am besten ist die Glut eines gerade heruntergebrannten Feuers geeignet.

Folienkartoffel

Du brauchst: Kartoffeln, Alufolie

So geht's: Wickle jeweils eine Kartoffel in Alufolie ein und lege sie in die Glut deines Lagerfeuers. Nach 15 bis 20 Minuten sind die Kartoffeln gar. Nun kannst du sie vorsichtig mit einem Stab aus der Glut holen.

Name: ______________________ Datum: __________

Feuer! Was tun?

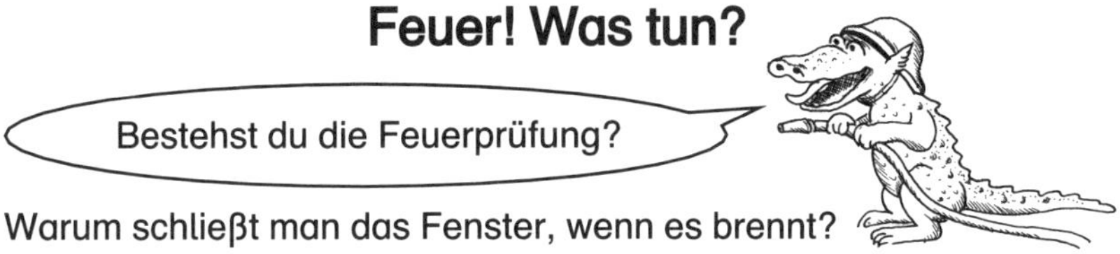

Warum schließt man das Fenster, wenn es brennt?

- ☐ Damit es kein anderer sieht.
- ☐ Damit niemand aus dem Fenster springt.
- ☐ Damit das Feuer durch den Luftzug nicht stärker wird.

Dein Mathematikheft brennt. Was tust du?

- ☐ Du freust dich, weil du nichts mehr rechnen musst.
- ☐ Du deckst es mit einem feuchten Tuch zu.
- ☐ Du lässt es brennen, denn es waren sowieso zu viele Fehler drin.

Was darf man nicht machen, wenn Fett in einer Pfanne brennt?

- ☐ Wasser auf die Flammen gießen.
- ☐ Den Ofen ausschalten.
- ☐ Einen Deckel auf die Pfanne legen.

Wie kann man ein Lagerfeuer löschen?

- ☐ Kräftig in die Flammen pusten.
- ☐ Mit Öl die Flammen abkühlen.
- ☐ Kein brennendes Material nachlegen.

Beim Grillen fängt die Dekoration Feuer. Was machst du?

- ☐ Du läufst davon und versteckst dich.
- ☐ Du rufst die Feuerwehr.
- ☐ Du räumst schnell alle Teller weg.

Was machst du mit einem brennenden Streichholz?

- ☐ Du wirfst das brennende Streichholz in den Mülleimer.
- ☐ Du bläst es aus und wartest kurz, bevor du es auf eine nicht brennbare Unterlage legst.
- ☐ Du hältst es so lange in der Hand, bis es von selbst ausgeht.

9. Menschen arbeiten – bei der Feuerwehr

Der Beruf des Feuerwehrmanns/der Feuerwehrfrau wurde wegen des Bezugs zum Thema Feuer exemplarisch ausgewählt. Zudem lassen sich weitere Lernziele wie Gleichstellung von Mann und Frau, Unterschiede zwischen Ehrenamt (Freiwillige Feuerwehr) und Beruf gerade an diesem Beispiel gut erarbeiten.

Möglichkeiten des Einstiegs

- Besuch bei der Ortsfeuerwehr
- Einladung eines Feuerwehrmanns im Rahmen der Brandschutzerziehung
- Anknüpfung Kopiervorlage 74, S. 224 (So alarmiere ich die Feuerwehr)
- Probealarm in der Schule
- Text: Als es noch keine Feuerwehr gab

Als es noch keine Feuerwehr gab

„Feurioooo!“, schreit der Wächter
vom Wachturm auf der Stadtmauer.
„Feurioooo! Es brennt in der Eulengasse
Numero 17.“
In Windeseile stürzen die Bewohner
aus den umliegenden Häusern.
Jeder trägt einen Holzeimer in der Hand.
Männer, Frauen und Kinder
bilden blitzschnell eine Eimerkette.
Sie reicht vom Brunnen
bis zu dem brennenden Haus.

Ein starker Mann füllt die Eimer
am Brunnen mit Wasser.
Die vollen Eimer werden eilig durchgereicht.
Der Letzte schüttet das Wasser ins Feuer.

Auf so mühsame Weise
wurden noch vor 200 Jahren
die Brände gelöscht.

Viele Häuser in den Städten
waren damals aus Holz.
Und sie standen sehr eng beieinander.
Daher konnte es leicht geschehen,
dass die Funken eines brennenden Hauses
umliegende Häuser mit in Brand steckten.
Um das Feuer aufzuhalten,
riss man die Nachbarhäuser oft einfach ab.

(Aus: Margot Hellmiß: Bei der Feuerwehr. Mit Bildern von Stephan Baumann. © 2000 by Arena Verlag GmbH, Würzburg)

9.1 Retten – Löschen – Bergen – Schützen: Die Aufgaben der Feuerwehr

Falls die Kinder die örtliche Feuerwehr besucht haben, kennen sie bereits die Aufgaben der Feuerwehr und das folgende Arbeitsblatt (Kopiervorlage 78, siehe S. 230) dient der Wiederholung.
Andernfalls führt folgender Text oder ein aktueller Zeitungsartikel über einen Einsatz der Feuerwehr zum Thema.

Folie

> Ein starker Gewitterregen prasselt auf das Dach. Maria ist froh, dass sie im Haus gut geschützt ist. Plötzlich ruft ihre Mutter: „Ruf sofort die Feuerwehr, der ganze Keller steht unter Wasser!“ Maria erschrickt. Doch dann fragt sie verwundert: „Warum soll ich die Feuerwehr rufen? Es brennt doch gar nicht.“
> Die Mutter ruft ungeduldig: „Tu bitte, was ich dir sage. Die Nummer ist 112.“
> Kopfschüttelnd wählt Maria die Nummer der Feuerwehr und erklärt genau, was los ist. Sie ist sehr erstaunt, als ihr der Feuerwehrmann am Telefon erklärt, dass sie in fünf Minuten da sein werden…

9.2 Die Ausrüstung einer Feuerwehrfrau

Die Ausrüstung der Feuerwehrfrau oder des Feuerwehrmanns (Kopiervorlage 79, siehe S. 231) ist für die tägliche Arbeit maßgeblich. Vielleicht können die Kinder sie im Original bei einem Besuch der örtlichen Feuerwehr besichtigen.
Informationen findet man auf der Homepage des Landesfeuerwehrverbands (z. B. www.lfv-bayern.de).

9.3 Beruf oder freiwillig?

Im ländlichen Raum leisten Freiwillige den Feuerwehrdienst, nur in großen Städten gibt es eine Berufsfeuerwehr. Sehr viele Kinder werden deshalb nur den freiwilligen Feuerwehrdienst kennen und nicht wissen, dass es auch den Beruf „Feuerwehrmann“ bzw. „-frau“ gibt. Deshalb eignet sich gerade dieser Beruf sehr gut, um bei den Kindern Fragen zu Beruf und Ehrenamt aufzuwerfen. Außerdem gibt es nur wenige Frauen – und das auch erst seit einigen Jahren –, die in diesem Beruf arbeiten. Der Text (siehe S. 232) regt deshalb auch zu einem Gespräch über die Gleichstellung von Mann und Frau an.

Name: ______________________	Datum: ____________

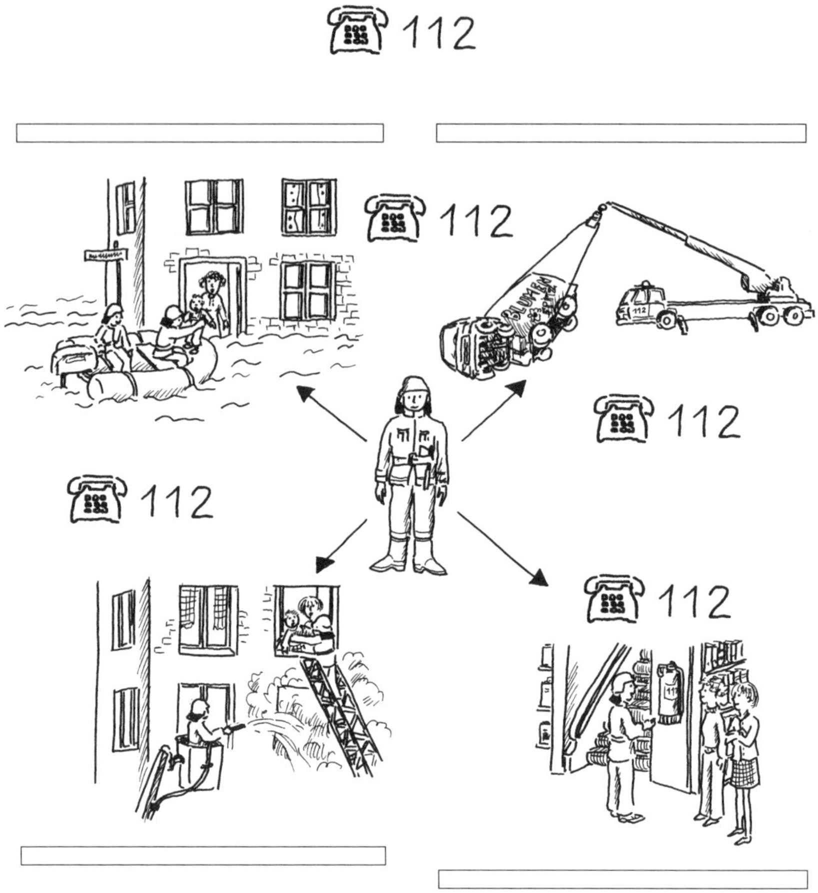

Christians Vater arbeitet bei der Berufsfeuerwehr. Am Abend berichtet er Christian stolz, was er und seine Kollegen an diesem Tag geleistet haben. Die Bilder zeigen es auch dir.

Der Leitspruch der Feuerwehr lautet:

Retten – Löschen – Bergen – Schützen

Jedes Wort passt zu einem der Bilder. Schreibe es dazu.

Name: ______________________ Datum: ____________

Die Ausrüstung einer Feuerwehrfrau

1. Das braucht die Feuerwehrfrau für ihre Arbeit:

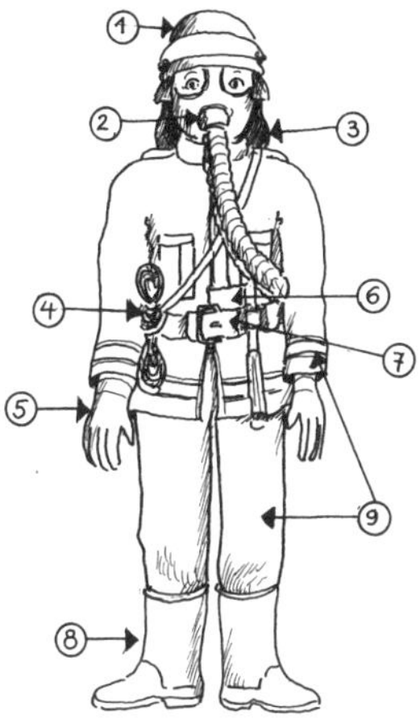

① ______________________
② ______________________
③ ______________________
④ ______________________
⑤ ______________________
⑥ ______________________
⑦ ______________________
⑧ ______________________
⑨ ______________________

Setze ein:

Sicherheitsgürtel, Sicherungsleine, Feuerwehrhelm, Nackenschutz, hitzefeste Handschuhe, Schutzanzug, Sicherheitsstiefel, Atemschutzmaske, Feuerwehrbeil

2. Hier sind einige Dinge dabei, die die Feuerwehrfrau sicher nicht für ihre Arbeit braucht. Streiche sie durch.

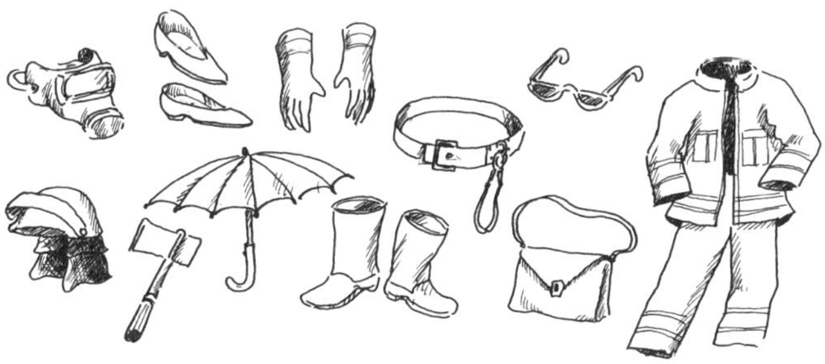

Lösung Nr. 1: Einzusetzende Wörter: ① Feuerwehrhelm, ② Atemschutzmaske, ③ Nackenschutz, ⑤ hitzefeste Handschuhe, ⑦ Sicherheitsgürtel mit ⑥ Feuerwehrbeil und ④ Sicherungsleine, ⑧ Sicherheitsstiefel, ⑨ Schutzanzug

Beruf: Feuerwehrmann oder Feuerwehrfrau

Viele Männer und nur wenige Frauen sind von Beruf Feuerwehrleute. In jeder größeren Stadt gibt es eine Berufsfeuerwehr. Im Feuerwehrhaus ist dort Tag und Nacht mindestens ein Löschzug einsatzbereit. Ein Feuerwehrmann oder eine Feuerwehrfrau haben meistens 24 Stunden Dienst. Danach haben sie 24 Stunden frei.

Viele Dörfer und Städte sind so klein, dass sie keine Berufsfeuerwehr haben. Dort gibt es eine Freiwillige Feuerwehr. Die Männer und Frauen von der Freiwilligen Feuerwehr haben andere Berufe. Sie sind Schreiner, Metzger, Mechaniker, Journalisten oder …

Wenn ein Feuerwehreinsatz nötig ist, werden sie über einen Sender „angepiepst". Sofort lassen sie alles liegen und stehen. Eilig rennen oder fahren sie zur Feuerwache und rücken aus.

Bei einem Einsatz haben Feuerwehrleute die Aufgaben, Menschen und Tiere zu **retten,** Brände zu **löschen,** Gegenstände zu **bergen** und vor Bränden zu **schützen.**

① Welche Aufgaben hat ein Berufsfeuerwehrmann, welche ein Feuerwehrmann bei der Freiwilligen Feuerwehr?

② Was ist beim Feuerwehrmann bei der Freiwilligen Feuerwehr anders als beim Berufsfeuerwehrmann?

④ Findest du es richtig oder falsch, dass es nur wenige Feuerwehrfrauen gibt? Begründe deine Meinung.

Ausgehend von den Fragen zum Text lassen sich folgende Aspekte erörtern:

- Was kennzeichnet einen Beruf? Was kennzeichnet ein Ehrenamt? (Stichworte: Hobby, Freiwilligkeit, Lohn)
- Ist ein Beruf „wertvoller“ als eine ehrenamtliche Tätigkeit?
- Wäre auch ich bereit, mich ehrenamtlich zu betätigen?
- Welche Möglichkeiten gibt es für mich, etwas ehrenamtlich zu tun? Beispiele: Helferdienste, Klassenpatenschaft, Jugendorganisationen der Hilfsorganisationen

Vertiefung und Ausweitung: Kopiervorlage 81, siehe S. 234

9.4 Nicht nur bei der Feuerwehr kann man arbeiten: Weitere Berufe

Um orientierend weitere Berufsbilder kennenzulernen interviewen die Kinder arbeitende Familienmitglieder oder Nachbarn mit folgendem Fragebogen als Hilfe (Kopiervorlage 82, siehe S. 235).
Die Lehrerin kann auch VertreterInnen von Berufen, die für die Kinder interessant sind, in die Klasse zum Befragen einladen.

Spielerischer Ausklang
Berufe raten: Ein Kind stellt pantomimisch einen Beruf vor, den die anderen Kinder erraten sollen. Wer den Beruf erkannt hat, spielt als Nächster vor.

Name: ____________________	Datum: __________

Beruf und Ehrenamt

① Jeden Donnerstag geht Frau Geiger ins Seniorenheim und singt dort den ganzen Nachmittag mit alten Menschen. Die Senioren freuen sich immer sehr auf ihren Besuch. Frau Geiger betreut den Chor der Senioren *ehrenamtlich.*
Rahme ein, aus welchen Gründen Frau Geiger ehrenamtlich arbeitet.

② Ein Ehrenamt ist eine Tätigkeit, die man [____________] übernimmt.
Man bekommt dafür kein [____________].

③ Welche Ehrenämter bei Vereinen oder Hilfsorganisationen kennst du?

④ Gibt es auch für Kinder ehrenamtliche Aufgaben? Erkundige dich.

Einzusetzende Wörter: freiwillig, Geld

Name: ______________________ Datum: ____________

Interviewbogen

Auch die Menschen in deiner Familie oder Nachbarschaft arbeiten. Erkundige dich nach ihren Berufen. Such dir einen Beruf aus, den du den anderen Kindern genauer vorstellen möchtest. Die Fragen können dir dabei helfen.

Beruf: ______________________

Welche Aufgaben hat ein ______________________?

Wo ist der Arbeitsplatz?

Male ein zum Beruf passendes Bild.

Welche Ausrüstung braucht man für diesen Beruf?

Gibt es besondere Arbeitszeiten?

Was macht bei diesem Beruf am meisten Spaß?

Was ist daran nicht so schön?

10. Magnetismus und Elektrizität

Elektrizität ist heutzutage eine Selbstverständlichkeit, die als Energieform aus unserem Alltag nicht mehr wegzudenken ist. Lange Zeit war das Phänomen der Elektrizität schon bekannt, allerdings nur in Form statischer Ladungen (siehe Versuche zur Elektrostatik). Erst die Erkenntnisse über "positive" und "negative" Ladungen, die sich gegenseitig anziehen bzw. abstoßen, brachten die weitere Entwicklung in Gang und ermöglichten die Nutzung der Elektrizität.
Eine Stromquelle verfügt an einem Ende über einen Pluspol (Mangel an negativen Ladungen) und einen Minuspol (Überschuss an negativen Ladungen). Werden nun Plus- und Minuspol der Stromquelle durch einen Leiter (z. B. Metalle, Kohlen, Säuren) verbunden, so bewegen sich die Elektronen (negative Elementarladung) vom Minuspol zum Pluspol und der Strom fließt durch den geschlossenen Stromkreis. Nutzbar wird die elektrische Energie durch das Einbauen eines Stromverbrauchers (Energieumwandlers) wie z. B. Glühbirne und Elektromotor.
Wie später noch erklärt wird, ist die Elektrizität eng mit dem ebenfalls schon lang bekannten Phänomen des Magnetismus verknüpft.
Bereits der römische Geschichtsschreiber Lukretius berichtet von einer längst verschollenen Stadt Magnesia, bei der Steine abgebaut wurden, die auf Eisen eine anziehende Wirkung ausüben. Auf Grund dieser Wirkung wird noch heute in der Physik der Begriff "Magnet" definiert.
So unterscheidet man magnetische Stoffe (solche, die von einem Magneten angezogen werden), dazu gehören Eisen, Nickel und Kobalt von nicht magnetischen Stoffen wie Aluminium, Messing, Holz, Kunststoff, Papier u. Ä. Dies können die Kinder leicht experimentell durchführen (vgl. Station: Welcher Stoff hält?).
Magnetische Stoffe haben noch eine weitere wichtige Eigenschaft: Sie werden im Umfeld eines Magneten „magnetisiert“ und damit selbst magnetisch (vgl. Stationen: Kugeltrick, magnetische Büroklammern). Magnetisierbare Stoffe kann man sich aus lauter kleinen sog. Elementarmagneten aufgebaut denken (siehe Abb. S. 237). Im unmagnetischen Zustand sind alle diese Elementarmagnete ungeordnet durcheinandergewürfelt, so kann sich nach außen hin keine magnetische Wirkung ausbilden. Bringt man einen solchen Gegenstand in die Nähe eines Magneten, so richten sich alle Elementarmagneten parallel zueinander aus und der Gegenstand zeigt eine magnetische Wirkung.

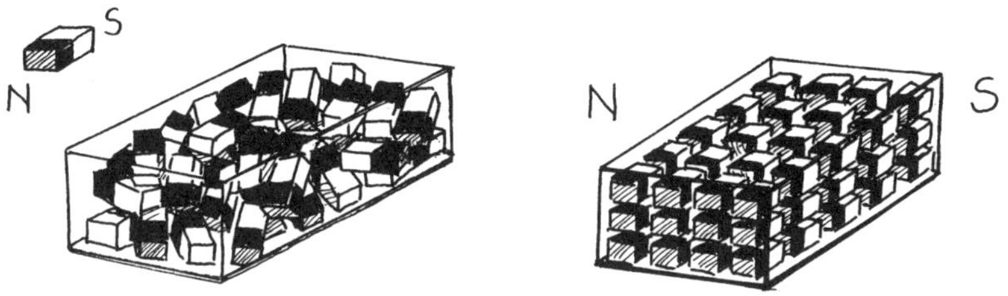

(Bild nach: Reichardt, Notkin, Golkin: Elektrizität (Reihe Was ist was, Bd. 24). Nürnberg, Tessloff Verlag 1981)

Durch Stöße oder durch Erhitzen des magnetisierten Stoffes lässt sich die Magnetisierung rückgängig machen. Käufliche Magneten sind künstlich durch dauerhafte Magnetisierung hergestellt, magnetisches Gestein ist selten.
Allgegenwärtig ist die Magnetisierung bei der Informationsspeicherung, z. B. bei Tonbändern, Disketten, Festplatten, Magnetstreifen auf EC-Karten.
Untersucht man das Verhalten von zwei Magneten aufeinander, so stellt man fest, dass es offenbar zwei in ihrer Wirkung verschiedene Enden eines Magneten gibt, den Nord- bzw. Südpol. Gleichnamige Pole stoßen sich ab, ungleichnamige ziehen sich an (vgl. Station: Nicht alle mögen sich, siehe S. 242).
Der N**o**rdpol eines Magneten wird r**o**t markiert, der S**ü**dpol gr**ü**n. Dadurch entsteht oft die Fehlvorstellung, beim Auseinanderschneiden des Magneten blieben jeweils ein Südpol bzw. Nordpol übrig. Dies ist jedoch nicht der Fall, es entstehen wiederum zwei Magnete mit Nord- bzw. Südpol. Man kann dies leicht durch Auseinanderschneiden einer magnetisierten dünnen Stahlstricknadel zeigen. Stellt man sich den Magneten aufgebaut aus den schon erwähnten Elementarmagneten vor, so ist dieses Ergebnis einsichtig.
Besondere Bedeutung vor allem für die Seefahrt erlangt der Magnetismus durch die Entdeckung der Magnetnadel. Sie richtet sich stets in Nord-Süd-Richtung aus. Diese Anordnung nennt man Kompass (vgl. Station: Ein selbst gebauter Kompass, siehe S. 242). In China wurden bereits im 2. Jahrhundert v. Chr. Kompasse verwendet, im Abendland tauchten sie erst gegen Ende des 12. Jahrhunderts n. Chr. auf.
Die Nord-Süd-Ausrichtung einer Magnetnadel entsteht dadurch, dass die Erde selbst ein Magnet ist, dessen magnetische Pole in der Nähe der geographischen Pole liegen. Daher wird derjenige Pol der Magnetnadel, der in die Himmelsrichtung Norden zeigt, Nordpol genannt. Man beachte dabei, dass am geographischen Nordpol der Erde so ein magnetischer Südpol vorliegen muss. Entsprechendes gilt für den Südpol.
Auch mit dem elektrischen Strom ist ein Magnetfeld verbunden, d. h. in der Nähe eines stromdurchflossenen elektrischen Leiters lässt sich ein Magnetfeld

feststellen. Die magnetische Wirkung wird verstärkt, indem ein Draht mehrfach in gleicher Richtung gewickelt wird („Spule“). Schiebt man nun in das Innere dieser stromdurchflossenen Spule einen Eisenkern, verstärkt dies nochmals die magnetische Kraft und man erhält einen sog. Elektromagneten. Dieser wird durch Unterbrechen des Stromkreises sofort ausgeschaltet bzw. durch Schließen des Stromkreises eingeschaltet.
Elektromagneten spielen in der Technik eine große Rolle, z. B. in Form von Lasthebekränen für Eisenwaren. Vor allem sind sie ein wesentlicher Bestandteil von Elektromotoren, z. B. in Haushaltsgeräten (Staubsauger, Waschmaschinen, Trockner, Kühlgeräte, Küchenmaschinen,...), Werkzeugen (Bohrmaschine, Motorsägen, Rasenmäher,...), Unterhaltungselektronik (CD-Player, Videorecorder, Plattenspieler,...), Autos (Anlasser, Fensterheber, Scheibenwischer,...).

10.1 Forscherwerkstatt „Prinz Eisenbart & Co“

Bei den folgenden Experimentierstationen machen die Kinder spielerisch erste Erfahrungen mit magnetischer Wirkung.
Es ist günstig, den Erkenntnissatz jeweils auf der Rückseite der Stationenkarte zu notieren.

Vorzubereitendes Material (zum Teil von den Kindern mitzubringen):
Magnete, Gegenstände aus verschiedenene Stoffen, Eisennagel, Stahlkugel, Büroklammern, Schachtel mit durchsichtigem Deckel, Klebeband, Eisenspäne (Schlosserei), Karton, Faden, Glas, Bleistift

Zu den Experimenten

Welcher Stoff hält?
Viele Kinder bringen bereits Vorerfahrungen zum Magnetismus mit (z. B. Züge, die durch Magnete angekoppelt werden). Dabei dominiert jedoch die Vorstellung, dass alle Metalle von Magneten angezogen werden und nicht nur Eisen bzw. Stahl. Um diesem Vorurteil entgegenzuwirken empfiehlt es sich, viele nicht-magnetische Metallgegenstände (z. B. aus Aluminium, Messing) zu verwenden.

Der Kugeltrick
Die Kinder erfahren, dass ein Gegenstand aus Eisen (der Nagel) durch Berühren eines Magneten selbst magnetisch wird. Vor dem Versuch sollte man prüfen, ob der Nagel bereits magnetisch ist. In diesem Fall gelingt der Versuch nicht oder nur schlecht.

Magnetische Büroklammern

Auch hier steht die Erfahrung im Vordergrund, dass Gegenstände aus Eisen durch Berührung mit einem Magneten selbst magnetisch werden. Allerdings nimmt die Magnetkraft mit zunehmender Anzahl der angehängten Büroklammern ab.

Ein neuer Bart für den Prinzen

Für diese Station ist etwas mehr Vorbereitung nötig, die sich aber insofern lohnt, als dabei ein faszinierendes Spiel entsteht. Die Lehrerin erstellt dafür eine „Magnetschachtel" aus einer niedrigen Schachtel mit durchsichtigem Deckel (oder Folie). Auf dem Boden der Schachtel malt sie ein Gesicht ohne Haare, in die Schachtel füllt sie Eisenspäne (Abfall in Schlossereien). Anschließend wird die Schachtel mit dem durchsichtigen Deckel verschlossen und gut zugeklebt. Mit einem Magneten, der am Boden der Schachtel entlang geführt wird, „zeichnen" die Kinder dem Gesicht immer wieder neue Bärte und Haare.

„Nicht alle mögen sich..."

An dieser Station erforschen die Kinder, wie zwei Magnete aufeinander wirken. Sie erkennen, dass sich Magnete sowohl gegenseitig anziehen (verschiedene Pole) als auch abstoßen (gleiche Pole) können. Besonders viel Spaß macht dies mit Zügen, die durch Magnete angekoppelt werden bzw. sich nicht ankoppeln lassen. Sollte kein Kind in der Klasse ein solches Spielzeug mitbringen können, eignet sich der in der Stationenkarte beschriebene Versuch.

Ein selbst gebauter Kompass

Es gibt zahlreiche Möglichkeiten, einen Kompass selbst zu bauen. Die hier vorgestellte eignet sich gut für Orientierung im Freien, da die Kompassnadel im Glas gut geschützt ist.

Bitte weisen Sie die Kinder darauf hin, dass sie beim Magnetisieren der Büroklammer den Magneten immer nur in eine Richtung führen, also keinesfalls hin- und herstreichen. Bei einem starken Magneten genügt es, den Magneten ein paar Mal über die Büroklammer zu streichen, bei einem schwachen Magneten sollte dies entsprechend öfter geschehen.

Vgl. dazu auch Kap. 7.1 S. 202

Prinz Eisenbart & Co: **Welcher Stoff hält?**

Du brauchst:
- Magnet
- Gegenstände aus verschiedenen Stoffen

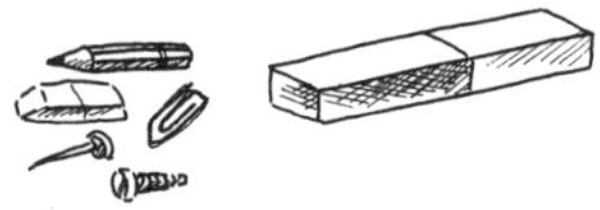

So geht's:
- Lege viele verschiedene Gegenstände auf den Tisch. Halte den Magneten in die Nähe einzelner Dinge. Was beobachtest du?
- Überlege: Warum findet man in den meisten Nähkästchen einen kleinen Magneten?

Erkenntnis:

Alle Gegenstände aus Eisen bzw. aus Stahl werden vom Magneten angezogen.

Prinz Eisenbart & Co: **Der Kugeltrick**

Du brauchst:
- Magnet
- Nagel
- kleine Stahlkugel

So geht's:
- Lege einen Magneten auf den Tisch und hefte an ein Ende die Stahlkugel. Nähere dich nun mit dem Nagel der Stahlkugel. Was passiert mit der Stahlkugel?

Erkenntnis:

Durch die Berührung wird der Nagel zu einem stärkeren Magneten und zieht die Kugel auch stärker an.

Prinz Eisenbart & Co: Magnetische Büroklammern

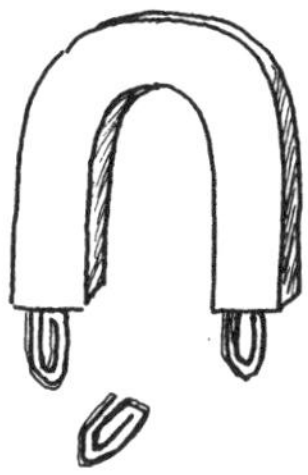

Du brauchst:
- Hufeisenmagnet
- Büroklammern

So geht's:
- Hefte an beide Enden des Magneten eine Büroklammer. Nähere dich mit einer weiteren Büroklammer. Warum hält diese?
- Wettspiel: Wer kann die meisten Büroklammern an den Magneten hängen?
- Überlege, warum die Klammern irgendwann abfallen.

Erkenntnis:

Die Büroklammer aus Eisen wird bei Berührung mit dem Magneten selbst magnetisch. Je mehr Büroklammern daran hängen, desto schwächer wird die Magnetkraft.

Prinz Eisenbart & Co: Ein neuer Bart für den Prinzen

Du brauchst:
- „Magnetschachtel"
- verschiedene Magnete

So geht's:
- Bewege einen Magneten an der Unterseite der Schachtel. Kannst du die Eisenspäne bewegen?
- Wer kann dem Prinzen den schönsten „Bart" und die schönsten „Haare" zaubern?

Prinz Eisenbart & Co: Nicht alle mögen sich...

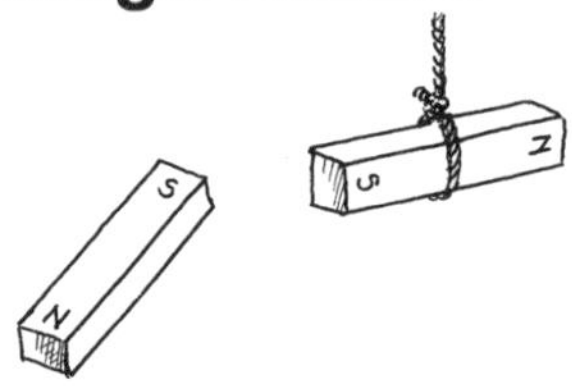

Du brauchst:
- zwei Stabmagnete
- Schnur

So geht's:
- Binde eine Schnur um die Mitte eines Magneten und halte ihn so, dass er sich frei drehen kann. Nähere dich nun mit dem zweiten Magneten. Was passiert?
- Nähere dich nun mit der anderen Seite des Magneten. Was beobachtest du nun?

Erkenntnis:

Magnete haben zwei unterschiedliche Enden (Pole), gleiche Pole stoßen sich ab, unterschiedliche Pole ziehen sich an.

Prinz Eisenbart & Co: Ein selbstgebauter Kompass

Du brauchst:
- Glas
- Bleistift
- Faden
- Stabmagnet
- Karton
- Büroklammer

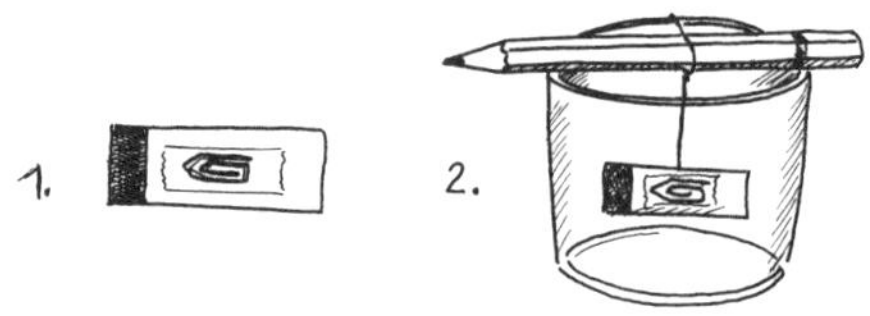

So geht's:
- Klebe eine Büroklammer mit Klebeband auf ein Stück Karton, das an einem Ende farbig ist. Streiche nun mit dem Südpol des Magneten mehrere Male in Richtung der farbigen Markierung die Büroklammer entlang. (Dabei keinesfalls hin- und herstreichen!) Diese „magnetisierte" Büroklammer ist deine „Kompassnadel".
- Hänge die Kompassnadel mit einem Faden an einen Bleistift in ein Glas. Das farbig markierte Ende deiner Kompassnadel pendelt sich nun in Richtung Norden ein.

Weitere Anregungen:

Angelspiel

Du brauchst:
Magnet, Büroklammer,
Schnur, Karton

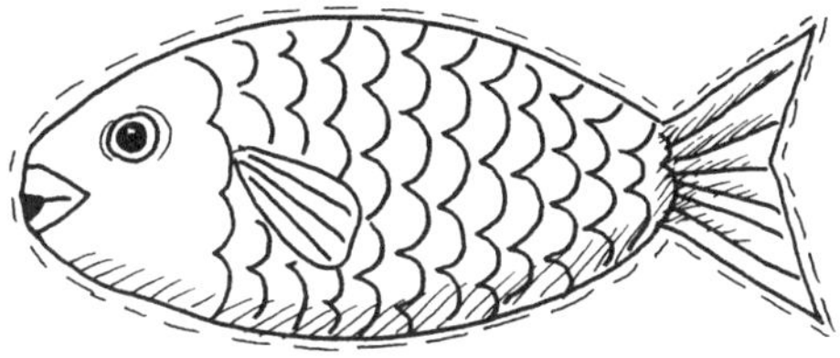

So geht's:
Schneide Fische aus Karton aus und befestige eine Büroklammer oder eine Musterklammer am Maul. Binde nun einen Magneten an eine Schnur – schon kannst du die Fische „fangen".

Tipp:
Das Angelspiel eignet sich besonders gut für verschiedene Lernspiele, da sich auch Lernwörter, Rechenaufgaben ... angeln lassen.

Die schwebende Büroklammer

Du brauchst:
Schachtel, starke Magnete, Zahnstocher, Faden, Büroklammern

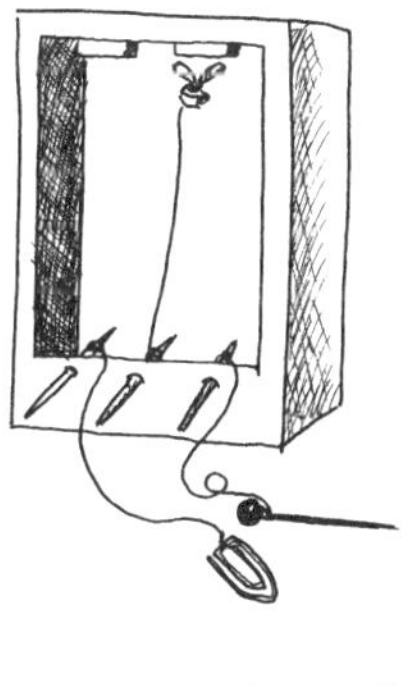

So geht's:
Schneide in den Deckel der Schachtel ein Fenster. Dies wird dein Schaukasten. Klebe an die Decke des Schaukastens starke Magnete. Durch den unteren Rand der Schachtel steckst du drei Zahnstocher und knotest daran die Haltefäden. An die Fäden bindest du Dinge, die vom Magneten angezogen werden (z. B. Büroklammer, Sicherheitsnadel ...).
Durch Drehen der Zahnstocher spannst du die Fäden so, dass die Gegenstände (scheinbar) frei schweben.

Weitere Anregungen:

Malen mit Magneten

Du brauchst:
Magnet, Büroklammern u. Ä., Papier, Farbe, Pfanne oder Schüssel

So geht's:
Lege in die Pfanne ein Stück Papier. Darauf tropfst du ein wenig Farbe und legst die Büroklammer (oder einen anderen kleinen Gegenstand, der von Magneten angezogen wird) auf das Papier. Wenn du nun an der Unterseite der Pfanne vorsichtig einen Magneten entlang bewegst, entstehen wie von „Zauberhand" Bilder.

Tischfußball

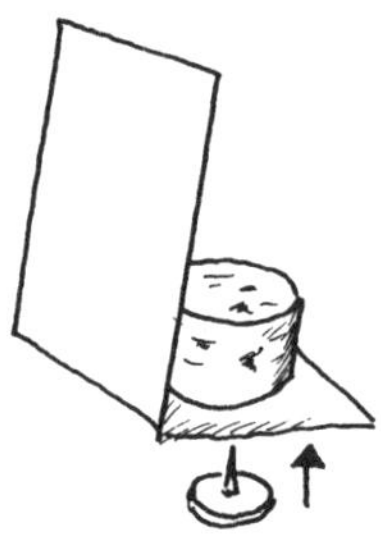

Du brauchst:
Karton (weiß und grün), Korken, Reißnägel ohne Beschichtung, Tischfußball-Ball, Holzstäbchen, Magnete, Stifte, Kleber, Schere

So geht's:
Aus dem grünen Karton gestaltest du ein Spielfeld. Wenn du die Ränder etwa 1 bis 2 cm hochbiegst, entwischt dir der Ball nicht so leicht. Für die Spieler schneidest du den weißen Karton in Streifen, die ungefähr 1 cm breit und 3 cm lang sind. Male für jede Mannschaft drei bis vier Spieler mit den gleichen Farben an.
Nun knickst du den unteren Teil des Spielers nach hinten und klebst ein Stück Korken von oben auf den umgeknickten Teil.
Stecke von unten einen Reißnagel in den Korken. Die Spieler werden durch kleine Magneten bewegt, die an Holzstäbchen befestigt werden und unter dem Spielfeld geführt werden.

10.2 Ohne Strom geht es nicht

10.2.1 Ganz schön geladen – einige Tricks mit der Elektrizität

Diese einfach durchzuführenden Experimente zur elektrostatischen Aufladung können zum Thema Strom hinführen. Denn diese Grundphänomene der Elektrizität wecken die Neugier der Kinder auf die physikalischen Hintergründe und schaffen auch die Grundlage für das Verständnis der Ladungen beim Stromfluss.

Zauberballons

Vorzubereitendes Material: Luftballons und Wolltuch/Wollpullover

Man reibt einen aufgeblasenen Luftballon etwa eine halbe Minute mit einem Wolltuch oder Wollpullover. Er lädt sich dadurch elektrostatisch auf und kann so lange an der Decke oder Wand als „Faschingsschmuck" hängen, bis die Ladungen wieder ausgeglichen sind.

Tipp:
Längliche Ballons haben mehr Berührungsfläche mit der Wand und halten folglich besser. Werden zwei Luftballons an einem Pullover gerieben, so stoßen sie sich gegenseitig ab, da beide negativ geladen sind.

Der Trick mit Salz und Pfeffer

Vorzubereitendes Material: etwas gröbere Salzkörner, Pfeffer, Teller, Kunststofflöffel, Wolltuch

Pfeffer und Salz, die auf einem Teller vermischt werden, lassen sich durch statische Elektrizität voneinander trennen. Dazu wird ein Kunststofflöffel mit dem Wolltuch gerieben und vorsichtig dem Gemisch genähert. Der negativ geladene Löffel zieht die leichten Pfefferteilchen an. Für das restliche Salz muss man den Löffel etwas niedriger halten.

Schlangenbeschwörer

Vorzubereitendes Matieral: Metalldeckel, Papiertaschentuch, Kunststoffstift, Wolltuch

Aus einem Papiertaschentuch wird spiralförmig ein Schlangenkörper geschnitten und ein Kopf aufgemalt, den man ein wenig nach oben biegt. Die Schlange wird auf den Metallteller gelegt und der Kunststoffstift durch Reiben mit dem Wolltuch elektrostatisch geladen. Hält man den Kunststoffstift nun in die Nähe des Schlangenkopfs, wird dieser angezogen und die Schlange beginnt emporzusteigen.

Berührt die Schlange den Stift, so überträgt sich die Ladung über die Schlange auf den Metalldeckel und die Schlange sinkt zu Boden.

Papierschnipselsammler

Vorzubereitendes Material: Kamm, Papiertaschentuch

Kämmt man durch das Haar, so lädt sich der Kamm mit statischer Elektrizität auf. Wird der Kamm unmittelbar danach in die Nähe von Schnipseln eines Papiertaschentuchs gehalten, so springen sie hoch und bleiben am Kamm haften.

Ein Knick im Wasserstrahl

Vorzubereitendes Material: Wasserhahn, Kamm

Durch statische Elektrizität lässt sich ein Wasserstrahl „verbiegen“: Wird der geladene Kamm in die Nähe eines dünnen Wasserstrahls gebracht, so verbiegt der Strahl sich in Richtung des Kamms.
Vorsicht: Der Kamm darf nicht nass werden, da er sonst die elektrische Ladung verliert.

10.2.2 Ein Leben ohne Strom?

Der folgende kurze Text (auf Kopiervorlage 83) regt die Kinder an, sich ein Leben ohne Strom vorzustellen. Im anschließenden Unterrichtsgespräch wird erarbeitet, wie allgegenwärtig Strom in unserem Leben ist und wie sehr die Verwendung elektrischer Geräte uns das Leben erleichtert.

10.2.3 Wie wirkt der Strom?

Vergleichen elektrischer Geräte
Anknüpfend an das Arbeitsblatt (Kopiervorlage 83) werden die Elektrogeräte, die die Kinder in das Haus eingetragen haben, nach ihrer Wirkung geordnet.
Erkenntnis: Strom kann Wärme oder Kälte, Licht, Bewegung und Magnetismus bewirken. Meist steht eine Wirkung erkennbar im Vordergrund, manchmal ist eine Zuordnung nicht eindeutig möglich (z. B. Föhn: Wärme und Bewegung).

Collage zur Wirkung des elektrischen Stroms
Die Kinder schneiden aus Prospekten Bilder strombetriebener Geräte aus und erstellen zu jeder Wirkung des Stroms ein gemeinsames Plakat.

Strom-Memory (Kopiervorlage 84, siehe S. 248)

Name: ______________________	Datum: ____________

[ ]

Felix erwacht. Das Krähen eines Gockels hat ihn geweckt. Es ist noch dunkel, deshalb zündet er eine Kerze an. Er streckt sich gähnend und wäscht sich mit kaltem Wasser. Nachdem Felix sich angezogen hat, geht er in die Küche, wo seine Mutter schon einen Topf für das Teewasser übers Feuer gehängt hat. „Beeil dich", sagt die Mutter. „Bevor du zur Schule laufen kannst, musst du mir noch die Butter aus dem kühlen Keller holen!"
Unwillig schüttelt Felix den Kopf – und dabei wacht er wirklich auf. Erleichtert sieht er sich in seinem Zimmer um und entdeckt dabei viele Dinge, die es in seinem Traum nicht gab.

1. Überlege, welche Dinge dies sein könnten.
2. Gehe durch dein Zuhause und zeichne alle Geräte ein, die

   [ ] .

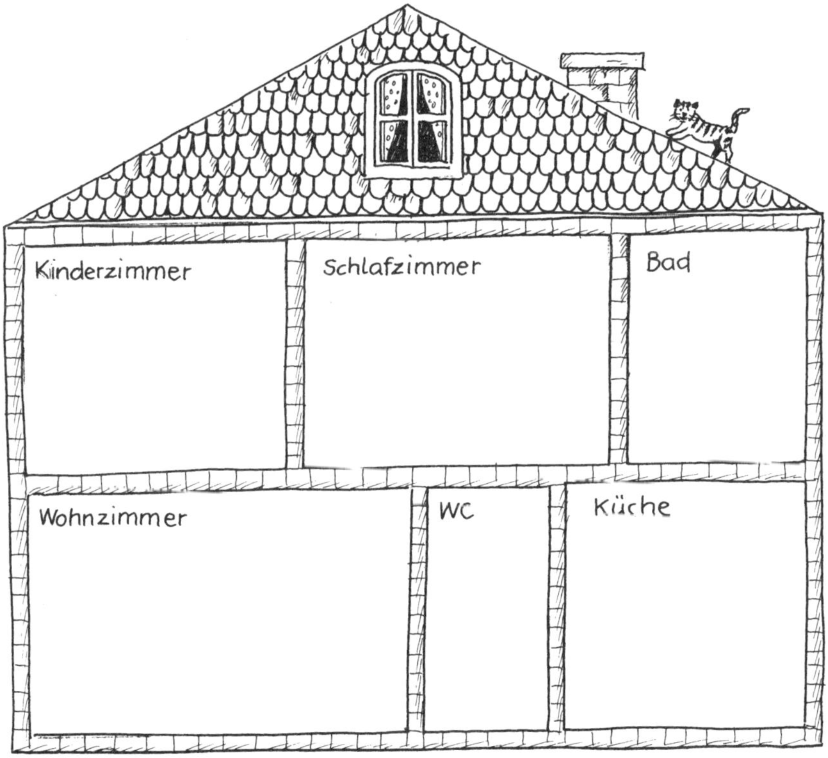

Einzusetzende Wörter:
Strom, brauchen, elektrische Geräte im Haushalt

Name: ______________________ Datum: ____________

Strom

Licht		Bewegung	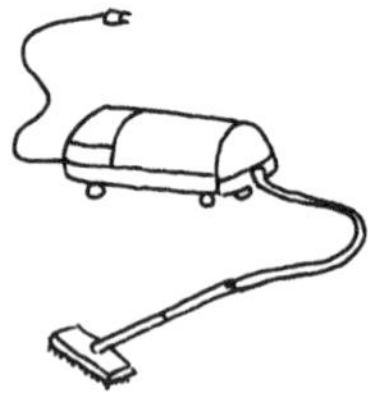
Bewegung		Wärme	
Licht		Magnetismus	
Licht	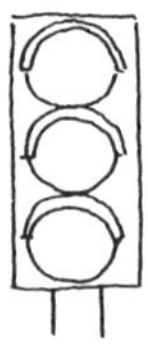	Kälte	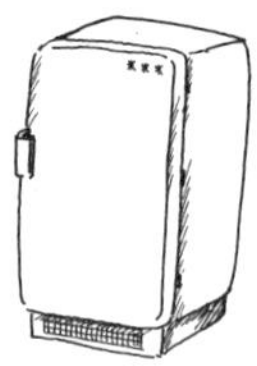

10.2.4 Strom fließt im Kreis

Wenn an der Schule keine Experimentierkästen zum Strom vorhanden sind, lohnt es sich – vielleicht in Zusammenarbeit mit Kolleginnen – solche Kästen für Gruppen- oder Partnerarbeit zusammenzustellen, da gerade bei diesem Thema Schülerexperimente stark motivieren und das Verständnis für die Zusammenhänge deutlich erhöhen.

Material pro Experimentierkasten:
Eine Flachbatterie (4,5 Volt), eine Glühbirne, eine Fassung, Draht, Büroklammern oder Krokodilklemmen, Gegenstände aus verschiedenen Materialien (Holz, Kunststoff, Korken, Metall, Bleistiftmine,...), Reißnägel, Karton, Alufolie

Niemals mit Strom aus der Steckdose experimentieren (lassen)!

- Selbst einen Stromkreis bauen

Vorhaben, bei denen man eine einfache Beleuchtung braucht: Leuchtturm, Weihnachtskrippe, Puppenhaus oder Häuschen einer Eisenbahnanlage beleuchten (Kopiervorlagen 85, 86, siehe S. 250 f.)

Stationenkarte

Bringst du das Lämpchen zum Leuchten?

Du brauchst:
- Flachbatterie (4,5 Volt)
- Draht
- Glühbirne mit Fassung
- Büroklammern

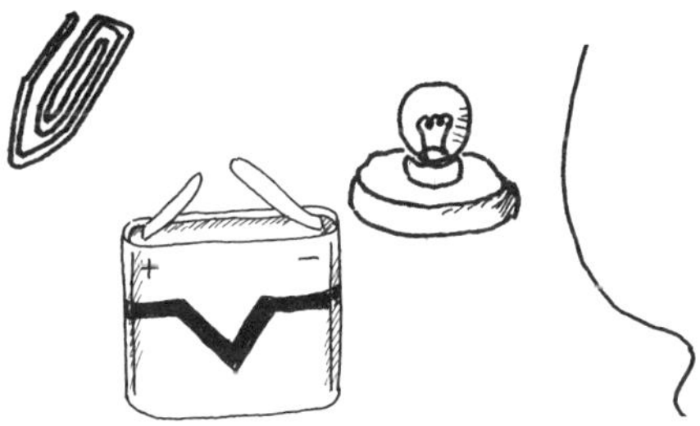

So geht's:
- Versuche, das Lämpchen zum Leuchten zu bringen.
- Beschreibe deinen Versuchsaufbau.
  Worauf musst du achten, damit der Strom fließen kann?

Erkenntnis:

Wenn der **Stromkreis geschlossen** ist, kann der Strom fließen und das Lämpchen leuchtet.

- Stromleiter/Nichtleiter (Kopiervorlage 87, siehe S. 252)

Name: ______________________ Datum: __________

Wie bringst du das Lämpchen zum Leuchten?

Zeichne auf, wie du dein Lämpchen zum Leuchten gebracht hast.

Physiker und Techniker erleichtern sich die Zeichenarbeit. Sie benutzen Symbole, um einen Stromkreis zu zeichnen:

Glühbirne mit Fassung —⊗— Batterie: —| |—

Zeichne nun deinen Stromkreis mit diesen Symbolen.

Name: ______________________ Datum: ____________

Eine Taschenlampe für Tüftler

1. Ein echter Tüftler braucht nur eine Glühbirne und eine Batterie für eine Taschenlampe.
   Bist auch du ein erfolgreicher Tüftler?

   Damit du dich über deine Tüftelei unterhalten kannst, solltest du wissen, wie die Teile der Glühbirne und der Batterie heißen:

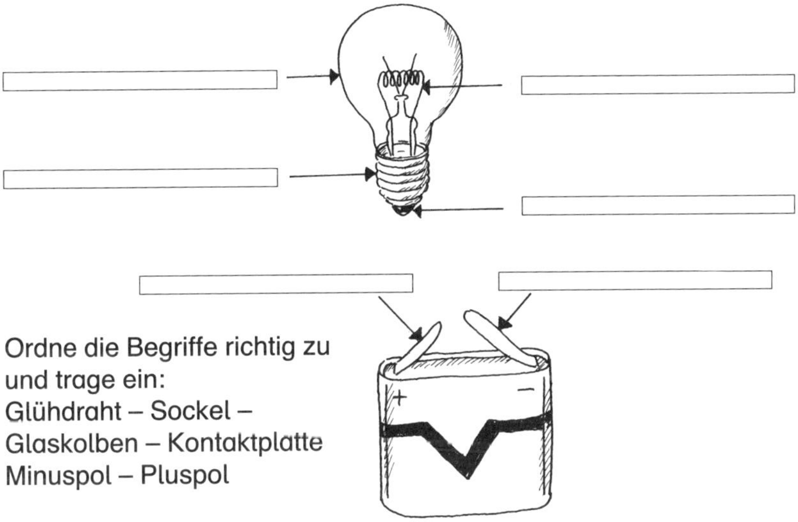

Ordne die Begriffe richtig zu und trage ein:
Glühdraht – Sockel –
Glaskolben – Kontaktplatte
Minuspol – Pluspol

2. Finde heraus, in welchen Fällen das Lämpchen brennt. Probiere aus und kreuze an.
   - ☐ Pluspol an der Kontaktplatte
   - ☐ Minuspol am Glaskolben, Pluspol am Sockel
   - ☐ Minuspol am Sockel, Pluspol an der Kontaktplatte
   - ☐ Minus- und Pluspol am Sockel
   - ☐ Pluspol am Sockel, Minuspol an der Kontaktplatte
   - ☐ Pluspol an der Kontaktplatte, Minuspol am Glaskolben

Erkenntnis: ______________________

____

Erkenntnis:

Das Lämpchen leuchtet, wenn ein Pol der Batterie den Sockel und der andere Pol die Kontaktplatte berührt.

Name: ______________________ Datum: ____________

Was leitet den Strom?

1. Maria baut eine Beleuchtung für ihr Puppenhaus. Leider reicht ihr Draht nicht ganz. Aufgezeichnet sieht ihr Stromkreis so aus:

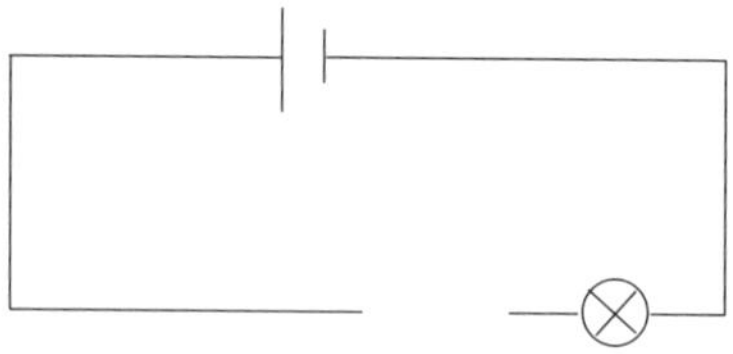

   Baue Marias Stromkreis nach.

2. Maria möchte den Stromkreis schließen, damit das Lämpchen leuchtet. Dazu braucht sie ein Material, das den Strom genau wie der Draht leiten kann.
   Probiere, welche Materialien den Strom leiten können, und trage deine Ergebnisse in dieser Tabelle ein:

	leitet Strom	leitet Strom nicht
Korken		
Eisennagel		
Stein		
Holz		
Büroklammer		
Kohlestück		
Radiergummi		
Bleistiftmine		
Glasmurmel		
____________		

Materialien, die den Strom leiten können, nennt man ____________.
Leiten sie den Strom nicht, nennt man sie ____________ oder ____________.

Auftrag: Ordne die oben getesteten Stoffe in zwei Gruppen: Leiter – Nichtleiter.

Für Tüftler: Warum hat ein Stromkabel einen Plastikmantel?

Einzusetzende Wörter: *Leiter – Nichtleiter – Isolatoren*

- Ein Schalter für den Stromkreis

Zwei Arten von Schaltern sind für die Kinder leicht zu bauen: Ein einfacher, der den Stromkreis durch Drehen einer Büroklammer schließt, oder ein Druckschalter, der z. B. unter einer Fußmatte liegend eine Klingel in Gang setzen kann („Alarmanlage“).

Stationenkarten

Ein Schalter für das Licht

Du brauchst:
- Flachbatterie (4,5 Volt)
- Draht, Büroklammern
- Glühbirne mit Fassung
- Reißnägel • Holzbrett

So geht's:
- Baue einen einfachen Stromkreis mit Batterie und Birnchen, lass aber eine Lücke zwischen den Drähten.
- Befestige nun eine Büroklammer mit zwei Reißnägeln auf einem Holzbrett und verbinde auch die Drähte mit den Büroklammern. Durch Drehen der Büroklammer kannst du das Licht aus- und einschalten.
- Überlege was passiert, wenn du den Schalter auf- und zuschiebst.

Erkenntnis:

Der Schalter schließt oder unterbricht den Stromkreis. Nur wenn der Stromkreis geschlossen ist, leuchtet das Licht.

Baue eine Alarmanlage

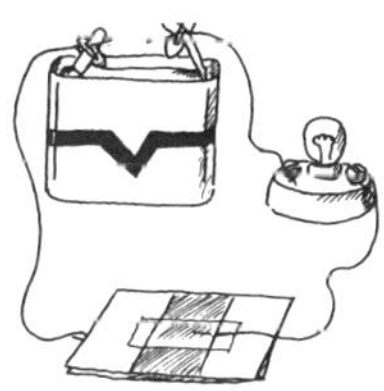

Du brauchst:
- Flachbatterie (4,5 Volt)
- Draht, Büroklammern
- Glühbirne mit Fassung
- Pappe, Klebeband, Alufolie

So geht's:
- Baue einen einfachen Stromkreis mit Batterie und Birnchen, lass aber eine Lücke zwischen den Drähten.
- Knicke ein Stück Pappe in der Mitte und wickle um jede der beiden Hälften einen Streifen Alufolie. An den zwei Außenseiten der Alufolie klebst du jeweils einen Draht fest.
- Was passiert, wenn sich die beiden Folien berühren?

Erkenntnis:

Die Alufolie leitet den Strom, sodass der Stromkreis geschlossen wird.

Kopiervorlage 88

Acht Regeln zum Umgang mit Strom

Strom kann dein Freund und Helfer sein.
Er kann aber ein gefährlicher Feind sein.
Deshalb befolge immer folgende Regeln:

→ Niemals mit etwas anderem experimentieren als mit einer Batterie!

→ Niemals an elektrischen Geräten herumbasteln, solange der Stecker in der Steckdose steckt!

→ Niemals etwas anderes als einen Stecker in die Steckdose stecken!

→ Niemals einen Schalter mit nassen Händen berühren! Wasser leitet den Strom.

→ Niemals ein elektrisches Gerät in die Hand nehmen, während du in der Badewanne sitzt!

→ Niemals bei einem Gewitter unter einen Baum stellen! Der Blitz könnte in den Baum einschlagen und dich töten.

→ Niemals in der Nähe einer Hochspannungsleitung Drachen steigen lassen!

→ Niemals ein Kabel berühren, bei dem die Isolierung beschädigt ist!

Weitere Anregungen:

- Strom-Lexikon: Die Kinder sammeln geeignete Wörter (z. B. Stromkreis, elektrischer Leiter oder Nichtleiter, Stromquelle, Pluspol, Minuspol, Fassung, isolieren, abisolieren, Schalter, Verbraucher, Kurzschluss...). Wer kann die Begriffe am besten erklären?
- Strom kostet Geld und belastet die Umwelt. Die Kinder suchen in der Schule und zu Hause nach Möglichkeiten, Strom zu sparen, gestalten Hinweisschilder mit Regeln zum Stromsparen und hängen sie im Schulhaus auf.
- Bauen eines Geschicklichkeitsspiels (Kopiervorlage 89, siehe S. 255): Einsatz auch gut geeignet für Spielfeste mit verschiedenen Stationen. Falls der Bau zu kompliziert und zeitaufwändig erscheint, finden sich evtl. 2 – 3 Eltern bereit, Hand anzulegen.

Wer hat eine ruhige Hand?

Du brauchst:

- Schuhkarton mit Deckel,
- Flachbatterie (4,5 V),
- Glühbirne, Fassung,
- drei Elektrodrähte,
- Blumendraht ca. 60 cm lang,
- Blumendraht ca. 30 cm lang,
- Klebeband, Schere

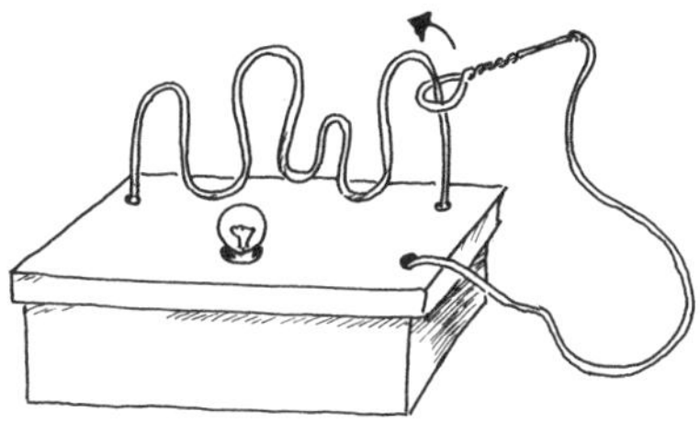

So geht's:

- Biege den längeren Blumendraht in mehrere Bögen.
- Drehe den kürzeren Blumendraht zu einer Schlinge und schiebe die Schlinge über die Bögen.
- Steche in den Deckel des Schuhkartons zwei kleine Löcher und stecke den gebogenen Draht durch.
- Knicke ein Drahtende um und befestige es mit Klebeband an der Innenseite des Deckels.
- Verbinde das andere Drahtende mit einem Elektrodraht.
- Schraube die Glühbirne in die Fassung und befestige zwei Elektrodrähte daran.
- Schneide in den Kartondeckel noch ein Loch und stecke die Glühbirne durch.

- Klebe die Fassung innen am Deckel fest.
- Führe einen der Elektrodrähte, die an der Fassung hängen, durch ein weiteres kleines Loch nach draußen und verbinde ihn mit der Schlinge aus Blumendraht.
- Lege eine Batterie in die Schachtel und verbinde die beiden noch freien Elektrodrahtenden mit jeweils einem Pol. Schon kann das Spiel beginnen.

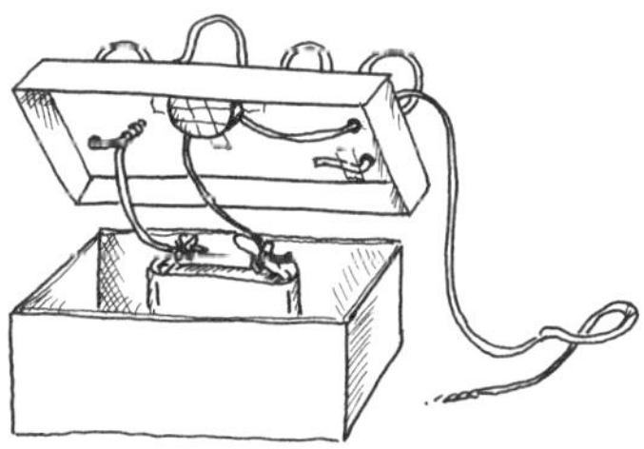

So wird gespielt:

Fahre mit der Drahtschlinge die Bögen entlang. Sobald du anstößt, leuchtet das Lämpchen. Wer schafft die ganze Strecke, ohne dass das Birnchen leuchtet? Wer ist der Schnellste?

Name: ______________________	Datum: __________

Bist du ein Stromfachmann?

① **Woraus besteht ein einfacher Stromkreis?**
- ☐ Stromquelle, Stromstoß, Stromleiter
- ☐ Stromquelle, Stromverbraucher, Stromleiter
- ☐ Stromkreis, Stromverbraucher, Stromleiter

② **Kennst du einen Stromleiter?**
- ☐ Batterieklemme
- ☐ Glühlampe
- ☐ Draht

③ **Elektrischer Strom fließt nur**
- ☐ bei offenem Stromkreis
- ☐ bei geschlossenem Stromkreis
- ☐ bei unterbrochenem Stromkreis

④ **Was ist eine Stromquelle?**
- ☐ Batterie
- ☐ Isolierdraht
- ☐ Schalter

⑤ **Welche dieser Materialien leiten den elektrischen Strom?**
- ☐ Holz, Porzellan, Glas
- ☐ Kreide, Gummi, Kunststoffe
- ☐ Metalle, Graphit, Kohle

⑥ **Kennst du einen Stromverbraucher?**
- ☐ Wasserhahn
- ☐ Glühlampe
- ☐ Schalter

⑦ **Durch welchen Gegenstand aus deiner Schultasche kann kein Strom fließen?**
- ☐ durch den Metallspitzer
- ☐ durch den Filzschreiber
- ☐ durch die Metallschere

⑧ **Woran könnte es liegen, wenn dein Stromkreis nicht funktioniert?**
- ☐ Du hast einen schlechten Tag für dein Experiment erwischt.
- ☐ Deine Batterie ist zu groß.
- ☐ Du hast die Drahtenden nicht abisoliert.

10.4 Wir bauen einen Elektromagneten (Stationenlauf)

Lernvoraussetzungen: Erfahrungen zum Magnetismus, Grundwissen zum Stromkreis

© dpa, Frankfurt a. M.

Die folgenden Stationen bauen aufeinander auf und sind deshalb von jedem Kind in der gleichen Reihenfolge zu durchlaufen. Dabei notieren sie die Ergebnisse auf dem Arbeitsblatt. Die Experimente können von den Kindern sowohl allein als auch in kleinen Gruppen durchgeführt werden.

Vorsicht: Bei den Experimenten sollte die Versuchsdauer jeweils auf einige Minuten begrenzt sein, da kein Stromverbraucher in den Stromkreis eingebaut ist (Kurzschluss der Batterie!).

Ausgangsproblem:
Wie kann man einen Magneten bauen, der sich aus- und einschalten lässt?

Vorzubereitendes Material:
Flachbatterien (4,5 Volt), Kupferlackdraht (wichtig ist, dass der Draht isoliert ist, an den Enden muss jedoch die Isolierung entfernt werden), Kompass, Holzstäbchen oder/und Messingschraube, Eisennagel, kleine Eisennägelchen o. Ä. (am besten in einer breiten Schüssel oder Schachtel, damit sie nicht überall verstreut werden), Stationenlauf: Ergebnisblatt siehe S. 258, Stationenkarten S. 259 f.

- Anregungen zur Weiterarbeit

Nach dem Auswerten der Ergebnisse wird kurz die zentrale Bedeutung des Elektromagneten in der modernen Technik herausgestellt: Elektromagneten sind ein wesentlicher Bestandteil von Elektromotoren, die sich in nahezu allen elektrischen Geräten befinden (Kopiervorlage 92, siehe S. 261).

Name: ______________________ Datum: __________

Ein Kran für alle

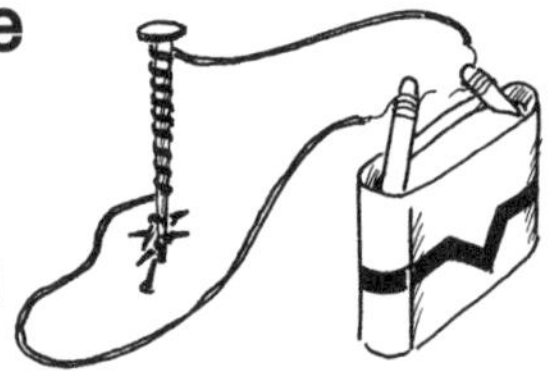

Station 1

Was beobachtest du?

Die Kompassnadel ______________

Versuche deine Beobachtung zu erklären.

Station 2

Wer entdeckte, dass Strom eine magnetische Wirkung hat?

Wie verstärkte der Entdecker diese magnetische Kraft?

Station 3

Konntest du kleine Eisennägel heben ? Wenn ja, wie viele?

Überlege, wie du den Magneten stärker machen könntest.

Station 4

Wie viele Eisennägel konntest du ungefähr heben?

Was passiert, wenn du den Stromkreis unterbrichst?

Was macht den Elektromagneten nun so stark?

______________ in der Spule wird ______________ und verstärkt die Kraft der Spule.

Foto Hans Christian Oersted: © Deutsches Museum, München

Stationenkarten

Station 1

Zeigt ein Kompass immer nach Norden?

Du brauchst:

- Flachbatterie (4,5 Volt)
- Draht
- Kompass

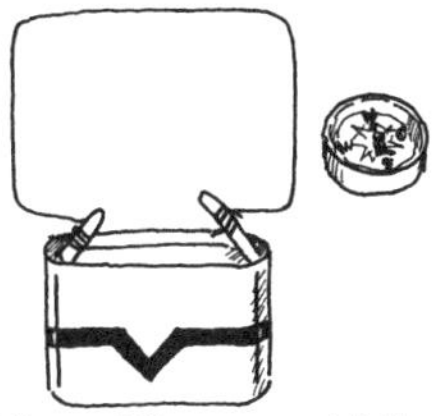

So geht's:

- Schließe einen Stromkreis, indem du den Draht an Plus- und Minuspol der Batterie anschließt. Bringe nun den stromdurchflossenen Draht in die Nähe eines liegenden Kompasses. Was beobachtest du?
- Versuche deine Beobachtung zu erklären.

Erkenntnis:

Die Kompassnadel wird durch den Strom abgelenkt.
Bei Stromfluss entsteht eine magnetische Wirkung.

Station 2

Wer entdeckte den Magnetismus beim Strom?

Lies genau.

Hans Christian Oersted war ein dänischer Physiker und lebte von 1777 bis 1851. Im Jahre 1820 hängte er eine Magnetnadel in die Nähe eines Drahtes. Als er den Strom einschaltete, entdeckte er das Gleiche wie ihr gerade. Er erkannte, dass ein Draht magnetisch wird, wenn durch ihn Strom fließt.

Er experimentierte weiter und fand heraus, dass das schwache Magnetfeld noch stärker wird, wenn man den Draht zu einer Spule aufwickelt. Dies ist eine der wichtigsten Grundlagen der modernen Technik.

Foto Hans Christian Oersted: © Deutsches Museum, München

Station 3

Endlich ein Elektrokran

Du brauchst:

- Flachbatterie (4,5 Volt)
- Kupferlackdraht
- länglicher Gegenstand aus Holz oder Messing
- kleine Nägel, Büroklammern o. Ä.

So geht's:

- Wickle den Draht mehrmals in der gleichen Richtung um den Gegenstand und schließe diese „Spule" an die Batterie an. Ist dein Magnet stark genug, kleine Eisennägel zu heben?
- Überlege, wie du den Magneten stärker machen könntest.

Erkenntnis:

Die magnetische Wirkung einer Spule ist nicht sehr stark.
Je öfter man den Draht als Spule wickelt, desto stärker wird sie.

Station 4

Eine erstaunliche Kraft

Du brauchst:

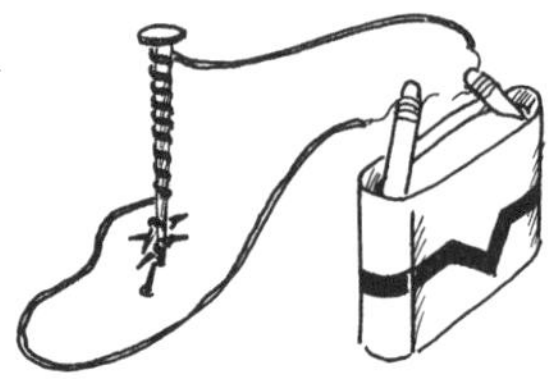

- Flachbatterie (4,5 Volt)
- Kupferlackdraht
- Gegenstand aus Eisen
- kleine Nägel, Büroklammern o. Ä.

So geht's:

- Wickle nun den Draht um einen großen Eisennagel und schließe den Stromkreis. Halte diese Spule in die Nähe der kleinen Eisennägel oder Büroklammern. Was passiert?
- Unterbrich den Stromkreis. Was beobachtest du nun?
- Überlege, was den Elektromagneten jetzt so stark macht.

Erkenntnis:

Das Eisen in der Spule wird magnetisiert und verstärkt die Kraft des Elektromagneten.

Name: ______________________ Datum: ____________

Ist ein Elektromagnet nur ein Kran?

Hier siehst du einen einfachen **Elektromotor.** Die Wirkung des Motors entsteht durch das Aus- und Einschalten eines **Elektromagneten.**
Elektromagnete heben also nicht nur Lasten, sie stecken auch in sehr vielen modernen Geräten.

In diesen Gegenständen steckt mindestens ein Elektromotor.
Nur ein Gegenstand ist falsch. Streiche ihn durch.

Erkenntnis: ______________________________

____

Erkenntnis:

In vielen Geräten ist mindenstens ein Elektromotor und damit ein Elektromagnet. Oft kann man den Motor auch hören.

Foto Elektromotor: Blos

Literatur

1. Mein Körper

Focks, P., Starke Mädchen, starke Jungs. Verlag Herder, Freiburg im Breisgau 2002

Friedel, K./Helbig, H./Wahl, H., Typisch Mädchen, typisch Junge – Projektbegleiter. Volk und Wissen Verlag GmbH, Berlin 2001

Reichel, G., Lebendig statt brav. Ökotopia Verlag, Münster 1988

Sanders, P./Swinden, L., Lieben, Lernen, Lachen. Verlag an der Ruhr, Mühlheim an der Ruhr 1992

2. Unsere Augen

Bausteine Grundschule, Bd. 4/96, Wenn das Licht ins Auge fällt. Bergmoser und Höller Verlag GmbH, Aachen 1996

Deutscher Blindenverband e.V., Bismarckallee 30, 53173 Bonn, Tel. 0228-955820, Fax: 0228-357719

Steiner, Franz und Renate, Die Sinne – Förderung der Wahrnehmungsfähigkeit bei Kindern. Veritas Verlag, Linz 2000

3. Unsere Ohren

Bausteine Grundschule 1/97, Hören, verstehen, sich verstehen. Bergmoser und Höller Verlag GmbH, Aachen 1997

Bundeszentrale für gesundheitliche Aufklärung, Lärm und Gesundheit – Materialien für die Grundschule, Köln

Steiner, Franz und Renate, Die Sinne, a.a.O.

Unterrichtsbausteine zur Schulkampagne „Take care of your ears". Koordination: Deutsches Grünes Kreuz, Marburg; zu beziehen über jeden Hörgeräteakustiker oder beim Deutschen Grünen Kreuz (Fax: 06421-22910)

4. Medien und ihre Wirkung

Lange, Rainer/Didszuweit, J. Rainer, Kinder, Werbung und Konsum. Jünger Verlag, Offenbach 1997

Tipp: Ein Medienbaukasten "Kinder und Werbung" kann unter der Bestellnummer: 50 40183 bei den Staatlichen Landesbildstellen Nord- und Südbayern sowie bei allen Kreis- und Stadtbildstellen/Medienzentren kostenlos entliehen werden.

5. Miteinander Leben

Pfeiffer, Karin, Das friedliche Klassenzimmer. Stolz Verlags GmbH, Eschweiler 1999

Aliki, Sag's, tu's – aber freundlich. arsEdition, München 1993

Walker, Jamie, Gewaltfreier Umgang mit Konflikten in der Grundschule. Cornelsen Scriptor, Frankfurt am Main 1995

Portmann, Rosemarie, Spiele zum Umgang mit Aggressionen. Don Bosco Verlag, München 1999

Bausteine Grundschule, Wir sind Freunde. Bergmoser und Höller Verlag GmbH, Aachen 1997

6. Wald ist Leben

Bausteine Grundschule 3/90, Der Wald ist mehr als viele Bäume. Bergmoser und Höller Verlag GmbH, Aachen 1990

Cornell, Joseph, Mit Kindern die Natur erleben. Ahorn Verlag, Prien 1979

Fiegl, Horst/Schwarz, Ursula, Sachunterricht kreativ unterrichten – Wald. Oldenbourg Schulbuchverlag GmbH, München 2000

Press, Hans Jürgen, Der Natur auf der Spur. Ravensburger Verlag, Ravensburg 1999 (2. Auflage)

Scherzinger, Wolfgang, Erlebnis Nationalpark. Morsak Verlag, Grafenau 1984

www.wald.de

7. Orientierung im Raum

Bayerisches Landesvermessungsamt, Tipps zum Kartenlesen (Faltblatt), München 1. Auflage 2000 (kann bezogen werden bei: Bayer. Staatsministerium der Finanzen. Harald.Pinzner @stmukwk.bayern.de; für Schulen im Klassensatz kostenlos) und bei sonstigen Landesvermessungsämtern

Guntern, F./Iten, G., Karten lesen – Wege finden. Sauerländer Verlag, Zürich 1997

Fliegl, H./Schwarz, U., Sachkunde kreativ unterrichten – Orientierung im Raum. Oldenbourg Schulbuchverlag GmbH, München 1999

8. Feuer und Flamme

Röhrig, Winfried, Feuer und Flamme – Arbeitsblätter für Grundschule und Orientierungsstufe (Lernmaterial). Lahn 2002

Rodemann, Katja/Schneider, Markus, Die Feuer-Werkstatt. Verlag an der Ruhr, Mülheim an der Ruhr 2000

Walter, Gisela, Feuer – Die Elemente im Kindergartenalltag. Herder Verlag, Freiburg 2001

9. Menschen arbeiten – bei der Feuerwehr

Crummener, Rainer, Die Feuerwehr (Reihe: Was ist Was?, Bd. 114). Tessloff Verlag, Nürnberg 2002

Hellmiß, M., Bei der Feuerwehr. Reihe: Erstes Wissen. Arena Verlag, Würzburg 2000

Sandmann, Peter, Tatütata, die Feuerwehr ist da. – Sicherer Umgang mit Feuer. Sachunterricht 3. Klasse (Lernmaterialien). Stark 2001

Schreiber, Bernd/Gebhard, Wilfried, Leselöwen Feuerwehrgeschichten. Loewe Verlag, Bindlach 2002

Volz, Siegfried, Grundwissen Feuerwehr Comic. Wenzel Verlag (Am Krekel 47, 35039 Marburg) 4. Auflage

Volz, Siegfried, 112 Fragen an die Feuerwehr. Wenzel Verlag a.a.O., 2. Auflage

www.feuerwehrkatalog.de

10. Magnetismus und Elektrizität

Reichardt/Notkin/Gulkin, Elektrizität (Reihe: Was ist Was?, Bd. 24). Tessloff Verlag, Nürnberg 1981

Rentzsch, Werner, Experimente mit Spaß, Band 4: Magnetismus und Elektrizität. Aulis Verlag Deubner, Köln 1998

Hänsel/Neumann, Physik: Elektrizität – Optik – Raum und Zeit. Spektrum Akademischer Verlag, Heidelberg, Berlin, Oxford 1993

Die Autorinnen:

Daniela Jubelius, Lehrerin an einer Grundschule im Landkreis Kehlheim, Fortbildungsveranstaltungen im Bereich Neue Medien in der Grundschule.
Susanne Höglinger-Winter, Lehrerin an einer Grundschule im Raum Passau; Multiplikatorin für den neuen Grundschullehrplan in Bayern. Fortbildungsveranstaltungen für den Oldenbourg Schulbuchverlag im Bereich Sachunterricht.
Sabine Bichler, Lehrerin an einer Grundschule im Raum Landshut; als Mutter dreier Kinder momentan in Elternzeit.